本书为

2021年国家社会科学基金项目（21XZJ009）

2024年党的二十届三中全会、全国教育大会精神研究课题（GS[2024]SZJYGZ016）

2022年甘肃省教育科学"十四五"规划2022年度课题（GS[2022]GHB1821）

2023年兰州市人民检察院检察理论课题（LZJC2023-93-02）

2023年度甘肃省人文社会科学一般项目（*30）

2024年甘肃政法大学教学改革研究项目"三全育人"专项（GZSQ2024-16）

2024年甘肃政法大学教学改革研究项目（GZJGSZ2024-A03）

阶段性研究成果

新时代党的建设理论与实践研究

XINSHIDAI DANG DE JIANSHE LILUN
YU SHIJIAN YANJIU

杨 栋 / 著

图书在版编目（CIP）数据

新时代党的建设理论与实践研究 / 杨栋著. -- 兰州：兰州大学出版社，2025. 5. -- ISBN 978-7-311-06902-5

Ⅰ．D26

中国国家版本馆 CIP 数据核字第 20256XV070 号

责任编辑　马继萌　梁建萍
封面设计　汪如祥

书　　名　新时代党的建设理论与实践研究
作　　者　杨栋著
出版发行　兰州大学出版社　（地址：兰州市天水南路222号　730000）
电　　话　0931-8912613(总编办公室)　0931-8617156(营销中心)
网　　址　http://press.lzu.edu.cn
电子信箱　press@lzu.edu.cn
印　　刷　甘肃发展印刷公司
开　　本　710 mm×1020 mm　1/16
成品尺寸　170 mm×240 mm
印　　张　16.5(插页4)
字　　数　300千
版　　次　2025年5月第1版
印　　次　2025年5月第1次印刷
书　　号　ISBN 978-7-311-06902-5
定　　价　65.00元

（图书若有破损、缺页、掉页,可随时与本社联系）

前 言

"物必先腐,而后虫生。"无论一个政党拥有如何光辉的历史过往、多么庞大的组织体系,只要丧失了自我革命精神、没有了从严治党举措,就会不可避免地式微衰落,最终只能怅然感慨"故国不堪回首月明中",成为历史故纸堆里的尘封记忆。苏联共产党之所以亡党失政,东欧国家的共产党之所以政亡党息,党组织的腐化蜕变和散漫混乱无疑是最重要的内因。

中国共产党建立伊始,就提出加强自身建设、严格管党治党的重大命题。党的一大上,代表们围绕建立一个拥有严格纪律的无产阶级政党还是创建一个松散自由的研究团体这一重大问题进行了充分讨论,在最终通过的15条纲领中明确了党的政治准入要求,提出了政治纪律、组织纪律、保密纪律等严格规范。毛泽东强调:"我们要不要胜利,要不要在全国胜利?如果要的话,就要有一个有纪律的、思想上纯洁的、组织上纯洁的党,合乎统一的标准的党。"[①]从建党初期深入开展思想建设、组织建设、纪律建设,到党的十九大提出构建政治建设、思想建设、组织建设、作风建设、纪律建设、制度建设、反腐败斗争构成的"5+2"总布局,党的建设理论和实践不断丰富发展,使党始终保持蓬勃朝气、走在时代前列、得到人民信任,永葆马克思主义政党的先进性和纯洁性。

习近平强调:"我们党立志于中华民族千秋伟业,致力于人类和平与发展崇高事业,责任无比重大,使命无上光荣。"[②]回望来时路、展望新征程,加强党的自身建设、坚持党的全面领导,是中国革命峰回路转、夺取胜利的重要原

[①] 中共中央文献研究室编《毛泽东文集》第三卷,人民出版社,1996,第261页。
[②] 习近平:《高举中国特色社会主义伟大旗帜 为全面建设社会主义现代化国家而团结奋斗——在中国共产党第二十次全国代表大会上的报告》,《人民日报》2022年10月26日第1版。

因，是中国式现代化乘风破浪、不断推进的根本前提，是中华民族踔厉奋发、走向复兴的政治保证，是人类社会和平发展、增进福祉的必要条件。在领导中国革命、建设、改革、复兴的各个时期，我们党一如既往地高度重视并不断加强自身建设，因地制宜创新马克思主义建党学说，与时俱进破解大党独有难题，坚持以党的自我革命引领伟大社会革命，始终以党的坚强有力保证治国理政井然有序，从而以全面从严治党的思想自觉和科学举措巩固了长期执政地位，开辟了中国之治新境界。

本书将宏观与微观有机结合、历史与现实贯通起来，既展示百余年来党的建设体系的整体演进和纵深发展，又说明每一具体时期党的建设各个子系统面临的形势、采取的举措、呈现的特点、取得的成就，勾勒出纵横交错的发展图景和一脉相承的前进轨迹。在章节安排上，按照党的二十大关于全面从严治党的战略部署和新时代党的建设总体布局，规划了党的建设历程、党的自我革命、党的政治建设、党的思想建设、党的组织建设、党的作风建设、党的纪律建设、反腐败斗争等八章内容。在每章内容设计上，将理论逻辑、历史逻辑、实践逻辑相结合，将目标导向、问题导向、结果导向相统一，既说明党的建设的理论依据和历史基础，又梳理党的建设的实践举措和努力方向，既总结行之有效的成功经验，又提出具有针对性和操作性的推进理路。

"其作始也简，其将毕也必巨。"经过百余年理论探索和实践检验，党的建设取得了举世公认的辉煌成就，形成了自觉自为的推进机制，缔造了永立潮头、长期执政的马克思主义政党。成就催人奋进，奋斗未有穷期。新起点上，我们要以习近平关于党的建设的重要思想和关于党的自我革命的重要思想为指导，牢牢保持自我革命永远在路上的思想自觉和行动自为，准确把握全面从严治党的战略部署和逻辑路径，始终将政治建设摆在首位，不断加强党的思想建设、组织建设、作风建设、纪律建设，坚持将制度建设贯穿其中，深入推进反腐败斗争，使百年大党千锤百炼更坚强，面对任何考验都不惰不馁、坚韧团结，无论任何时刻都初心不改、生机盎然，始终成为中国人民永远信赖、最为可靠的主心骨，始终成为永远不变质、不变色、不变味的中国特色社会主义事业的坚强领导核心。

目 录

第一章 烈火淬真金：党的建设百年光辉路 … 001

第一节 救国主题下党的建设 … 001
一、重视思想政治教育 … 002
二、加强党员队伍建设 … 003
三、传承弘扬优良作风 … 005
四、坚持开展纪律建设 … 006
五、探索构建制度体系 … 007

第二节 兴国大业中党的建设 … 009
一、加强思想政治教育 … 010
二、夯实党的组织基础 … 011
三、大力整顿党的作风 … 012
四、严厉惩治贪腐分子 … 013
五、持续推进制度建设 … 014

第三节 富国奋斗中党的建设 … 015
一、拨乱反正，推动党的建设重入正轨 … 015
二、坚定不移，推动党的建设跨世纪发展 … 017
三、改革创新，推动党的建设持续深化 … 019

第四节 强国征程上党的建设 … 020
一、提出新时代党的建设总要求 … 020
二、丰富新时代党的建设方法体系 … 023
三、推动新时代党的建设全面发展 … 025

第二章　长葆"赶考"心：自我革命永远在路上 ……029

第一节　自我革命是跳出历史周期率的第二个答案 ……029
一、自我革命的基本范畴 ……029
二、自我革命的主要原则 ……031
三、自我革命的关键动能 ……034
四、自我革命的深邃意境 ……036

第二节　把党的伟大自我革命进行到底 ……039
一、新时代党的自我革命的主要目标 ……039
二、新时代党的自我革命的坚实基础 ……042
三、新时代党的自我革命的鲜明特征 ……045

第三节　完善党的自我革命制度规范体系 ……047
一、自我革命制度规范体系的深刻内涵 ……048
二、完善自我革命制度规范体系的原则 ……050
三、完善自我革命制度规范体系的路径 ……052

第三章　先强"中军帐"：把政治建设摆在首位 ……056

第一节　政治建设是党的根本性建设 ……056
一、发挥统领作用是政治建设的地位指向 ……057
二、永葆先进性是政治建设的鲜明主线 ……060
三、践行初心使命是政治建设的价值旨归 ……062
四、坚持和加强党的全面领导是政治建设的根本原则 ……065
五、制定和执行正确政治路线是政治建设的关键要求 ……069

第二节　党的政治建设是一个永恒课题 ……071
一、注重政治建设是党的行为自觉 ……071
二、党的政治建设取得历史性成就 ……074
三、党的政治建设面临许多新考验 ……077
四、加强党的政治建设是势之所急 ……079

第三节　筑牢党的政治建设"压舱石" ……083
一、坚定党员干部的政治信仰 ……083
二、加强和改进党的政治领导 ……085
三、提升党员干部的政治能力 ……088

四、涵养风清气正的政治生态 ……………………………………090

第四章　铸炼精气魂：思想建设要常抓不懈 …………………094
第一节　思想建设是党的基础性建设 ……………………………094
一、提供持久支撑是思想建设的重要功能 …………………095
二、坚定理想信念是思想建设的首要任务 …………………098
三、掌握科学理论是思想建设的基本内容 …………………099
四、开展思想斗争是思想建设的主要方法 …………………101
五、构建制度规范是思想建设的根本保障 …………………103
第二节　思想建党引领奋进航程 …………………………………104
一、思想建党是党的优良传统 ………………………………104
二、新时代思想建设全面推进 ………………………………106
三、党的思想建设面临新形势 ………………………………110
四、党的思想建设要持续强化 ………………………………112
第三节　让党的精神大厦巍然耸立 ………………………………115
一、锚定思想建设基本目标 …………………………………116
二、自觉推动党的理论创新 …………………………………118
三、不断强化党的理论武装 …………………………………120
四、始终确保全党思想统一 …………………………………123

第五章　当深根固柢：组织建设是力量之源 …………………126
第一节　组织建设是党的建设的重要基础 ………………………126
一、组织体系建设是组织建设的核心领域 …………………127
二、干部队伍建设是组织建设的关键任务 …………………129
三、集聚优秀人才是组织建设的战略使命 …………………131
四、严格用人标准是组织建设的重要原则 …………………134
第二节　党的组织建设不断纵深推进 ……………………………136
一、组织建设使党保持旺盛生机 ……………………………137
二、新时代组织建设取得新成就 ……………………………140
三、党的组织建设面临新的考验 ……………………………143
四、加强党的组织建设的新动向 ……………………………146

第三节　把党建设得更加坚强有力 149
一、推动基层党组织全面进步 149
二、加强党员队伍的教育管理 151
三、完善干部培养和选任体系 154
四、实施积极有效的人才政策 156

第六章　气正好扬帆：作风建设需久久为功 160
第一节　作风建设是党的建设的重要组成部分 160
一、思想作风是作风建设的首要问题 161
二、学习作风是作风建设的重要范畴 163
三、领导作风是作风建设的关键方面 166
四、工作作风是作风建设的核心内容 168
五、生活作风是作风建设的常态课题 171

第二节　作风建设是从严治党的长期任务 173
一、作风建设不断走向深入 174
二、作风建设实现根本好转 177
三、作风建设必须警钟长鸣 179
四、作风建设发条不可松懈 182

第三节　作风建设永远没有休止符 185
一、坚持科学施治，服务中心大局 186
二、坚持问题导向，整治突出问题 187
三、坚持防微杜渐，严惩蝇贪微腐 189
四、坚持博观约取，涵养作风文化 191
五、坚持法治思维，推进"四化"建设 193

第七章　木受绳则直：全方位加强纪律建设 196
第一节　党的纪律是带电的高压线 196
一、政治纪律是最根本最关键的纪律 197
二、组织纪律是纪律建设的重要内容 199
三、廉洁纪律是不可触碰的纪律红线 201
四、群众纪律是不容践踏的纪律底线 202

五、工作纪律是行稳致远的纪律保障 ·············· 204
　　六、生活纪律是不能突破的纪律边线 ·············· 206
第二节　坚持将纪律和规矩挺在前面 ················ 207
　　一、党的纪律建设不断丰富发展 ·················· 207
　　二、新时代党的纪律建设新发展 ·················· 210
　　三、党的纪律建设面临四重挑战 ·················· 213
　　四、党的纪律建设必须长抓不懈 ·················· 215
第三节　把纪律建设摆在更加突出位置 ·············· 217
　　一、提高党的纪律教育针对性 ···················· 217
　　二、增强党的纪律规矩执行力 ···················· 219
　　三、推动纪检体制改革规范化 ···················· 222
　　四、确保权力运行机制科学性 ···················· 224

第八章　志在千秋业：反腐败斗争永不停顿 ············ 227

第一节　有腐必反是党的一贯态度 ·················· 227
　　一、注重思想革命和执纪从严 ···················· 228
　　二、重视思想教育和运动反腐 ···················· 230
　　三、突出制度防腐和源头治腐 ···················· 232
　　四、坚持"三不腐"一体推进 ···················· 234
第二节　反腐败是最彻底的自我革命 ················ 236
　　一、新时代反腐败斗争的基本特征 ················ 237
　　二、新时代反腐败斗争的崭新动向 ················ 239
　　三、新时代反腐败斗争的形势考验 ················ 241
第三节　坚决打赢反腐败斗争持久战 ················ 243
　　一、推动教育优势转化为治理效能 ················ 244
　　二、构建亲清统一的新型政商关系 ················ 246
　　三、补齐全面从严管权治党的短板 ················ 248
　　四、发展积极健康的党内政治文化 ················ 251

第一章

烈火淬真金：
党的建设百年光辉路

踏破千重云烟，犹是风华正茂；百年淬火成钢，此峰砥柱人间。习近平指出："我们党历经千锤百炼而朝气蓬勃，一个很重要的原因就是我们始终坚持党要管党、全面从严治党。"①百余年来，从只有50多人的南湖红船到承载着9900多万党员的巍巍巨轮，从革命战争年代的局部执政到成为具有国际影响力的全球最大执政党，中国共产党从小而大、由弱而强的秘诀就是高度重视和不断推进党的建设，积极应对不同历史阶段的挑战与考验，确保党在全球格局和国内局势的深刻变化中始终引领时代潮流，在应对国内外各类风险与挑战中始终成为全国人民最为信赖、永远可靠的主心骨和领路人。在革命、建设、改革、复兴的各个时期，我们党都将永葆先进性和纯洁性作为立身之基和发展之本，将加强自身建设作为救国、兴国、富国、强国的根本保障和力量支撑，以永葆党的生机活力来推动党和人民事业赓续传递、创新发展。

第一节 救国主题下党的建设

"长夜难明赤县天，百年魔怪舞翩跹。"从鸦片战争到新中国成立前的百年间，资本-帝国主义的铁骑在中国大地恣意横行，强占中国领土，控制中国政府，掠夺中国财富，屠杀中国人民，使中华民族面临着"四万万人齐下泪，天涯何处是神州"的深重民族危机。在亡国灭种的危急时刻，中国共产党应运而生，毅然以救亡图存、振兴中华为己任，团结带领各族人民进行反帝反封建的

---

① 习近平：《在庆祝中国共产党成立100周年大会上的讲话》，《人民日报》2021年7月2日第2版。

民主革命，并结合革命斗争需要不断加强自身建设。1919年至1949年的新民主主义革命时期，以毛泽东同志为核心的老一辈共产党人对党的建设重大命题进行了持之以恒的思考和探索，初步形成了由思想建设、组织建设、作风建设组成的"三人建设"整体布局，将党锤炼成为拥有广泛群众基础和坚定马克思主义信仰的无产阶级革命政党，使党在国民革命到解放战争的全部历史时期勇立潮头、引领风流，成为中国人民夺取革命胜利、赢得自由解放的领导核心。

一、重视思想政治教育

党成立以后，将政治建设寓于思想建设之中，高度重视马克思主义理论宣传和无产阶级思想教育，积极肃清各种"左"和右的错误观念，着力提高党员干部的马克思主义理论素养，统一全党思想认识，为全面开展党的建设筑牢思想基石。

常态性理论宣传是党开展思想政治教育的有效方式。党的一大决定在中央局和地方委员会设立宣传委员一职，负责组织和实施宣传鼓动工作。1923年11月，党专门成立了教育宣传委员会，进一步加强政治教育和宣传鼓动工作。1925年1月，党的四大通过《对于宣传工作之议决案》，决定成立宣传部，以便系统化推进宣传工作。1938年5月，马列学院成立，其下设的编译部负责马列经典著作的翻译和出版工作。1941年6月，党中央通过《关于党的宣传鼓动工作提纲》，明确了宣传工作的内容和方向，强调要宣传马克思列宁主义和党的纲领、主张、战略、策略，"在思想意识上动员全民族与全国人民为革命在一定阶段内的彻底胜利而奋斗"[①]。随着各级宣传机构的逐步完善和理论宣传工作的深入开展，《新青年》《共产党》《向导》等党内刊物的影响持续扩大，《马克思恩格斯丛书》10册、《列宁选集》20卷和《论持久战》等马克思列宁主义书籍不断问世。这些党报党刊和马克思主义理论宣传读物在革命根据地、国统区乃至日本控制的沦陷区广泛传播，极大提升了全党的马克思主义理论水平。

系统性学习教育是党进行思想政治教育的常规内容。毛泽东认为，思想教育是改造主观世界的有效路径，对付黑暗和迎接光明都需要加强思想教育，"无论怎样讲，我们都需要加强教育"[②]。建党初期，对党员的思想教育主要是学习党纲党章和《向导》《共产党》等党内刊物。1929年12月召开的古田会议

---

① 中共中央文献研究室、中央档案馆编《建党以来重要文献选编（一九二一——一九四九）》第十八册，中央文献出版社，2011，第422页。
② 中共中央文献研究室编《毛泽东文集》第二卷，人民出版社，1993，第411-412页。

通过了关于党内教育问题的第一个决议案，分层规划了党员干部的教育内容，构建了一套适应不同文化水平、不同职务级别的党员和各级党组织的教育方法，正式确立了思想建党原则。延安时期，党将中国近代革命史、社会科学常识、联共党史、政治经济学、近代世界革命史、时事政治、军事知识等列为党员干部思想理论教育课程，针对各类干部的实际情况制定了各有侧重的学习内容[1]。毛泽东所著《中国革命和中国共产党》、刘少奇所著《论共产党员的修养》等一批著作出版发行，为党内思想教育提供了有效抓手。解放战争时期，党开列出干部必读书目，把马克思列宁主义基本理论、党与中国革命的基本问题、时局与任务、国际形势、职工运动与城市政策、整党工作与土地改革、新解放区工作政策、对外国及外侨工作政策确定为理论学习的基本内容。党的七届二中全会上，毛泽东向党员干部开列了包括《社会主义史》《马恩列斯思想方法论》等12本必读文献，要求在"三年之内看一遍到两遍"[2]。

专门性整党整风是党加强思想政治教育的重要举措。全民族抗战时期，党在全党范围内开展了以延安为中心的整风运动，基本任务是反对主观主义以整顿学风、反对宗派主义以整顿党风、反对党八股以整顿文风，以此加强全党的马克思主义思想教育。党中央规定了每天两小时的学习制度，将毛泽东所著《改造我们的学习》、刘少奇所著《论共产党员的修养》第二章、陈云所著《怎样做一个共产党员》等"二十二个文件"作为党员干部的必读文本，要求党员干部在学习过程中认真做笔记，将中央整风精神同自身思想和工作实际联系起来，实事求是地进行批评和自我批评，剖析错误根源，说明改正方法。延安整风运动提高了全党的政治理论水平，从而"在思想一致的基础上，把全党团结起来"[3]。解放战争时期，党开展了以"三查"（查阶级、思想、作风）和"三整"（整顿组织、思想、作风）为主要内容的整党整军运动，在全党深入开展批评和自我批评，克服和纠正了地主富农思想、小资产阶级自由主义观念、官僚主义作风问题。

二、加强党员队伍建设

在战火纷飞的革命年代，党严格把控党员干部队伍的"入口"和"出口"，

---

[1] 中共中央文献研究室、中央档案馆编《建党以来重要文献选编（一九二一——一九四九）》第十七册，中央文献出版社，2011，第1页。
[2] 中共中央文献研究室编《毛泽东文集》第五卷，人民出版社，1996，第261页。
[3] 邓小平：《邓小平文选》第二卷，人民出版社，1994，第14页。

努力提高党员质量和干部素质，持之以恒加强支部建设，充分发挥党组织的战斗堡垒作用。

严格党员标准，保持队伍纯洁。一大党纲提出了明确的党员标准和入党程序，二大党章对此作出了专门规定。古田会议对党员的思想政治认识水平提出了严格要求，强调只有做到政治观念和阶级觉悟正确、没有发洋财观念、忠实本分、为党积极工作并有牺牲精神、不赌博不吸鸦片，才能被介绍入党。延安时期，陈云在《怎样做一个共产党员》中系统阐述了合格党员的六条标准：第一，终身为共产主义奋斗；第二，革命的利益高于一切；第三，遵守党的纪律，严守党的秘密；第四，百折不挠地执行决议；第五，群众模范；第六，学习[①]。在严控党员"入口"的同时，党对混进党内的落后分子也进行了审查清理，将清刷对象确定为国民党派来和收买的"内奸分子"、因个人利益而混入党内的"投机分子"、经常不到会不缴党费且不做任何实际工作的"太落后分子"。解放战争时期，党进一步提高党员发展标准和要求，极其重视发展对象的阶级成分和革命表现，将发展对象限定在工人、雇农、贫农及革命知识分子之中，强调组织发展务须谨慎，"对于上层知识分子入党尤须采取严格地审查的方针"[②]。

强化干部教育，严格干部遴选。建党伊始，党就高度重视干部教育培训，创办了湖南自修大学、安源党校等一批培训学校和党校。土地革命战争时期，又陆续创办了马克思共产主义学校、中国工农红军大学、陕北公学、八路军军政学院、陕甘宁边区行政学院等30多所干部学校，初步形成了层次广泛、规格齐全的干部学校体系。延安时期，党提出"干部教育第一"的方针，成立专门的干部教育部统管干部教育培训工作，并对干部教育体制和内容予以规范与创新。1945年，党的七大提出了革命热情和理智、忠心和原则相结合的干部标准，强调党的干部要无限忠心于人民群众的事业、同人民群众保持密切联系、善于在复杂的环境中独立地识别方向和负责地决定问题、在对敌斗争中有高度的纪律性、在党内的原则性斗争中有高度的马克思列宁主义修养。到解放战争时期，培养和选拔干部已经成为地方党组织最重要的任务之一。

加强支部建设，夯实组织根基。从1925年1月党的四大将支部确定为党的基本组织起，支部建设就成为党的建设的重要内容。1927年6月，党中央通过

[①] 陈云：《陈云文选》第一卷，人民出版社，1995，第137–142页。
[②] 中共中央文献研究室编《毛泽东文集》第五卷，人民出版社，1996，第234页。

的新党章清晰界定了支部的职责范围，强调支部需主动引导各工厂的日常斗争，吸纳新成员入党，落实党的口号和决议，从事组织与宣传工作，参与地方政治和经济斗争，并就党的重要问题展开研讨。1932年9月，红军总政治部发出《关于红军中党的工作训令》，确认了"支部建在连上"的方针，指出连队支部是党在红军中的坚强堡垒，红军的政治机构需依靠支部推进政治工作和党的工作。毛泽东根据党章规定和革命需要，把支部的基本任务确定为完善组织机构、健全组织生活、树立建设榜样、巩固党的基础等四个方面。解放战争时期，随着各解放区政权的巩固和解放军战略反攻的拉开，党的组织逐步从秘密状态转为公开活动，并着手在城市中公开建立党组织。

三、传承弘扬优良作风

党成立以后，在作风建设方面倾注了大量精力，开展了广泛深入的批评与自我批评，大力整顿不正之风，坚决打击贪腐行为，努力营造风清气正的良好政治生态。

以批评和自我批评净化党内风气。党成立以后，一直把批评和自我批评作为党内政治生活的基本内容。1926年5月，中央组织部在《校刊》上发出《支部的组织及其进行的计划》，明确规定"同志工作的批评"是每周一次支部会议的基本内容[1]。党之所以坚持常态化开展自我批评，是因为要保障党的路线方针政策的贯彻执行，"防止一切派别的成见和感情的无原则的争论，与攻击个人等不正确足以妨碍党进步的倾向之发展"[2]，从而防止一切派别观念或制造派别企图的滋生。延安整风运动将批评和自我批评作为"惩前毖后，治病救人"的重要方式，党的七大进一步将自我批评确立为马克思主义政党的显著标志和党的优良作风。党对批评和自我批评的方式与原则予以规范，提出四个方面的要求：一是批评要把握分寸、有的放矢，不能夸大问题；二是批评要严肃认真、与人为善，不能冷嘲热讽；三是批评要立足当地、具体详实，不能泛泛而谈；四是批评要区分对象、遵守纪律，不能随性乱谈[3]。

---

[1] 中共中央党史和文献研究院、中央档案馆编《中国共产党重要文献汇编（一九二六年五月——一九二六年七月）》第八卷，人民出版社，2022，第84页。

[2] 中共中央文献研究室、中央档案馆编《建党以来重要文献选编（一九二一——一九四九）》第八册，中央文献出版社，2011，第632-633页。

[3] 张新洲：《新民主主义革命时期中国共产党先进性建设的历史考察》，博士学位论文，湘潭大学马克思主义学院，2019，第108-109页。

以反对官僚主义整治党内生态。随着农村革命根据地的开辟和党在局部区域执政实践的开始，反对官僚主义、创造新的作风成为党的重要工作。1931年11月，中央苏区党代表大会通过的《关于党的建设问题决议案》明确提出，反对官僚作风和腐败现象，强调党员必须以身作则，成为群众的榜样，"防止一切腐化官僚化贪污等现象的产生"[1]。毛泽东要求将官僚主义"这个极坏的家伙抛到粪缸里去"[2]，把贪污现象、摆空架子、无益的"正规论"、文牍主义等视为官僚主义的具体表现。延安整风运动和"三查""三整"运动都将反对官僚主义作为一项重要内容，都对党内不正之风进行了坚决清除。

以反腐败斗争保持党的优良作风。1926年8月，党中央发布《坚决清洗贪污腐化分子》的通告，要求各级组织迅速审查所属党员，将贪腐分子洗刷出党。曾任山东省委组织部长的王复元，是第一个因贪污腐化而被开除党籍的党员。中央苏区成立中央党务委员会和各级工农检察委员会等纪检监察机构，发布了《关于惩治贪污浪费行为的训令》等法规，建立健全会计和审计制度，开展了以肃清贪污浪费、官僚主义为主要内容的廉政运动，严格查处了谢步升、钟铁青、左祥云等一批贪污案件。全民族抗战时期，陕甘宁边区和各抗日民主政权都把厉行廉政、严惩贪腐列入施政纲领之中。陕甘宁边区政府出台的《惩治贪污暂行条例（草案）》把克扣财物、敲诈勒索、收受贿赂等10种行为界定为贪污，规定了相应的处罚标准，并支持边区法院依法审理红军英雄肖玉璧贪腐案。肖玉璧作战英勇、战功赫赫，身上有数十处战斗伤痕，后转业到地方任职，逐渐腐化堕落，利用职务之便累计贪污3050元，被边区法院判处死刑。

四、坚持开展纪律建设

在血与火的革命环境中，党深刻认识到纪律建设关乎自身生死存亡，制定了严明的纪律规范，建立了专门的纪检机构，持续加强和开展纪律教育，培养和树牢党员干部的纪律意识。

重视纪律的制定和执行。毛泽东强调，纪律是贯彻执行党的路线的重要保证，党没有纪律支撑"就无法率领群众与军队进行胜利的斗争"[3]。一大党纲

---

[1] 中共中央文献研究室、中央档案馆编《建党以来重要文献选编（一九二一——一九四九）》第八册，中央文献出版社，2011，第635页。
[2] 毛泽东：《毛泽东选集》第一卷，人民出版社，1991，第124页。
[3] 中共中央文献研究室、中央档案馆编《建党以来重要文献选编（一九二一——一九四九）》第十五册，中央文献出版社，2011，第645页。

规定了党的组织纪律和保密纪律，要求党员断绝同敌对党派的关系，对党的重要主张和党员身份保密。二大党章设置纪律专章，对组织纪律、宣传纪律、从业纪律作出明确规定。党还结合武装斗争实践，出台了《关于中央委员会工作规则与纪律的决定》《关于各级党部工作规则与纪律的决定》《三大纪律八项注意》等一批法规训令，统一和规范全党全军的行动。为了防范和制止党内纪律松弛的情况，党一直注重保持铁的纪律，对于违反法律并对革命事业造成损失的党员，要"比非党员工农分子受更严厉的革命纪律制裁"①。

坚持开展纪律教育。党将纪律教育作为党员日常教育的基本内容，注意以说服方式开展纪律教育，引导全体党员形成自觉遵章守纪的思想自觉。中央苏区将党的纪律条款插印在党员干部教育读本中，在党内印发传阅典型违纪案例的处分通报，并在党报上通报大案要案的处理结果。解放战争时期，党明确要求消灭党内无纪律无政府状态，将列宁关于党的纪律的相关论述作为全党的学习文件，要求人民军队在每一次行动之前，都要"进行一次公开的全体的纪律教育"②，以保持良好的军民关系。

探索建立纪检机构。1927年，党的五大决定成立中央和省级监察委员会，负责审查处理党员的违纪行为，并对同级党委进行监督。1933年，党决定设立中央党务委员会、省级和县级监察委员会，并将正确执行铁的纪律、保证党内思想和行动的一致、监督党章和决议的实行、检查不正之风和腐化现象作为监察委员会的基本职责。1945年，党的七大全面规划了党内监察机制，决定恢复监察委员会，并在新党章中设置监督机关专章，具体阐述了监察委员会的产生办法、任务职权、领导体制，规定监察委员会在党委领导下开展工作，负责"决定或取消对党员的处分，受理党员的控诉"③。

五、探索构建制度体系

"不以规矩，不能成方圆；不以六律，不能正五音。"制度建设是推进党的各方面建设的重要基础，党通过建立请示报告制度、巡视制度、民主集中制，确立中央权威，规范党内政治生活，保证党的团结统一。

---

① 中共中央文献研究室、中央档案馆编《建党以来重要文献选编（一九二———一九四九）》第八册，中央文献出版社，2011，第635页。
② 中央档案馆编《中共中央文件选集》第十六册，中共中央党校出版社，1992，第243页。
③ 中共中央文献研究室、中央档案馆编《建党以来重要文献选编（一九二———一九四九）》第二十二册，中央文献出版社，2011，第547页。

建立请示报告制度。自成立之初，党便要求各地组织定期向中央汇报农民运动进展情况，并将党员开除情况上报中央。1928年10月，党中央发布《关于各省委对中央的报告大纲》，明确了报告的时间、类型、内容及保密要求，并规定未按时提交报告的组织将暂停经费发放。1931年12月，中央苏区发布《关于建立报告制度问题》的通令，要求各级政府建立下级定期向上级报告、上级对下级进行检查的制度。1942年9月，党中央作出《关于统一抗日根据地党的领导及调整各组织间关系的决定》，要求各根据地按照中央指示制定本地政策，面对新情况要先行请示中央，不得擅自决定。1948年1月，毛泽东起草了《关于建立报告制度》的指示，要求各中央局和分局的负责同志、各野战军和军区首长定期向中央和中央主席作综合报告，改正下级对上级事前不请示、事后不汇报的不良习惯。他严厉批评东北局不及时上报和报告内容简单的问题，以此推动全党对请示报告制度的贯彻落实。领导干部亲自向党中央报告，不但有利于树立中央权威，而且是"一种实际有效的学习马克思列宁主义、毛泽东思想的好方法"[①]。

确立民主集中制原则。党的二大首次提出了民主集中制的建党原则，强调"加入共产国际的党，应该是按照民主集中制的原则建立起来的"[②]。1928年7月，六大党章将民主集中制确定为党的组织原则。为了坚持和贯彻民主集中制，党着重从两个方面进行探索。一方面，重视发扬党内民主。大革命失败之时紧急召开的八七会议，强调党在秘密活动状态下必须最大限度集权，但这种"集权制度不应当变成消灭党内的民权主义"[③]。党的六大强调活跃党内民主生活，要尽一切可能保证党内民主，确保"集体地讨论和集体地决定主要问题"[④]。延安整风运动中，党通过统一学习、批评与自我批评等方式，推动党内民主的充分发展。毛泽东勉励党员干部在检讨中发扬民主作风，不畏批评和自我批评，"做到'知无不言，言无不尽；言者无罪，闻者足戒；有则改之，无则加勉'"[⑤]。另一方面，保证党的集中统一。毛泽东指出，发扬党内民主正是为了实现党的集中统一，旨在"巩固纪律和增强战斗力，而不是削弱

---

① 薄一波：《七十年奋斗与思考》上卷，中共党史出版社，1996，第472页。
② 中共中央文献研究室、中央档案馆编《建党以来重要文献选编（一九二一——一九四九）》第一册，中央文献出版社，2011，第141页。
③ 中央档案馆编《中共中央文件选集》第三册，中共中央党校出版社，1989，第305页。
④ 中央档案馆编《中共中央文件选集》第四册，中共中央党校出版社，1989，第320页。
⑤ 中共中央文献研究室编《毛泽东文集》第三卷，人民出版社，1996，第340页。

这种纪律和战斗力"①。七大党章强调民主集中制包括民主基础上的集中和集中领导下的民主，党的各级组织都不能违背党内集中原则，"不能使正当的有利于集中行动的党内民主被误解为无政府倾向（向党闹独立性和极端民主化）"②。

完善党内巡视制度。党成立以后，借鉴布尔什维克党的建设经验，着手建立巡视制度。党的二大创立了特派巡视的工作方式，规定中央可向各地派遣指导工作的特派员。1925年10月，中央扩大会议通过的《组织问题决议案》决定增加特派员，以便对各地工作进行指导，党内巡视工作由此正式实施。1928年10月，党制定巡视条例，规定了各级党部的巡视员人数、产生办法和工作要求，标志着党内巡视制度正式建立。1938年，党的六届六中全会通过了《关于各级党部的工作规则和纪律的决定》，对党内巡视制度进一步完善和强化，规定上级党委应派遣巡视员至下级党委，负责传达上级指示并检查下级工作，但在未经特别授权时，巡视员仅具备建议权，无权强制下级执行。

第二节 兴国大业中党的建设

"一唱雄鸡天下白，万方乐奏有于闐。"1949年新中国的成立，为中华儿女实现国家富强、人民富裕的历史任务创造了极其有利的社会条件。以毛泽东同志为核心的党中央领导集体立足社会主要矛盾的新变化和探索社会主义道路、建设社会主义国家的新课题，以"进京赶考"的精神状态思考和探索全国范围执政条件下党的建设问题。社会主义革命和建设时期，党的建设仍然沿袭传统的思想、组织、作风"三大建设"格局，强调理论学习、党员标准、干部培养、作风整肃、监督检查等内容。不过，从1957年党的八届三中全会背离党的八大正确路线起，党内"左"的错误不断抬头。1966年5月至1976年10月的"文化大革命"时期，极"左"路线更是占据统治地位，导致党在长期实践中积累的理论经验和制度成果遭到严重破坏，直到1978年12月党的十一届三中全会以后，党的建设才重新迈入正轨。尽管这一时期"左"的错误屡屡泛滥，但党的建设仍然取得了许多伟大成就，留下了许多宝贵经验。

---

① 中共中央文献研究室编《毛泽东文集》第二卷，人民出版社，1993，第529页。
② 中共中央文献研究室、中央档案馆《建党以来重要文献选编（一九二一——一九四九）》第二十二册，中央文献出版社，2011，第540页。

一、加强思想政治教育

新中国的成立使党成为全国范围内的执政党,党从兴国角度审视思想建党问题,将思想建设作为保持党的先进性的基础工作严抓不懈,采取一系列有力举措对全体党员进行思想改造和教育,使其牢固确立无产阶级世界观。

加强马克思主义理论学习教育。党员队伍理论水平不高,是新中国成立初期党的建设面临的突出问题。毛泽东指出"我们比较缺乏的是马、恩、列、斯的理论"[1],全党理论水平比较低,虽然翻译了许多马克思主义经典作家的文著,但学习宣传还不到位。1951年2月,党中央发出《关于加强理论教育的决定》,在全党开展系统性的马克思主义理论教育,将党员分成三类并分别设计了具有针对性的学习内容。其中,第一级主要学习关于党和新中国的政治常识;第二级主要学习关于社会发展史、党史、马克思主义经典作家和毛泽东生平事迹的理论常识;第三级主要学习马克思主义经典作家和毛泽东的理论著作[2]。为了保证学习活动取得实效,党对理论学习不深入、学习方法不科学等问题进行了全面治理,主要做法是:规定党员干部的必读书目,要求他们定期汇报学习情况和心得体会;开展集中培训,实行严格的考核制度,以考核成绩作为衡量党员思想改造程度的基本标准;要求学习态度严谨、学习方法科学,做到理论和实际相结合、学习和批判相结合;提倡认真学习辩证唯物论,自觉摒弃唯心主义和主观主义。

巩固和加强党的领导地位。1954年2月,党的七届四中全会通过的《关于增强党的团结的决议》是新中国成立以来第一个明确表述政治建设要求的文件,提出党中央是全党团结的唯一中心,必须抵制任何破坏中央统一领导、损害中央权威的言行,任何避开中央和组织的个人或小集团政治活动、政治意见都是必须禁止的非法活动。1956年社会主义改造基本完成以后,毛泽东强调"领导我们革命事业的核心是我们的党"[3],要求抓好社会主义条件下的执政党建设,加强党对党组党员、各条战线、民主党派、国家事业的正确领导。1962年1月扩大的中央工作会议上,毛泽东强调党对经济社会和国家机关的全面领

---

[1] 中共中央文献研究室编《毛泽东文集》第五卷,人民出版社,1996,第260页。
[2] 中共中央文献研究室编《建国以来重要文献选编》第二册,中央文献出版社,1992,第124-125页。
[3] 中共中央文献研究室编《毛泽东文集》第七卷,人民出版社,1999,第87页。

导,"要领导工业、农业、商业、文化教育、军队和政府"①。这一时期,毛泽东提出的"政治工作是一切经济工作的生命线"②等重要论断,深刻诠释了执政条件下党的政治建设的重要意义和基本内容。

坚决抵制和批判资产阶级思想。党认为资产阶级思想的腐蚀是党员干部蜕变的重要因素,从党内外两个方面开展了一系列清除资产阶级思想的斗争。从党外而言,主要是通过开展"五反"斗争,防止资产阶级和资产阶级思想对党的渗透,加强全党对资产阶级思想的防范。从党内而言,主要是通过开展"三反"等大规模的整党整风运动,坚决清除党内思想变质的"小资产阶级者"和"非真正无产阶级者",整肃唯利是图、贪图享乐等小资产阶级思想倾向。毛泽东要求全体党员敢于和善于对犯错的同志进行批评,通过分析和批评,搞清楚问题,分清是非轻重,帮助犯错的同志改正错误、成长进步。

二、夯实党的组织基础

新中国成立后,针对党员审查不严格、党性教育不及时引起的组织软弱涣散问题,党进行了从严开展组织建设的实践探索,对照党员标准严格审查和发展党员,对干部队伍进行严肃整顿和清理,维护党的团结统一,保证党的行动有力。

从严整顿党员队伍。党按照积极慎重、严格审查的指导方针,制定了《关于候补党员的缩短候补期限、批准入党权限及组织生活的规定》《关于接受新党员手续的规定》,对入党程序进行严格规范,要求党员必须深刻体认党的工人阶级先锋队性质。1951年3月,党的全国组织工作会议通过了《关于发展新党员的决议》《关于整顿党的基层组织》和关于党员基本条件的规定,明确了党员发展程序、方法和党员行为标准,规定入党者必须向党组织如实报告本人历史和政治经历,"不得有任何隐瞒或夸大"③。在1951至1954年的整党运动中,有23.8万名不良分子被清除出党,有9万余人自愿或被劝告退党,同时发展新党员107万人,使党员结构更加合理、党员队伍更加壮大、党的组织分布更加广泛。

从严选拔和培养干部。党按照德才兼备标准选拔干部,规定干部不仅要政治清白、忠诚可靠、品德高尚、作风正派,忠实于党和社会主义事业,还要在

---

① 中共中央文献编辑委员会编《毛泽东著作选读》下册,人民出版社,1986,第832页。
② 中共中央文献研究室编《毛泽东文集》第六卷,人民出版社,1999,第449页。
③ 中共中央文献研究室编《建国以来重要文献选编》第二册,中央文献出版社,1992,第215页。

工作上能力突出，具有一定的理论文化水平，熟悉和钻研业务，保持对新事物的敏锐感觉。鉴于干部队伍中存在来历不明、历史不清的干部，党中央通过《关于审查干部的决定》，从1954年起按照从严和从宽相结合的原则，对全国干部进行政治历史审查，对有历史问题者进行组织处理。经过审查发现，11.8%的干部存在问题，分别予以警告、降级、撤职等处分。1964年6月，毛泽东提出了无产阶级革命事业接班人的必备条件，这实际上也是领导干部的培养标准，即必须是真正的马克思列宁主义者；必须是全心全意为中国和世界的绝大多数人服务的革命者；必须是能够团结绝大多数人一道工作的无产阶级政治家；必须是党的民主集中制的模范执行者；必须谦虚谨慎，戒骄戒躁，富于自我批评精神，勇于改正自己工作中的缺点和错误[①]。

三、大力整顿党的作风

新民主主义革命胜利以后，一些党员干部骄傲自满、贪图享乐，滋生了官僚主义的歪风邪气。如何开展执政党的作风建设，成为摆在全党面前的重要课题。为此，党通过大力开展整风整党运动，赓续党的优良传统，巩固党的群众基础。

1950年5月，党启动为期半年的全党整风运动，旨在提升干部和普通党员的思想政治理论素养，消除自满情绪及官僚主义、命令主义问题，改善党群关系。这次整风运动采取阅读指定文件、总结工作、查找问题、分析情况、开展批评和自我批评的方式，揭露了党员队伍中存在的许多典型作风问题，并根据问题的程度和性质进行相应处理，对错误不严重者进行思想教育，对错误严重者给予纪律处分。半年多的整风运动虽然时间短暂，但有效克服了党员队伍中的官僚主义倾向，改进了全党的工作作风。

1951年2月，党决定有计划、有准备、有领导地开展一场为期三年的整党运动，主要是对农村地区基层党组织进行整顿，着力提高党员素质，纯洁党的队伍。整党过程中，注重开展在执政条件下如何成为合格共产党员的党性教育。刘少奇表示，全体党员都要增强党性意识、践行群众路线、坚持为民服务、密切党群关系，认真了解群众的诉求和意见"并及时向党中央反映，把党的政策向群众作宣传解释"[②]。这一时期，党还发起了反贪污、反浪费、反官

[①] 中共中央文献研究室编《建国以来重要文献选编》第十九册,中央文献出版社,1998,第71-72页。

[②] 刘少奇:《刘少奇选集》下卷,人民出版社,1985,第63页。

僚主义的全国性"三反"运动,对党组织和党员干部进行了一次群众性审查,有力推动了整党运动的深入开展。

1955年3月,党召开继延安整风运动之后的又一次整风会议,要求党员干部充分开展批评和自我批评,确保批评意见刺到痛处、相互监督不走过场。毛泽东结合整党整风实践,强调党员干部只有充分运用群众路线的领导方法,才能不陷入脱离群众的官僚主义泥坑,并提出了党员干部密切联系群众的三项原则:上下级打成一片;准许下级批评上级;不要靠职位高、老资格吃饭[①]。

四、严厉惩治贪腐分子

随着全面执政条件下环境和地位的变化,一些党员干部不复谦虚谨慎、不再发扬艰苦奋斗的传统作风,开始恃功挟赏、贪腐浪费。为此,党开展了"三反""五反"运动,严厉打击贪污腐败分子。

1951年10月的全国性爱国增产节约运动暴露出许多贪污浪费现象,引起党的高度重视。毛泽东要求全党高度重视干部因资产阶级腐蚀而贪污腐化的问题,对这种现象"注意发现、揭露和惩处,并须当作一场大斗争来处理"[②]。同年12月,党中央发布《关于实行精兵简政、增产节约、反对贪污、反对浪费和反对官僚主义的决定》,提出以自上而下和自下而上相结合的方式遏制贪污浪费现象。1952年1月,针对党政机关工作人员的"三反"运动拉开帷幕。毛泽东确定了从严治理、敢于碰硬的主基调,要求中央和地方各级机关就"三反"开展情况进行汇报,着重打击大型贪污犯,教育改造中小型贪污犯,铲除侵蚀党的健康肌体的腐败行为。他亲自督促处理张子善、刘青山贪腐案件,强调贪腐分子不论功劳大小、地位高低都要依法惩处,决不可以姑息纵容。只有下定决心处决张子善、刘青山,才能发挥震慑作用,"才能挽救20个、200个、2000个、20000个犯有各种不同程度错误的干部"[③]。在"三反"运动中,党发起全国性检举及坦白运动,以内外夹击、层层包围的方式,集中查处了一批贪污分子。

随着"三反"运动的深入推进,党发现党员干部的腐化堕落同非法资本家的"糖衣炮弹"攻击有着密切关联,遂于1952年2月起在私营工商业者中开展"反行贿、反偷税漏税、反盗骗国家财产、反偷工减料、反盗窃国家经济情报"

---

① 中共中央文献研究室编《毛泽东文集》第七卷,人民出版社,1999,第286-287页。
② 中共中央文献研究室编《毛泽东文集》第六卷,人民出版社,1999,第190-191页。
③ 叶子龙:《叶子龙回忆录》,中央文献出版社,2000,第144页。

的"五反"运动,以彻底铲除滋生腐败的土壤。至1952年10月,全国县以上党政机关(军队除外)有383.6万人参加"三反"运动,查出贪污1000万元以上者约10.5万人,判处42人死刑、67人无期徒刑、9942人有期徒刑。在近一年的激烈斗争中,"三反"运动基本肃清了党内的贪污浪费行为,有力强化了党风廉政建设①。

五、持续推进制度建设

早在1945年延安"窑洞对"中,毛泽东就指出民主监督是党跳出治乱兴衰历史周期率的破局之策。成为全国性执政党以后,党着手建立健全党内权力监督体系和人民民主监督机制,严明党纪,从严治党。

保证纪检机构行使职权。1949年11月,党决定成立中央和各级纪律检查委员会,担负监督检查和惩治违法乱纪行为等职责。毛泽东对纪检工作极其重视,要求各级党委注意健全纪检办事机构,选用忠实可靠的干部从事相应工作。新中国成立初期,各级纪检部门检查和处理了30多万起党员违法乱纪案件,清除了一批党内异己分子。1955年3月,党决定成立中央和地方监察委员会,取代各级纪律检查委员会。各级监察委员会成立后,同党内违法乱纪行为进行了坚决斗争。1977年8月,党的十一大重新恢复设置纪律检查委员会,并规定各级纪委由同级党委选举产生。

发挥舆论媒体的监督功能。毛泽东重视舆论媒体的监督效用,倡导运用报纸刊物揭发官僚主义、命令主义和违法乱纪现象。1950年4月,党中央作出《关于在报纸刊物上展开批评和自我批评的决定》,规定在所有公开场合和人民群众当中,尤其是利用报纸刊物"展开对于我们工作中一切错误和缺点的批评和自我批评"②。此后,党员干部纷纷在报纸上进行公开的自我批评,群众也通过报纸表达自己对党政部门工作的意见和建议,促使党员干部主动自我批评、虚心接受批评而不断改进工作。

确立人民信访制度。毛泽东一向重视听取群众意见,经常亲自批阅群众来信。新中国成立后,他要求各级党政机关设立信访机构和人民意见箱,恰当严肃地回应群众来信、解决群众诉求。1951年6月,政务院通过《关于处理人民来信与接见人民工作的决定》,把信访工作确定为常态化的监督制度,为人民

---

① 萧心力编《毛泽东与共和国重大历史事件》,人民出版社,2001,第70-71页。
② 中共中央文献研究室编《建国以来重要文献选编》第一册,中央文献出版社,1992,第172页。

监督政府权力运行提供了制度保障。

第三节　富国奋斗中党的建设

"团结全民齐建国，欢呼大地又回春。"1978年12月，党的十一届三中全会实现了新中国成立以来党史上具有深远意义的伟大转折，开启了改革开放和社会主义现代化建设的新时期。1980年2月，邓小平提出的"执政党应该是一个什么样的党，执政党的党员怎样才合格，党怎样才叫善于领导"①等三个问题，实际上是对党在新时期地位和作用的深刻思考。以邓小平同志、江泽民同志为核心的党中央领导集体，以胡锦涛同志为总书记的党中央，在开创、坚持和发展中国特色社会主义的历史进程中，持续探索和加强党的建设，不断提高党的执政能力和建设质量，在党内法规体系方面进行了许多制度治党的设计与实施工作，将传统"三大建设"格局逐步发展为思想、组织、作风、制度、反腐倡廉组成的"五大建设"布局，使党成为"千磨万击还坚劲"的中国特色社会主义事业的坚强领导核心。

一、拨乱反正，推动党的建设重入正轨

进入改革开放和社会主义现代化建设新时期，党的建设面临着新的考验和任务。从1978年12月党的十一届三中全会召开到1989年6月党的十三届四中全会之前，以邓小平同志为核心的党中央领导集体深刻阐明了改革开放历史条件下党的建设原则、路径和方向等重大问题，提出把党建设成为领导社会主义现代化事业的坚强核心的时代命题，将发展生产力确定为党建工作的出发点和最高原则，强调健全党纪党规和民主集中制，使党的建设得到全面恢复和加强。

坚持和改善党的领导。中国特色社会主义是一项前无古人的全新事业，只有始终坚持并不断改进党的领导，才能使党担当领导重任、推动事业发展。邓小平强调，不能科学研究和正确解决"怎样改善党的领导"这一重大问题，就"坚持不了党的领导，提高不了党的威信"②。1982年9月，党的十二大全面总结了党的建设历史经验，提出了把党建设成为领导社会主义现代化事业的坚强核心这一崭新主题，并从规范党内政治生活、改革干部制度、密切党群关系、

---

① 中共中央文献研究室编《邓小平年谱（1975—1997）》上，中央文献出版社，2004，第605页。
② 邓小平：《邓小平文选》第二卷，人民出版社，1994，第271页。

全面整顿党的作风和组织等方面进行了具体部署。1983年10月，邓小平提出把党建设成为具有战斗力的马克思主义政党，使之"成为领导全国人民进行社会主义物质文明和精神文明建设的坚强核心"①，从而将党的建设同中国特色社会主义事业紧密结合，进一步突出了这一时期的党建主题，为新时期党的建设明确了前进方向、确定了评价标准、规范了价值尺度。

恢复和明确党的思想路线。"文革"结束后，邓小平高度重视解决党的思想路线问题，强调"不解决思想路线问题，不解放思想"②，就无法制定正确的政治路线，即便制定了政治路线也难以贯彻下去。党的十一届三中全会冲破了"两个凡是"等"左"的错误的束缚，重新确立了解放思想、实事求是的马克思主义思想路线，强调理论联系实际、一切从实际出发，推动形成了研究新情况、解决新问题的良好局面。1981年6月，党的十一届六中全会通过《关于建国以来党的若干历史问题的决议》，标志着党在指导思想上的拨乱反正任务胜利完成。1984年6月，中央宣传部发布《关于干部马列主义理论教育正规化的规定》，在全党开展新中国成立以来首次大规模、正规化的马克思主义理论学习教育活动，着力解决党员干部理论基础薄弱的问题。

优化和充实党员干部队伍。针对干部队伍存在的文化水平偏低、年龄结构老化等突出问题，党确立了"革命化、年轻化、知识化、专业化"的干部队伍建设方针。一方面，推动党校教育正规化，建立国家行政学院，恢复并新建各级党校，突出文化知识和业务知识培训，切实提高干部队伍整体素质。另一方面，取消领导干部终身任职制度，对从中央到地方的各级领导机构和班子进行优化调整，推荐一批年富力强的中青年干部走上领导岗位。1982年1月，中央党政机构进行调整，新提拔的中青年干部分别占到部、司（局）领导班子成员总数的16%与32%，对干部队伍改革起到了重要示范作用。党的十二大以后，对各级领导班子进行大规模调整，约90万老干部退居二线、三线，8万多名德才兼备的中青年干部走上县以上各级领导岗位③。

严肃党纪，整顿党风。党的十一届三中全会决定恢复中央纪律检查委员会，明确其核心职责是维护党规党纪和优良党风。中央纪委成立后，立即选调干部，重建地方各级纪检机构，着力端正"文革"期间遭到严重破坏的党风，维护党的纪律和优良传统。1980年11月，陈云提出"执政党的党风问题是有

---

① 邓小平：《邓小平文选》第三卷，人民出版社，1993，第39页。
② 邓小平：《邓小平文选》第二卷，人民出版社，1994，第191页。
③ 彭穗宁：《中国共产党建设史纲要》，中共中央党校出版社，2001，第208-209页。

关党的生死存亡的问题"①这一深刻论断，体现了党对执政条件下作风建设重要性的认识。1983年至1987年，全党围绕"统一思想，整顿作风，加强纪律，纯洁组织"的任务要求，开展了进入新时期以后的第一次大规模全面整党运动，对从中央到基层的各级组织进行自上而下的分期分批整顿，注重正面教育和发扬民主，将批评与自我批评相结合，有效厘清是非、纠正错误，解决了党组织和党员队伍思想不纯、组织不纯、作风不纯的问题。

重视和推进党的制度建设。邓小平深刻反思"文革"教训，认为过去所犯的各种错误，虽然同"某些领导人的思想、作风有关，但是组织制度、工作制度方面的问题更重要"②，提出建立健全一系列同国家政治生活相配套、同国家制度相衔接的治党制度体系。党的十一届三中全会汲取历史经验和教训，决定完善党的民主集中制和党内法规体系。1980年2月，党的十一届五中全会通过《关于党内政治生活的若干准则》，标志着制度建设迈出关键一步。1980年8月，邓小平发表《党和国家领导制度的改革》，提出了比较完整的政治体制改革思想，为依规治党、制度治党奠定了理论基础。党的十二大通过的新党章对党的性质、指导思想和党建要求作出明确规定，对党的民主集中制原则做了比较充分而具体的表述。党的十三大开始使用制度建设的概念，强调要走出一条依靠改革和制度建设的党建新路。

二、坚定不移，推动党的建设跨世纪发展

世纪之交，党和国家事业面临着极其复杂的形势和考验。苏联解体、东欧剧变造成世界社会主义运动的重大挫折，1996年台海危机、1999年北约轰炸中国驻南联盟大使馆、2001年中美南海撞机等突发事件对国家主权和安全构成严峻挑战，长江特大水灾、亚洲金融危机等重大突发事件又给政治、经济、社会领域带来一系列困难和风险。从1989年6月党的十三届四中全会召开到2002年11月党的十六大召开之前，以江泽民同志为核心的党中央领导集体坚定遵循党的基本路线，坚持党要管党、从严治党，提出了一系列加强和改进党的建设的新思想、新措施，推动中国特色社会主义和党的建设新的伟大工程实现跨世纪发展。

阐明党的建设总目标和两大历史性课题。1992年初，邓小平在南方谈话中

---

① 陈云：《陈云文选》第三卷，人民出版社，1995，第273页。
② 邓小平：《邓小平文选》第二卷，人民出版社，1994，第333页。

强调"中国要出问题，还是出在共产党内部"①，这实际上是对新一届中央领导集体的重要政治交代。1994年9月，党的十四届四中全会通过《关于加强党的建设几个重大问题的决定》，提出了新形势下党的建设目标和任务。1997年9月，党的十五大对党的建设理论和实践进行了全面梳理，把"党的建设新的伟大工程"写进大会报告，强调"把党建设成为用邓小平理论武装起来、全心全意为人民服务、思想上政治上组织上完全巩固、能够经受住各种风险、始终走在时代前列、领导全国人民建设有中国特色社会主义的马克思主义政党"②，提出不断提高领导水平和执政水平、不断增强拒腐防变的能力。2000年5月，江泽民将不断提高领导水平和执政水平、增强拒腐防变和抵御风险的能力确定为党的建设两大历史性课题。党的建设总目标指明了新世纪党建工作的前进方向，两大历史性课题明确了党巩固执政地位、实现执政使命的着力点。

构建和完善"四大建设"整体布局。一是加强思想政治教育和理论学习。在全党掀起学习邓小平南方谈话、建设有中国特色社会主义理论、党章的热潮，在县级以上党政领导班子和领导干部中开展"讲学习、讲政治、讲正气"的"三讲"教育，建立健全省部级在职领导干部学习制度，推动党员干部理论学习活动走向制度化、规范化。二是围绕"四化"标准优化干部队伍。出台《党政领导干部选拔任用工作暂行条例》《中国共产党党员领导干部廉洁从政若干准则（试行）》等党内法规，促进干部队伍的新老交替与协作，推动大量优秀年轻干部进入领导岗位。强化高校和国企的基层党组织建设，加速在新经济组织和新社会组织中建立党组织，吸纳新社会阶层中符合条件的优秀人才加入党组织。三是强化作风建设。公布了《关于加强党同人民群众联系的决定》《关于加强和改进党的作风建设的决定》《中国共产党纪律检查机关控告申诉工作条例》等一系列法规条例，建立党政机关县（处）级以上领导干部收入申报制度、党和国家机关工作人员在国内公务活动中收受礼品实行登记制度、国有企业业务招待费使用情况向职代会报告制度，推动党风廉政建设和反腐败斗争逐渐走上标本兼治、加大治本力度的新轨道。四是将制度建设纳入党的建设整体布局。党的十四大在传统"三大建设"的基础上，提出加强党的制度建设，从而形成了涵盖思想、组织、作风、制度"四大建设"的党建格局。

提出"三个代表"重要思想。党的十三届四中全会以来，以江泽民同志为

---

① 邓小平：《邓小平文选》第三卷，人民出版社，1993，第380页。
② 中共中央文献研究室编《十五大以来重要文献选编》上，人民出版社，2000，第45页。

核心的党中央领导集体敏锐观察国内外形势变化，深刻把握经济社会发展要求，科学判断党所处的历史方位和环境变化，围绕掌握全国政权并长期执政、在对外开放和发展社会主义市场经济条件下领导国家建设的使命和任务，提出党要始终代表中国先进生产力的发展要求、代表中国先进文化的前进方向、代表中国最广大人民的根本利益。"三个代表"重要思想创造性地回答了新时期建设什么样的党、怎样建设党的重大问题，明确了党的建设方向和标准，为在新的历史方位上加强和改进党的建设提供了强大理论武器。

三、改革创新，推动党的建设持续深化

进入21世纪，党和国家事业迎来了进一步发展的难得机遇，也面临着前所未有的重大挑战。不论是大发展大变革大调整的世界格局、全面小康的奋斗目标，还是长期执政、改革开放、市场经济、外部环境等"四大考验"和精神懈怠、能力不足、脱离群众、消极腐败等"四种危险"，都对新世纪党的建设提出了新的要求。从2002年11月党的十六大召开到2012年11月党的十八大之前，以胡锦涛同志为总书记的党中央牢牢把握战略机遇、沉着应对风险挑战，在全面建设小康社会的奋斗进程中，以改革创新精神全面加强党的建设，推动形成了由思想、组织、作风、制度、反腐倡廉构成的"五大建设"格局，有力提高了党的建设科学化水平。

突出党的执政能力建设和先进性建设。2002年11月，党的十六大正确把握执政条件和社会环境的深刻变化，从阶级性、先进性、根本宗旨、领导地位、最终目标等角度全面阐释党的性质，提出了"加强党的执政能力建设，提高党的领导水平和执政水平"[1]的任务要求。2004年9月，党的十六届四中全会通过《关于加强党的执政能力建设的决定》，系统阐述了在新的历史阶段加强党的执政能力建设的指导思想、指导原则、总体目标和主要任务，提出以提高执政能力为重点全面推进党的建设，实现科学执政、民主执政、依法执政。胡锦涛要求协同推进党的执政能力建设和先进性建设，强调"抓住了先进性建设，就抓住了党的建设的根本"[2]，以加强先进性建设作为党的建设的关键任务，实现党的执政能力提高和执政地位巩固。

全面加强和推进党的"五大建设"。党的十六大提出把思想建设、组织建

---

[1] 江泽民：《江泽民文选》第三卷，人民出版社，2006，第569页。
[2] 中共中央文献研究室编《十六大以来重要文献选编》中，中央文献出版社，2006，第615页。

设、作风建设有机结合起来,将制度建设贯穿其中。党的十七大将原属于作风建设的反腐倡廉单列出来,形成了由思想建设、组织建设、作风建设、制度建设、反腐倡廉建设组成的"五位一体"总体布局,增加了"为民、务实、清廉"的党建工作要求。党以科学发展观为指导,多措并举建设学习型、服务型、创新型政党,努力提高党的执政能力,保持党的先进性。思想建设方面,建立中央政治局集体学习制度,启动中央马克思主义理论研究和建设工程,集中开展保持共产党员先进性教育活动、学习实践科学发展观活动。组织建设方面,全面推进经济社会各领域党的基层组织建设,全面实施人才强国战略,切实加强党对人才工作的全面领导和对干部队伍的教育培训,努力建设一支善于推动科学发展、促进社会和谐的高素质干部队伍。作风建设方面,大力倡导为民、务实、清廉的政绩观,保持和强化党同人民群众的血肉联系。制度建设方面,坚持和健全民主集中制,不断完善党的领导制度、党代表大会制度、党内选举制度和民主决策机制,继续深化干部人事制度改革,充分保障党员的主体地位和民主权利。反腐倡廉方面,坚决惩治各种腐败行为,推动完善反腐败领导体制、工作机制以及国家反腐败立法工作,着力抓好反腐倡廉教育制度、监督制度、预防制度和惩治制度建设,推动形成完善的惩治和预防腐败体系。

第四节 强国征程上党的建设

"龙吟再响新时代,壮气长虹映九天。"2012年11月,党的十八大胜利召开,标志着中国特色社会主义进入新时代。以习近平同志为核心的党中央围绕实现"两个一百年"奋斗目标和中华民族伟大复兴世纪梦想的使命任务,深刻把握党的建设面临的新形势、新问题、新特点,坚持问题导向和目标导向,提出了一系列党的建设的新思想、新观点、新论断、新要求,明确了新时代党的建设的根本原则、工作主线、整体布局、总体目标、推进路径,把全面从严治党纳入"四个全面"战略布局,深入推进党的建设新的伟大工程,使党在新时代开拓和发展中国特色社会主义的历史进程中,始终成为击水中流的坚强领导核心。

一、提出新时代党的建设总要求

党的十八大以来,以习近平同志为核心的党中央面对严峻的时代考验、复杂的世界形势、繁重的发展任务,统揽"两个大局",坚持党要管党,提出了一系列全面从严治党的新理念、新思想、新战略。2017年10月，习近平在党的十九大报告中全面阐释了新时代党的建设总要求："坚持和加强党的全面领导，坚持党要管党、全面从严治党，以加强党的长期执政能力建设、先进性和纯洁性建设为主线，以党的政治建设为统领，以坚定理想信念宗旨为根基，以调动全党积极性、主动性、创造性为着力点，全面推进党的政治建设、思想建设、组织建设、作风建设、纪律建设，把制度建设贯穿其中，深入推进反腐败斗争，不断提高党的建设质量，把党建设成为始终走在时代前列、人民衷心拥护、勇于自我革命、经得起各种风浪考验、朝气蓬勃的马克思主义执政党。"①新时代党的建设总要求的提出，为加强和推进党的建设新的伟大工程提供了根本遵循。

"两个坚持"是新时代党的建设的根本方针，即"坚持和加强党的全面领导，坚持党要管党、全面从严治党"。党成为最高政治领导力量是中国历史和中国人民的选择，坚持和加强党的全面领导必然要把管党治党作为最根本的政治担当。党的十九大明确指出，党的领导是中国特色社会主义最本质的特征和中国特色社会主义制度的最大优势。十九大党章将"坚持从严管党治党"确定为党的建设必须坚持的一项基本要求，进一步深化了对新时代党的建设的规律性认识。党的十九届六中全会通过《中共中央关于党的百年奋斗重大成就和历史经验的决议》，系统梳理了新时代坚持党的全面领导和推进全面从严治党的伟大成就，将坚持党的领导作为首要历史经验，强调党的坚强领导是中华民族改变命运、走向辉煌的最根本因素。进入新时代以来，党以对党、国家、人民、历史高度负责的态度，坚持把"党领导一切"落实到治国理政各方面，把"全面从严"贯穿于党的建设全过程，为推进中国特色社会主义、实现中华民族伟大复兴提供了根本政治保证。

"四个以"是新时代党的建设的工作思路，即"以加强党的长期执政能力建设、先进性和纯洁性建设为主线，以党的政治建设为统领，以坚定理想信念宗旨为根基，以调动全党积极性、主动性、创造性为着力点"。党的十八大将加强党的执政能力建设、先进性和纯洁性建设确定为党的建设的主线，强调坚定理想信念、坚守共产党人的精神追求。党的十九大首次提出政治建设的重大命题，强调加强长期执政能力建设，使党成为政治过硬、本领高强的马克思主

---

① 习近平:《决胜全面建成小康社会　夺取新时代中国特色社会主义伟大胜利——在中国共产党第十九次全国代表大会上的报告》，人民出版社，2017，第61页。

义执政党。进入新时代以来,党把长期执政能力建设和保持先进性、纯洁性作为执政兴国的基本条件,把旗帜鲜明讲政治作为党的建设的根本要求,把补足精神之钙作为固本培元的紧要任务,把凝聚全党力量和激发全党活力作为干事创业的根本保障,坚持从严管党治党,同一切破坏党的团结统一、侵蚀党的健康肌体的病毒顽疾进行坚决斗争,持续加强党性教育、强化宗旨意识,不断激发党员干部敢为人先的进取精神和奋楫潮头的使命意识,使党的政治领导力、思想引领力、群众组织力、社会号召力得到充分保障并不断增强。

"5+2"是新时代党的建设的基本格局,即"全面推进党的政治建设、思想建设、组织建设、作风建设、纪律建设,把制度建设贯穿其中,深入推进反腐败斗争"。党的十八大对"五大建设"格局进行了调整,更加强调反腐倡廉建设的地位和意义,提出"全面加强党的思想建设、组织建设、作风建设、反腐倡廉建设、制度建设"[①]。党的十九大将长期以来合并表述的思想政治建设分离开来,将政治建设置于首要位置,将纪律建设纳入党建总布局,将原来属于"五大建设"的制度建设和反腐倡廉抽离出去,强调将制度建设贯穿于党的政治、思想、组织、作风、纪律建设之中,深入推进反腐败斗争,由此形成了全新的"5+2"党的建设总体布局。进入新时代以来,党对各领域党建工作都作出科学规划、有力部署,推动党的建设全面进步,使"5+2"党建大格局从顶层设计到基层实践得到全方位推进、多角度提升。

"五句话"是新时代党的建设的总体目标,即"始终走在时代前列、人民衷心拥护、勇于自我革命、经得起各种风浪考验、朝气蓬勃"。一个长期执政的马克思主义政党应该具备哪些品质、能力和风貌?这是新时代党的建设必须回答的问题。"始终走在时代前列"要求党保持和发展马克思主义政党的先进性和纯洁性,将合规律性与合目的性有机结合起来,将因事而化、因时而进、因势而新贯穿于一切理论和实践。"人民衷心拥护"要求党牢牢坚守人民至上的价值立场,坚持"两个先锋队"的性质定位,不忘初心、牢记使命,永远保持同人民群众的血肉联系,始终坚持群众路线的工作方法。"勇于自我革命"要求党永葆自我完善、自我净化、自我革新、自我提高的政治自觉,始终坚持真理,不断锤炼自我,做到以自我革命引领社会革命。"经得起各种风浪考验"要求党拥有敢于斗争、善于斗争的智慧和毅力,正确认识党面临的"四大考验""四大危险",坚持问题导向,保持战略定力,努力提高应对风险、化解矛

---

① 胡锦涛:《胡锦涛文选》第三卷,人民出版社,2016,第253页。

盾的能力。"朝气蓬勃"要求党保持守正创新的进取意识和自信自立的精神风貌，深刻把握世界之变、时代之问、人民之盼，不断把党和人民的事业推向前进。进入新时代以来，党围绕这一总体目标加强自身建设、检验工作成效，使党的建设经受住了时代考验和实践检验，得到了历史认可和人民肯定。

二、丰富新时代党的建设方法体系

党的建设是一项十分复杂的系统工程，方法体系至关重要。党一向重视党建方法问题，一直以马克思主义的立场、观点和方法指导党的建设各项工作。进入新时代，以习近平同志为核心的党中央以中国化时代化马克思主义为指导，不断丰富、完善和发展党的建设方法体系，为落实新时代党的建设总要求提供了科学的方法指南。

坚持实事求是。实事求是是党的基本思想路线，要求坚持一切从实际出发，做到理论和实际相结合，在实践中发现、检验和发展真理。习近平强调"实事求是，是马克思主义的根本观点"[1]，是中国共产党人认识和改造世界的根本要求，是党的基本思想方法、工作方法和领导方法。党的十八大以来，党将解放思想、实事求是、与时俱进、求真务实作为加强和改进党的建设的基本原则，在调查研究的基础上理清新时代党的建设"实事"，深刻把握新时代党的建设规律，着力解决党的建设面临的突出问题，形成了新时代党的建设总要求，构建了科学合理、全面协调的党的建设整体格局。

坚持群众路线。群众路线是党的根本工作路线，要求尊重和维护人民群众的主体地位与首创精神，将保障和发展人民群众的根本利益作为一切工作的出发点和落脚点，凝聚群众力量和智慧开展各项工作。习近平反复强调，人民群众是真正的英雄，党员干部"任何时候都不能忘记为了谁、依靠谁、我是谁"[2]，必须同人民真正结合起来。党的十八大以来，党坚持贯彻人民中心的根本立场，深入听取群众意见，及时回应群众关切，积极排解群众急难愁盼各项问题，将群众是否拥护、是否赞成、是否满意作为制定工作决策、检验工作成效的根本标准，将立党为公、执政为民凝铸为新时代中国特色社会主义的醒目底色。

---

[1]《年轻干部要提高解决实际问题能力　想干事能干事干成事》，《人民日报》2020年10月11日第1版。
[2]《在常学常新中加强理论修养　在知行合一中主动担当作为》，《人民日报》2019年3月2日第1版。

坚持系统观念。系统观念是百年大党奋斗征程中的重要经验，要求从马克思主义普遍联系观点出发，将事物看成有机联系、动态变化的发展过程，从整体视角、全局视野审视和推进各项工作，保证工作的全面协调可持续。党一直立足系统观念观察和思考革命、建设、改革、复兴时期的各种问题，坚持系统观念成为贯穿于习近平新时代中国特色社会主义思想的立场、观点、方法。党的十八大以来，党将系统观念贯通于新时代党的建设之中，对党的建设进行全局规划和长远谋划，强调政治建设、思想建设、组织建设、作风建设、纪律建设、制度建设、反腐败斗争各子系统之间的关联性、系统性和协同性，形成了党的建设重点突破、整体推进的良好态势。

坚持问题导向。问题导向是党的建设的优良传统，善于发现并正确解决问题是党不断发展壮大和党的事业不断取得胜利的重要保障。正是在发现、审视和解决问题的过程中，党不断深化对自身建设规律的理论认识，不断推进党的建设实践的创新发展。习近平强调："我们中国共产党人干革命、搞建设、抓改革，从来都是为了解决中国的现实问题。"[1]党的十八大以来，党紧紧围绕"建设什么样的长期执政的马克思主义政党、怎样建设长期执政的马克思主义政党"的时代课题，全面审视党的建设面临的新形势、新考验、新问题，深入研究问题的性质，科学分析问题的症结，在抓住和解决真问题的过程中推动新时代党的建设理论与实践的全面发展。

坚持底线意识。底线意识是一种深刻把握风险考验而采取行动策略的思维方法，要求以前瞻性视野预判风险，理性考量必须坚守的底线，正确制定应对风险的策略，做到进退有据、谋定后动。习近平强调："全党必须增强忧患意识，坚持底线思维，坚定斗争意志，增强斗争本领，以正确的战略策略应变局、育新机、开新局。"[2]作为全世界最大的执政党，任何方向性、颠覆性的错误都会给党和人民的事业带来巨大灾难。党的十八大以来，党面对"四大考验""四大危险"，始终保持高度警惕，坚持守住安全底线，坚定不移加强党的全面领导，补齐管党治党短板，不断增强党的执政本领和战略定力。

坚持创新思维。创新思维是党的思想原则的生动凝练和自我革命精神的内在要求，是一种抓全局、抓根本、抓长远的思想方法。习近平强调，兴党强党

---

[1] 习近平：《关于〈中共中央关于全面深化改革若干重大问题的决定〉的说明》，《人民日报》2013年11月16日第1版。

[2] 《高举中国特色社会主义伟大旗帜　奋力谱写全面建设社会主义现代化国家崭新篇章》，《人民日报》2022年7月28日第1版。

必须发扬自我革命精神,"只有努力在革故鼎新、守正出新中实现自身跨越,才能不断给党和人民事业注入生机活力"①。党的十八大以来,党坚持与时俱进、守正创新,将创新思维作为解决新时代党的建设突出矛盾和问题的基本思维范式,推动党的建设从顶层设计到基层实践全面创新,推动不同领域、不同层次、不同情况的党建工作创新开展。2020年,人民网等机构举办的第五届全国基层党建创新案例评选活动评出的30个最佳案例、50个优秀案例,大部分都是基层党建工作的新鲜经验。

三、推动新时代党的建设全面发展

进入新时代,党的建设面临着极其严峻的形势。习近平指出:"党内存在不少对坚持党的领导认识模糊、行动乏力问题,存在不少落实党的领导弱化、虚化、淡化问题,有些党员、干部政治信仰发生动摇,一些地方和部门形式主义、官僚主义、享乐主义和奢靡之风屡禁不止,特权思想和特权现象较为严重,一些贪腐问题触目惊心。"②党的十八大以来,以习近平同志为核心的党中央贯彻落实新时代党的建设总要求,坚持党要管党、全面从严治党,高瞻远瞩、科学谋划,使党的建设全面推进、党的面貌焕然一新。

党的政治建设取得新成就。党坚持筑牢政治根基、牢牢把握政治方向,提出了一系列关于坚持和加强党的全面领导的新思想、新观点、新论断,主要有:党是最高政治领导力量,"办好中国的事情,关键在党"③;党的领导具有全面性、系统性、整体性,要贯穿于党和国家事业的各个领域、各个方面、各个环节;事在四方、要在中央,坚持党中央集中统一领导是党的领导的最高原则;全体党员干部必须增强"四个意识"、做到"两个维护",增强政治判断力、政治领悟力、政治执行力。2021年11月,党的十九届六中全会作出"两个确立"的重大论断,即"确立习近平同志党中央的核心、全党的核心地位,确立习近平新时代中国特色社会主义思想的指导地位"④,这是基于新时代党

---

① 《以解决突出问题为突破口和主抓手 推动党的十八届六中全会精神落到实处》,《人民日报》2017年2月14日第1版。
② 习近平:《高举中国特色社会主义伟大旗帜 为全面建设社会主义现代化国家而团结奋斗——在中国共产党第二十次全国代表大会上的报告》,《求是》2022年第21期,第4—35页。
③ 习近平:《新时代党和人民奋进的必由之路》,《求是》2023年第5期,第4—5页。
④ 《中共中央关于党的百年奋斗重大成就和历史经验的决议》,《人民日报》2021年11月17日第1版。

和国家事业伟大实践得出的理论总结和历史结论，体现了全党全军全国人民的共同心愿。

党的思想建设得到创新发展。党坚持把马克思主义基本原理同中国具体实际和中华优秀传统文化相结合，以中国化时代化马克思主义武装全党，掀起学习习近平新时代中国特色社会主义思想、党的历次全国代表大会和中央全会精神、党史、新中国史、改革开放史、社会主义发展史、中华民族发展史的蓬勃热潮，坚定党员理想信念，提高党员理论涵养，拧紧党员干部世界观、人生观、价值观的"总开关"。进入新时代以来，全党理论学习更加规范化、制度化、科学化，马克思主义在意识形态领域的指导地位更加巩固，理论联系实际的马克思主义学风更加浓厚，学深悟透用好习近平新时代中国特色社会主义思想成为党员干部的必修课和基本功，党员干部的精神世界进一步充实、思想境界进一步提升。

党的组织建设取得显著成就。党全面增强基层组织的政治功能和组织能力，着力提升党员干部的创造力、凝聚力、战斗力，出台基层党组织规范化建设标准，提出"怎样才是好干部""怎样成为好干部""怎样选用好干部"的明确要求，将基层组织打造为具有纵向到底、横向到边执行力的战斗堡垒，将党员干部锻造为不忘初心、牢记使命、立根于民、永远奋斗的先锋模范。在脱贫攻坚、抗疫防汛、抢险救灾、维稳处突等各种急难险重任务中，党旗始终在一线高扬，基层组织和广大党员始终矗立在大战大考最前沿。2015年以来，全国累计选派51.8万名党员担任驻村第一书记，为打赢脱贫攻坚战提供了强大动力。截至2023年底，全党党员总数为9918.5万名，比上年净增114.4万名，拥有基层组织517.6万个，比上年净增11.1万个，充分体现了新时代组织建设的巨大成效。

党的作风建设走深走实。党坚持多管齐下、标本兼治，坚决惩治"四风"，大力整顿作风，压紧压实作风建设责任，切实夯实执政基石和群众基础。进入新时代以来，敢于动真碰硬，坚持深挖细查，对于违反中央八项规定精神的问题严惩不贷、执纪必严，攻克了公车私用、私车公养等一些顽瘴痼疾，刹住了违规吃喝、收受礼金等一些难以刹住的歪风邪气。同时，坚持持续发力，加强重点整治，专项治理扶贫领域的作风问题，严肃整治民生领域的违纪行为，深化基层减负工作，坚决整治各种妨害群众利益的官僚主义、形式主义问题，密切了党群联系，增进了干群关系。在党中央统一部署下，各地各部门驰而不息纠正"四风"、树立新风，营造了良好的政治生态和党风政风，凝铸了以优良党风推进社会主义现代化强国建设的强大合力。

党的纪律建设取得突破性进展。党将加强纪律建设作为全面从严治党的治本之策，坚持问题导向、纪法贯通，不断完善权力监督制度和执纪执法体系，建立健全政治纪律、组织纪律、廉洁纪律、群众纪律、工作纪律、生活纪律，保证纪律建设的政治性、时代性、针对性。2015年10月，党中央印发《中国共产党廉洁自律准则》，将党风廉政建设的规定和要求具体化。2016年10月，党的十八届六中全会通过《关于新形势下党内政治生活的若干准则》和《中国共产党党内监督条例》，进一步明确了党的政治纪律，强化了党内监督。2015年和2018年两次修订的《中国共产党纪律处分条例》，总结了新时代管党治党的实践成果，规定了全体党员不可逾越的红线和必须坚守的底线，为党员干部确立了看得见、守得住的行为准则。

党的制度建设不断深化发展。党将依法治国和依规治党统一起来，将党内法规体系建设作为中国特色社会主义法治体系建设的重要内容，全方位推进各领域党内法规和制度建设，以完备的党内法规体系和制度机制为坚持党的领导、推进全面从严治党提供强力支撑。进入新时代以来，两次集中清理党内法规和规范性文件，及时制定和修订涵盖中央、部委、地方三级层面的党内法规，制度建设的推进力度之大、建章立制的数量之多在党的百余年制度建设史上绝无仅有。截至2024年3月，全党共有3890部现行有效党内法规，超过70%系党的十八大以来制定和修订的，基本形成了"1（党章）+4（组织法规制度、领导法规制度、自身建设法规制度、监督保障法规制度）"的党内法规制度框架，构建了以党章为根本、以准则条例为主干、覆盖党的领导和各方面建设的党内法规制度体系①。

反腐败斗争取得压倒性胜利。党从关系党和国家生死存亡的高度认识和推进反腐败斗争，以零容忍的坚决态度惩治腐败，坚持刀刃向内、刮骨疗伤，以高压反腐态势回应群众关切、维护人民利益、保证党的肌体健康。进入新时代以来，进一步明确各级组织开展党风廉政建设和反腐败斗争的主体责任，积极推进反腐败斗争的国家立法和党内法规建设，建立健全纪律监督、监察监督、派驻监督、巡视监督协同推进的权力监督新格局，充分发挥党内监督和党外监督的合力效应，不断加强反腐败警示教育，坚持"打虎""拍蝇""猎狐"共同

---

① 张劲：《持之以恒推进依规治党——新时代党内法规制度建设》，《党建》2024年第6期，第26—29页。

推进、力度不减，成功走出了一条依靠制度优势和法治方式推进反腐败斗争的治理路径。从2012年11月到2022年6月，全国纪检监察机关共立案审查调查451.6万件，处分443.9万人。自2017年10月到2022年12月，已有8.1万人向纪检监察机关主动投案。

第二章

长葆"赶考"心：
自我革命永远在路上

"惟以改过为能，不以无过为贵。"中国共产党历经岁月沧桑而永葆先进性、纯洁性，并不在于不犯错误，而在于从不讳疾忌医，敢于直面问题，勇于自我革命[①]。党的自我革命是在马克思主义指导下，立足具体时期的世情、国情、党情、社情、民情，对标党的纲领章程和中心任务，持续地自我净化、自我完善、自我革新、自我提高，主动解决自身存在的缺点和潜在的问题，始终保持生机活力和肌体健康。自我革命是党百余年奋斗的深刻经验总结和不断发展壮大的制胜秘诀，是中国共产党人的本质要求和跳出治乱兴衰历史周期率的第二个答案。

第一节　自我革命是跳出历史周期率的第二个答案

"君子之过也，如日月之食焉。过也，人皆见之；更也，人皆仰之。"从2015年5月习近平在中央全面深化改革领导小组第十二次会议上首次提出勇于自我革命，到2022年10月党的二十大报告强调"自我革命永远在路上""以党的自我革命引领社会革命"，自我革命的内涵和外延不断丰富发展，具有深刻的内容指向、立体的方法体系、深厚的动能支撑、深邃的精神意境，彰显着中国共产党人的伟大品格，诠释了我们党跳出治乱兴衰历史周期率的关键密码。

一、自我革命的基本范畴

"善禁者，先禁其身而后人。"纵观百余年党史，"勇于自我革命，是我们

[①] 曲青山：《中国共产党百年辉煌》，《光明日报》2021年2月3日第11版。

党最鲜明的品格,也是我们党最大的优势"①。党的自我革命包括解决缺点问题、优化体制机制、更新思维格局、校正目标定位等四个层面,旨在以具有针对性、实践性的举措破旧立新、丰富增新,在充实、修正、完善的基础上具备新的时代内涵、表现新的实践特点,使党永远把握历史主动、永葆青春活力。

解决党内矛盾问题。马克思主义政党具有与生俱来的理论科学性和阶级先进性,但这并不意味着不会在发展过程中出现矛盾和问题。百余年岁月如梭,我们党已是拥有9900多万党员、70多年全国执政历史的泱泱大党,领导中国人民取得了"神女应无恙、当惊世界殊"的伟大成就,但也面临着"四大考验"和"四种危险"等一系列严峻问题,这就需要正确认识问题背后错综复杂的矛盾关系,以解决大党独有难题的清醒坚定排解问题、克服自身缺点。当前,官商勾结、权钱交易、拉帮结派、贪污腐化等问题仍然不容小觑。若是迁就纵容,就会严重侵蚀党的思想道德基础,严重损害党的团结巩固和集中统一,严重破坏党内政治生态和党的形象,严重影响党和人民事业的发展。这些问题固然同市场经济时代复杂的社会环境有关,但从主观角度来看,就在于一些党员干部理想信念淡薄、自我革命精神缺失。因此,必须健全容错纠错机制,强化党内和党外双重监督,严明党的纪律规矩,完善国家立法体系,不断增强党员干部拒腐防变和抵御风险的能力。

优化党的组织体系。随着党员数量的不断增加和组织体系的日益严密,党的政治领导力、思想引领力、群众组织力、社会号召力得到显著增强,但在扩容、增质、提效的同时又必然面临新的问题和挑战。这类问题往往带有潜在性质和隐性色彩,需要以战略眼光进行前瞻审视和科学预判,才能制定有效的防范化解措施。即党的自我革命不能仅仅着眼于化解显性层面的矛盾问题,还要立足目标导向和战略思维破解前进道路上可能出现的一切障碍和阻力,做到未雨绸缪、防患未然,将潜伏的困难变为突破的台阶,将可能的压力变为进取的动力,使党不断自我完善、自我提升。因此,必须将质量建设作为党的建设重要内容,依次递进地实现质量建党、质量管党、质量治党、质量强党。加强党的质量建设,就要严格遵循党章党纲要求,推动组织体系和制度体系革命,以现代化、法治化、制度化、规范化、程序化的管党治党方式,提高党组织建设质量和党员党性修养,保证民主集中制和党内反省机制的落实生效。

革新党的思维认知。思维认知是衡量一个政党领导能力和创新水平的重要

---

① 习近平:《在党史学习教育动员大会上的讲话》,《求是》2021年第7期,第4—17页。

因素，在相当程度上决定着政党的精神文化和行为规范。苏联和东欧国家共产党人思维认知的僵化，正是苏联和东欧社会主义建设出现严重失误并造成"红旗落地"的原因之一。自我革命是一种辩证否定的思维形式，是否定之否定规律的生动体现，落脚点在于自我扬弃、自我超越。党将思维认识纳入自我革命的范畴之中，坚持解放思想，注重与时俱进，充分调动基层组织和广大党员干事创业的能动性、创造性，营造自我革新、自我提升的民主氛围。2016年10月，党中央通过《关于新形势下党内政治生活的若干准则》，明确要求"继续以改革创新精神加强党的建设，加强和规范党内政治生活，全面提高党的建设科学化水平"[1]。面对新征程上党的建设的新任务新考验，必须坚持问题导向和系统观念，提高战略思维、精准思维、底线思维、辩证思维、创新思维的能力，在自我革命实践中充分发挥思维认知破题、答题、解题的全过程全方位效用。

校准党的理想目标。习近平指出："一切向前走，都不能忘记走过的路；走得再远、走到再光辉的未来，也不能忘记走过的过去，不能忘记为什么出发。"[2]从党的一大开始，共产主义理想信念就写在党的旗帜上，成为共产党人赓续奋斗的永恒灯塔。但是，实现共产主义不可能一蹴而就，需要完成一个个接续排列的任务目标，需要留下一个个踏石有印的奋斗足迹。回望百余年历程，党一直将共产主义远大理想同具体历史时期的中心任务相结合，设定了创建新民主主义的新中国、建立社会主义基本制度、实施"三步走"战略部署、开启全面建设社会主义现代化国家新征程等一系列切实可行、前后相承的任务目标，以持续不懈的奋斗开创了以社会主义为根本底色的中国式现代化道路，在逐一实现党的基本纲领的历史过程中不断趋近共产主义终极目标。百余年党史的一个个具体目标和一件件伟大成就，都是党以自我革命精神对共产主义理想进行目标设定、校准、确认、奋斗的历史印证。在当代中国，中国特色社会主义之所以欣欣向荣，共产主义理想之所以深邃动人，就是因为党能够审时度势、因地制宜地校准理想目标，以富有建设性、创造性的方式和举措捍卫理想、实现目标。

二、自我革命的主要原则

自我革命是合目的性与合规律性的有机统一，必须坚持和遵循一定的原则

---

[1]《关于新形势下党内政治生活的若干准则》，法律出版社，2016，第2页。
[2] 习近平：《在庆祝中国共产党成立95周年大会上的讲话》，《求是》2021年第8期，第4—20页。

与方法。在百余年奋斗历史进程中，我们党总结形成了丰富深刻的自我革命经验和方法体系，支撑着自我革命的不断深入和持续进展。

维护团结和解决问题相统一。堡垒最容易从内部被攻破，一个内部矛盾丛生、不能保持团结统一的政党和政权必然走向灭亡。1871年，巴黎公社失败的一个重要原因就在于缺乏集中和权威，没有保持内部的高度团结，无法采取强有力的整体行动。维护党的团结统一和解决党内问题相辅相成，共同拓展着党的自我革命境界。一方面，维护党的团结统一是自我革命的基本要求，是解决党内问题的目标指向。作为一个按照民主集中制原则建立的马克思主义政党，我们党始终将保持团结统一作为党的生命所系和力量所在，将建立领导核心、维护中央权威作为保持团结统一的关键。正因为有历代党中央领导集体的坚强领导，党才能在百余年奋斗中不断发展壮大而团结如一。党必须在中央集中统一领导下排解内部矛盾问题，纠正错误的思想认知、路线方针、政策制度，提高长期执政能力和科学领导水平，永远团结坚强、锐意有为。另一方面，解决党内问题是自我革命的重要路径，是维护党的团结统一的必然要求。党从不讳疾忌医，始终实事求是地"分析产生错误的环境，仔细讨论改正错误的方法"[①]，坚决破除主观主义、宗派主义、党八股和形式主义、官僚主义、享乐主义、奢靡之风，保持解放思想、自律自省的精神自觉，于关键时力挽狂澜，在失误后拨乱反正，持续加强自身先进性和纯洁性建设。事实上，正因为党能主动有效地解决内部矛盾问题，才保证了肌体健康，增强了创造力、凝聚力、战斗力，使党和人民的事业不断巩固和发展。

自立自信和创新进取相统一。自立自信是创新进取的前提条件，创新进取是自立自信的动能支撑，二者相互促进、辩证统一，共同推动党的自我革命进程。一方面，自立自信是自我革命的出发前提和旨趣所在。习近平指出："当今世界，要说哪个政党、哪个国家、哪个民族能够自信的话，那中国共产党、中华人民共和国、中华民族是最有理由自信的。"[②]党必须恪守赓续相承的理想信念、初心使命、宗旨意识，始终不渝地坚持马克思主义的科学指导，责无旁贷地担负为中国人民谋幸福、为中华民族谋复兴、为人类社会谋大同的历史使命，全心全意为人民服务，脚踏实地以中国式现代化全面推进中华民族伟大复兴。只有坚持自立自信，党才能勇毅前行而不改底色、革故鼎新而根基永固，

---

① 列宁：《列宁全集》第三十九卷，人民出版社，1986，第70页。
② 习近平：《在庆祝中国共产党成立95周年大会上的讲话》，《求是》2021年第8期，第4—20页。

在否定之否定的自我革命过程中更好地坚持初心、坚守正道。另一方面，创新进取是自我革命的基本策略和内在要求。自我革命必须随时而进、因势而动，结合具体的时代条件、社会背景、目标任务而提出新理念、采取新举措、应对新考验。即党的自我革命不但要以创造性思维解决根深蒂固的旧问题，还要以前瞻性视野科学把握世界百年变局和民族复兴全局，积极应对信息化、全球化时代涌现的新问题、新挑战、新矛盾，创新全面从严治党的理路和方式，不断推进马克思主义建党学说中国化时代化，不断加强党的理论创新、实践创新、制度创新、文化创新，不断深化对党的建设规律的认识。

依规治党和以德治党相统一。依规治党是运用党纪党规划定明确边界，以德治党是依靠道德规范形成内在自律，二者统筹推进才能将成文的道德和内心的纪律统一起来，实现他律与自律的互补、底线与高线的兼顾，形成道德与纪律双管齐下、立德与守纪内外兼修的自我革命新格局。一方面，依规治党是自我革命的基本手段，是以德治党的坚强后盾。党自诞生之日起，就将严守纪律作为合格党员的基本标准，在历次整风整党运动中都贯穿着纪律教育的内容，保证党员进退有据、行止有度。党的十八大以来，党狠抓落实中央八项规定精神，深入开展党风廉政建设，将管党治党和自我革命的实践经验转化为刚性的纪律要求。《中国共产党纪律处分条例》于1997年颁布试行，经修订完善于2003年正式发布施行，后在2015年、2018年、2023年三次修订，"坚持纪严于法、纪在法前，实现纪法分开"①，严明纪律规矩，开列负面清单，明确划设党组织和党员不可触碰的红线，充分体现了依规治党的自我革命决心和定力。另一方面，以德治党是自我革命的重要保障，是依规治党的必要补充。以德治党是一种深入灵魂的精神力量，通过改造党员的主观世界，从而在理性和党性相统一的基础上形成引领社会革命、推进自我革命的自觉和自信。党一直重视思想建设，以共同的理想信念凝聚党员，以高尚的道德情操纯洁队伍，以严格的党性要求保持团结，从而聚合起波澜壮阔、改天换地的磅礴力量。只有将以德治党和依规治党相结合，使自我革命和从严治党具有强大的道德感召力和充分的纪律约束力，才能使自我革命的体制机制在思想认同的轨道上长效运行。

组织推动和个人主动相统一。组织推动是自我革命的上层推力，个人主动是自我革命的底层动力，二者相互协调、上下联动，共同丰富着党的自我革命

---

① 中共中央纪律检查委员会、中共中央文献研究室编《习近平关于严明党的纪律和规矩论述摘编》，中央文献出版社、中国方正出版社，2016，第65页。

内涵。一方面,组织推动是自我革命的主要依托,是个人主动的重要引力。自我革命是拥有科学设计和整体格局的战略举措,必须在党中央集中统一领导下,充分发挥各级组织的创造力、凝聚力、号召力、组织力、领导力、战斗力,将各级组织打造为坚持和开拓中国特色社会主义的坚强战斗堡垒。各级党组织要加强党员教育和管理,突出严的标准,采取严的措施,引导党员干部坚定马克思主义信仰和中国特色社会主义共同理想,以习近平新时代中国特色社会主义思想武装头脑、规约言行,勤于自省、自觉纠错。另一方面,个人主动是自我革命的重要支撑,是组织推动的落脚点。不论是落实自我革命的顶层设计目标,还是完成各级组织的改造任务,归根到底都需要千千万万的党员来具体实施和全力推动。只有将"关键少数"与"绝大多数"结合起来,将全体党员锻造为立场坚定、本领高超、素质过硬的坚强个体,才能保证党的自我革命从理念付诸行动、从理论变成实践。广大党员必须严于修身、勤于学习,主动照镜正冠、自我批评,从而坚定理想信念、提高理论水平、增强实践能力,始终保持共产党员的先进性,以勇于担当、以身作则的主动精神将党的自我革命进行到底。

三、自我革命的关键动能

"问渠那得清如许?为有源头活水来。"我们党之所以能够保持自我革命的精神自觉和行为主动,是因为内部动力和外在压力的双重作用,是因为在百余年奋斗中形成了比较完整和系统的自我革命动能体系。

伟大使命是自我革命的内驱力。为人类解放事业而不懈奋斗,是马克思主义政党的崇高使命。共产党人把远大理想和阶段目标统一起来,不仅为工人阶级当前的利益而斗争,还"在当前的运动中同时代表运动的未来"[①]。到了阶级消灭、国家消亡的共产主义社会,无产阶级也就"消灭了它自己这个阶级的统治"[②],这正是共产党人坚决彻底的自我革命精神的生动体现。百余年来,党将国际主义精神和民族情怀相融合,将消灭私有制、建立自由人联合体的远大理想和救亡图存、振兴中华的复兴主题相统一,在社会主义、共产主义理想信念的指引下,以强烈的责任担当塑造全社会普遍认同的奋进目标和战略愿景,围绕具体历史时期的基本纲领确定自我革命的内容和方向,带领人民相继

---

① 马克思、恩格斯:《马克思恩格斯选集》第一卷,人民出版社,2012,第434页。
② 马克思、恩格斯:《马克思恩格斯文集》第二卷,人民出版社,2009,第53页。

夺取了新民主主义革命和社会主义革命的伟大胜利，开创了举世瞩目的中国特色社会主义伟大事业，深刻改变了中华民族的命运，有力促进了世界和平与发展，书写了国际共产主义运动和中华民族历史的璀璨篇章。作为以人类大同和民族复兴为己任的使命型政党，共产主义远大理想、中国特色社会主义共同理想、民族复兴伟大梦想始终是党自我纠偏、自我超越的根本动力。

革命精神是自我革命的激发力。在领导中国革命、建设、改革、复兴的百余年历史进程中，党形成了一系列具有鲜明革命意蕴和共同价值内核的伟大精神，汇聚出由一个个前后相承、不断延伸的精神坐标组成的精神谱系。从革命年代的伟大建党精神、苏区精神、延安精神、西柏坡精神到新时代的"三牛"精神、脱贫攻坚精神、北斗精神，虽然历史情境和具体内涵并不相同，但都体现着党的理想信念、根本宗旨、优良作风等最本质的内容，都铭刻着共产党人追求真理、艰苦奋斗、无私奉献、开拓进取的伟大品格。这些融贯于党的精神谱系之中的红色基因具有跨越时空、历久弥新的精神动能，激励着一代代共产党人不忘初心使命、坚定理想信念，以刀刃向内的勇气和自剜腐肉的决心，及时发现和坚决清除影响党的革命性、先进性的突出问题与消极因子，统筹推进社会革命和自我革命，将党建设成为顺应世界历史发展趋势、志在中华民族千秋伟业的马克思主义革命党和执政党。

人民立场是自我革命的推动力。人民性是马克思主义政党的根本属性，党打江山、守江山归根到底都是为了人民福祉。习近平指出："我们党之所以有自我革命的勇气，是因为我们党除了国家、民族、人民的利益，没有任何自己的特殊利益。"①百余年来，党深刻把握社会主要矛盾的变化和人民群众的期盼，将为人民服务的宗旨意识转化为践行群众路线的实干作为，脚踏实地为群众排忧解难，竭尽一切为群众干事创业，积极回应和充分满足不同历史时期人民群众的生存与发展需要。从新民主主义革命时期的延安整风运动到新时代的整治"四风"突出问题等一系列党性教育活动，从毛泽东将人民监督作为破解历史周期率的民主新路到习近平强调发展全过程人民民主，党始终从维护和发展最广大人民根本利益的角度，及时纠正错误、清理毒瘤，适时调整政策、校正航向，保持初心不变、本色不易。人民的支持和拥护是党最可靠最深厚的力量泉源，人民中心始终是党自我革命的根本标向和重要推力。

理论创新是自我革命的牵引力。思想建党是党发展壮大的重要秘籍，理论

---

① 习近平：《论坚持全面深化改革》，中央文献出版社，2018，第326页。

武装是党独树一帜的显著优势。党从建立伊始,就将马克思主义立场、观点和方法作为观察和思考问题的理论出发点,坚持马克思主义基本原理同中国具体实际、中华优秀传统文化相结合,以具有真理力量和民族特质的中国化时代化马克思主义作为自己的行动指南。毛泽东要求全党善于理论联系实际,认真研究中国历史和革命实际,"在各方面作出合乎中国需要的理论性的创造"①。百余年来,经过一代代共产党人实事求是的创造性探索和创新性发展,依次形成了毛泽东思想、邓小平理论、"三个代表"重要思想、科学发展观、习近平新时代中国特色社会主义思想等马克思主义中国化时代化理论结晶,深刻回答了党在不同历史阶段如何引领社会革命、坚持自我革命的重大问题。中国化时代化马克思主义所体现的守正创新、与时俱进的内容体系和理论逻辑,既是党坚持自我革命的科学依据,也是党自我革命的必然结果。

实践创新是自我革命的支撑力。实践是历史唯物主义的首要观点,理论联系实际是党的优良作风。党的自我革命具有鲜明的问题导向和制度意识,不但善于发现、提出、解决实践中的新情况、新问题,还能及时根据时代要求和实践经验制定具有长期指导性和鲜明针对性的纪律要求、制度规范,从而在破立并举的实践创新过程中实现自我净化、自我提升。革命年代,党对机会主义、盲动主义、教条主义、投降主义等各种类型的"左"和右的错误倾向进行深刻揭示和批判,通过《关于共产党的组织章程决议案》等法规文件,建立请示报告等制度规范,规约全体党员的思想和行为。新中国成立后,党主动检视"大跃进"运动、人民公社化运动、"文化大革命"等"左"的错误,不断完善组织纪律与党内法规体系。特别是党的十八大以来,党深刻检视"七个有之"和"四风"作祟等突出问题,着力健全党内法规体系,强化严打严抓力度,确保制度执行效力。在实践创新中化解矛盾和问题、完善纪律和制度,提高党的政治领导力、思想引领力、群众组织力、社会号召力,这是党坚持自我革命的重要动因。

四、自我革命的深邃意境

从新民主主义革命时期提出布尔什维克化的建党目标和"两个务必"的党性要求,到新时代提出党的建设总要求和"三个务必"的明确规范,我们党一直保持着"进京赶考"的清醒和坚定、自我革命的自觉和勇毅。在管党治党、

---

① 毛泽东:《毛泽东选集》第三卷,人民出版社,1991,第820页。

兴党强党的实践淬炼中，自我革命拥有了涵盖历史主动精神、思想政治品格、道义情怀担当等三个层面的深邃意境。

自省、自觉、自信的历史主动精神。党坚持历史和现实相贯通、理论和实践相结合的自省、自觉、自信，洞察历史大势，及时修正错误，确保对时代潮流的深刻把握和对时代之问的充分回应，不断推进党和人民事业的新发展。所谓自省，是指党坚持历史思维和问题意识，重视历史观照，直面自身问题，在常态化总结经验、反思教训的过程中不断开拓自我净化新境界。八七会议对陈独秀右倾机会主义错误的检视，遵义会议对王明"左"倾教条主义错误的抵制，党的六届六中全会对王明右倾投降主义错误的纠正，党的十一届三中全会对"文化大革命"极"左"路线的否定，都是党站在人民立场和历史高度上躬身自省、修正错误的典例，都使党的事业过滤毒素而焕发新生。所谓自觉，是指党有深刻的身份认知和使命意识，牢记自己是什么、要干什么和从哪儿来、到哪儿去，坚持为民执政、为民用权、为民谋利，在理论创新、实践创新、制度创新、文化创新的过程中不断开辟管党治党、强国利民新境界。从领导人民浴血奋战推翻"三座大山"的反动统治、建立人民民主专政的国家制度，到坚决打赢全面小康攻坚战、扎实推进全体人民共同富裕，充分彰显了党开拓进取、造福人民的历史主动精神。所谓自信，是指党拥有辉煌的历史成就和高度的历史自信，以非凡的勇气和创新的精神不断拓展中国特色社会主义发展新局面，不断书写中国式现代化新篇章。党以"两个结合"为原则创造性地发展和运用马克思主义，将最高纲领和基本纲领相结合而设定一系列阶段性奋斗目标，形成贯穿百余年党史的持续引导力，驱动着一代代共产党人在社会革命征程和民族复兴道路上前赴后继、接续奋斗。中国特色社会主义道路、理论、制度、文化的自信和自觉，正是党坚定历史自信、把握历史主动的直观体现。

执着、坚守、勇毅的思想政治品格。党永葆为社会主义、共产主义而奋斗的执着、坚守、勇毅，将理想信念、初心使命、宗旨意识融入血液之中，不惑于心、不困于时，始终成为时代先锋和民族脊梁。所谓执着，就是无论时代如何变迁，始终笃定马克思主义信仰、共产主义理想、中国特色社会主义信念。社会主义和共产主义是一个动态演进的历史过程，只有遵循"代表那个阶段最广大人民利益的奋斗纲领"[①]，才能真正到达理想彼岸。中国共产党人把崇高的理想信念转化为具体历史阶段的奋斗目标和特定要求，自觉"检查自己处

---

① 邓小平：《邓小平文选》第三卷，人民出版社，1993，第190页。

事、处人、处己是否合于马克思列宁主义的精神"①,带领广大人民在中国式现代化道路上高举中国特色社会主义旗帜,捍卫、践行和发展真理。所谓坚守,就是无论形势如何演变,始终不忘党的性质宗旨和初心使命。党长期执政面临的最大风险就是内部变质、变色、变味,党的自我革命就是要保证革命政党的本质不变、人民立场的本色不改、优良传统的本味不失,历经雨打风吹而初心犹在,任凭时光流转而永葆马克思主义政党的先进性和纯洁性。所谓勇毅,就是无论任务多么艰巨,始终为党和人民的事业奋斗不懈。创建新中国、实现现代化是凝聚着全体中国人民真挚情感和共同期盼的壮丽事业,是全体中华儿女"愿拼热血卫吾华"的精神动力。从革命年代为可爱的中国而奋斗,到新时代决胜脱贫攻坚,党在持之以恒逐梦圆梦的进程中,坚持敢于斗争、善于斗争,开创了独具特色的中国式现代化道路和人类文明新形态。

纯洁、无私、彻底的道义情怀担当。党执守为人民谋幸福、为民族谋复兴、为人类谋福祉的纯洁、无私、彻底,将人民至上和胸怀天下相统一,以"得罪千百人、不负十四亿"的使命担当和"大道不孤,天下一家"的人类命运共同体意识,正心明道、甘于奉献,将自我革命进行到底。所谓纯洁,是指党以严明的政治规矩和严格的纪律红线管党治党,不断纯洁组织、净化队伍,确保政治纯洁、思想纯洁、组织纯洁。《关于新形势下党内政治生活的若干准则》提出明确的政治纪律规定,要求各级组织和全体党员"必须对党忠诚老实、光明磊落,说老实话、办老实事、做老实人"②。对党忠诚是保持纯洁性的基本前提,贯穿于以伟大建党精神为源头的党的全部精神谱系之中。党始终强调维护党中央权威和集中统一领导,要求全体党员在思想上和行动上同党中央保持一致,遵章守纪、干净担当,生动体现了自我革命精神的纯洁性品格。所谓无私,是指党秉持人民至上立场、胸怀人类解放事业,一切奋斗都是为了造福最广大的人民群众。从革命战争年代争取中国人民的自由解放、支持被压迫民族的正义斗争,到和平建设时期谋求中国人民的幸福康乐、推动全球治理体系的深刻变革,无不浸染着党深沉的公仆意识和人类情怀,赋予党勇于作为、敢于革新的自我革命勇气和动力。所谓彻底,是指党拥有马克思主义政党坚决彻底的革命本性,不但以高度的使命自觉把伟大社会革命进行到底,而且以永不懈怠的精神把反腐败斗争持续推进。党一直以刀刃向内、刮骨疗伤的毅

---

① 刘少奇:《刘少奇选集》上卷,人民出版社,1981,第107页。
② 《关于新形势下党内政治生活的若干准则》,人民出版社,2016,第17页。

力，主动及时地清除自身病原体，保持肌体健康，从而以奋发有为的青春姿态引领着中国革命、建设、改革、复兴的历史进程，实现了中国大地的沧桑巨变，推动了人类社会的进步发展。习近平"我将无我，不负人民"的庄严宣示，正是党彻底自我革命的生动写照。

第二节　把党的伟大自我革命进行到底

"井掘九仞，犹为弃井；山亏一篑，遂无成功。"经过党的十八大以来持续不懈的全面从严治党实践，党解决了许多突出问题，但"四大考验"和"四种危险"仍然存在并将长期存在。新时代党的自我革命面临着崭新的形势，拥有着有利的条件，表现出一系列新的时代特点。只有以永远在路上的精神和毅力将伟大自我革命进行到底，党才能赢得优势、赢得主动、赢得未来。

一、新时代党的自我革命的主要目标

当今世界面临着百年未有之大变局，中华民族面临着伟大复兴的战略全局，这是党的自我革命面临的新形势。习近平指出："我们要赢得优势、赢得主动、赢得未来，就必须把党建设得更加坚强有力，使我们党能够团结带领人民有力应对重大挑战、抵御重大风险、克服重大阻力、解决重大矛盾。"[①]新时代党的自我革命必须不断破解大党独有难题，凸显马克思主义政党的先进性、纯洁性，把握治党理政的历史主动，推动完成新的时代课题。

破解百年大党面临的独有难题。全世界党员人数超过1000万的政党只有10个，我们党的规模和影响堪称全球第一。作为当今世界最大的政党，"大就要有大的样子，同时大也有大的难处"[②]。新时代党的自我革命要不断加强党的治理和建设，以高度的清醒和坚定解决新征程上的大党独有难题。一是维护党的团结和集中统一。世界不少大党都在扩大过程中失去内部控制力，最终变成派系林立、自由散漫的乌合之众。伴随着组织规模的不断扩大，如何形成合理的权威体系、维护全党团结统一，这是关乎党的生死存亡的核心问题。二是保持党内思想统一。在社会发展多样和多元文化碰撞的大背景下，不同阶层、地域、领域的党员对同一问题的认知必然存在一定差异，一些人还可能同党中

---

① 中共中央文献研究室编《习近平关于全面从严治党论述摘编》，中央文献出版社，2016，第19页。
② 习近平：《推进党的建设新的伟大工程要一以贯之》，《求是》2019年第19期，第4-15页。

央离心离德。如何加强思想引领、提升党性修养,有效弥合思想认识分歧,是大党治理面临的新课题。三是党员教育管理。苏联共产党最终亡党垮台,一个重要原因是政治纪律发生动摇,以致"谁都可以言所欲言、为所欲为"[①]。如何严格政治纪律、强化组织管理,全面从严管理党员干部,大党面临的困难不言而喻。四是协调利益矛盾。一个执政党若在党内特权阶层裹挟下形成利益藩篱,必定政亡党息。如何全面深化改革,协调解决同党内矛盾交织在一起的深层次社会关系和利益矛盾,改变既有利益格局,是大党面临的艰巨任务。五是强化制度执行。没有纪律规矩,就不可能形成制度权威,就会造成党内政治生活的随意化、形式化、平淡化、庸俗化。如何健全制度体系、强化制度执行,保持全党团结统一,成为党的建设面临的重大挑战。六是引领世界潮流。作为担负着人类解放使命的马克思主义政党,党必须以卓越的天下胸怀关注人类前途命运,将推动人类社会的进步和发展作为义不容辞的重要责任。如何汇聚来自不同国家、地区和民族的共识,为全球发展提供更多机遇、分享更多经验与智慧,成为百年变局下党面临的重要课题。科学化解这些大党独有难题,正是党坚持自我革命的内驱动力。

凸显马克思主义政党的独特优势。党拥有政治、组织、民心等多个层面的显著优势,这些优势是党的生存之道、执政之资、取胜之本。新时代党的自我革命要进一步保持和扩大已有优势,开创和发展新的优势,使党更加坚强有力。一是彰显党的政治优势。党领导人民历经艰难曲折而开辟了以中国特色社会主义为前进方向的中国式现代化新道路,拥有社会各阶层一致认同的长期执政地位,这是党的政治优势的充分体现。但是,党决不能因为已有的成绩和贡献而故步自封、志得意满,还要以不进则退的"赶考"之心不断加强自身建设,严格管理、强化监督,以"打铁还需自身硬"的忧患意识不断巩固长期执政地位,使自己成为无可取代、始终先进的最高政治力量。二是彰显党的组织优势。党以民主集中制为根本组织原则,经万千历史烟云而不断增强创造力、组织力、凝聚力,拥有严密坚实的组织体系和数量庞大的党员群体。面对自身规模的扩大和执政环境的变化,党必须在保证组织覆盖面的同时,着力提高基层组织建设质量,优化党员队伍结构,增强党员党性意识,完善党内法规和制度体系,持续推进反腐败斗争,整体提升治党理政的组织能力。三是彰显党的民心优势。"得天下有道,得其民,斯得天下矣。"人民群众是真正的英雄,人

[①] 中共中央文献研究室编《十八大以来重要文献选编》上,中央文献出版社,2014,第134页。

民的支持、信任、拥护是党的最大底气。习近平指出:"只要我们永不动摇信仰、永不脱离群众,我们就能无往而不胜。"①无论时光荏苒、沧海桑田,党都要始终如一地贯彻落实群众路线,同人民站在一起、想在一起、干在一起,不断满足人民群众的美好生活需要,特别是大力解决群众深恶痛绝的腐败问题,以雷霆之风持续"打虎""拍蝇""猎狐",营造风清气正的党风、政风、社风,提高人民群众的获得感、幸福感、安全感。

把握治党理政的历史主动。只有始终保持忧患意识和前瞻思维,党才能在观察问题时入木三分、在复杂环境里科学应变、在时代征程中未雨绸缪,从而实事求是地总结经验教训,深刻把握治党理政的原则和规律。新时代党的自我革命要增强管党治党、治国理政、取信于民的历史主动,使党在长期执政的环境中保持头脑清醒、信念坚定、行动有力。一是提升党的建设质量,增强管党治党的历史主动。全方位提升党员的政治能力、思维能力、治理能力,增强理想信念和担当意识,培养正确的政绩观和历史观。净化党内政治生态,营造健康向上的政治文化,增强党内政治生活的政治性、时代性、原则性、战斗性。完善法规制度体系,优化党内监督机制,落实监督检查主体责任。二是提升党的领导水平,增强治国理政的历史主动。加强党员干部学习教育,提高领导干部的理论水平、工作能力、领导艺术,使他们自觉坚持问题导向和系统思维,做到严守政治规矩、严格履行责任、科学研判形势、及时化解矛盾、有效推进工作。贯彻落实民主集中制,坚持集体领导,发扬党内民主,提高决策水平,维护党的团结,充分激发全体党员干事创业的积极性、创造性。三是提升党的执政水平,增强取信于民的历史主动。"为政清廉才能取信于民,秉公用权才能赢得人心。"②党要高度重视人民群众最为关注的党风廉政建设和反腐败斗争,持之以恒解决"四风"问题,坚决清除各领域的腐败毒瘤,始终保持高压反腐的态势和有腐必惩的意志,以良好的党风政风和深入的反腐斗争塑造新时代党的新形象,进一步密切党群血肉联系,赢得党心军心民心。

推动完成新的时代课题。党是胸怀万里、志在千秋的马克思主义执政党,必须坚持以自我革命引领伟大社会革命,开创中国特色社会主义的光明前景,实现中华民族伟大复兴的世纪梦想。新时代党的自我革命要充分发挥党总揽全局、协调各方的领导核心作用,为发展中国特色社会主义、建设社会主义现代

---

① 习近平:《全面贯彻落实党的十八大精神要突出抓好六个方面的工作》,《求是》2013年第1期,第3—7页。
② 习近平:《习近平谈治国理政》第一卷,外文出版社,2018,第385页。

化强国、锻造长期执政的马克思主义政党提供科学指引和不竭动力。一是推动中国特色社会主义伟大事业的开拓和发展。以中国化时代化马克思主义最新成果指导社会主义现代化建设，赋予中国特色社会主义鲜明的民族特色和时代意蕴，全面彰显中国特色社会主义制度和国家治理体系13个方面的显著优势。正确把握改革开放前后两个时期的实践经验和辩证关系，深入总结社会主义建设的实践经验和历史规律，把最高纲领和基本纲领统一起来，根据实践进展和时代特点不断推动中国特色社会主义的新发展。二是推动全面建设社会主义现代化强国的历史进程。立足"十个坚持"的历史经验和"两个大局"的时代特点，在奋进新征程的实践探索中不断创新思维理念和战略举措，拓展中国式现代化的内涵意蕴和实施路径，推进国家治理体系和治理能力现代化，走出一条为中国人民谋幸福、为世界人民谋福祉的现代化新道路。三是推动建设长期执政的马克思主义政党。保持和发扬马克思主义政党与时俱进的理论品格，以中国化时代化马克思主义建党学说指导党的建设，不断推动理论创新和实践创新。建立和完善党的建设制度体系，及时制定和修订法规制度，以严密成熟的制度体系为治党、管权、治吏提供刚性规范，不断提高党的建设科学化水平。推动红色基因传承，弘扬社会主义核心价值观，营造风清气正、健康向上的党内政治文化，不断提高党员干部的文化素养和精神境界。

二、新时代党的自我革命的坚实基础

自我革命是党永葆青春、活力沛然的重要法宝，是党走过苦难辉煌、走向理想彼岸的动力支撑。进入新时代，党的自我革命拥有良好的政治基础、理论基石、文化支撑、社会环境、历史经验，为党更加彻底、更加深入、更加成功地推进自我革命提供了坚实保障。

人民群众的鼎力支持是新时代党的自我革命的政治基础。坚持人民至上是党百余年奋斗的价值遵循，党始终将人民作为"党的工作的最高裁决者和最终评判者"[①]，为了人民的自由解放、全面小康、美好生活而不断奋斗，同人民患难与共、生死与共，得到人民政治上的拥护、情感上的信赖、行动上的支持。人民群众之所以认同马克思主义、社会主义、改革开放，归根到底是因为这些都是党的选择，而人民群众对党绝对信任。党必须将人民群众作为自我革命的目标指向，坚持问政于民、问需于民、问计于民，了解群众的利益关切、

---

① 习近平：《在纪念毛泽东同志诞辰120周年座谈会上的讲话》，人民出版社，2013，第20页。

意见建议、情感诉求、期盼追求，深刻检视问题、积极改进提高；必须将人民群众作为自我革命的深厚动力，积极学习和发扬群众的开拓精神、奋斗意志、拼搏毅力、创业勇气、创新智慧，汲取群众的力量和智慧进而把党建设得更加接地气、增锐气、有朝气；必须将人民群众作为自我革命的重要保障，坚持"多听听人民群众意见，自觉接受人民群众监督"①，把群众口碑作为党员干部思想素质、工作作风、执行效率的重要检验标准。

习近平关于党的建设的重要思想和关于党的自我革命的重要思想是新时代党的自我革命的理论基石。任何时代的理论思维"都是一种历史的产物"②，马克思主义的真理性和先进性源于时代性和实践性。以习近平同志为代表的中国共产党人立足中国特色社会主义进入新时代的具体国情、党情、民情，运用马克思主义的立场、观点、方法观察、解读和引领时代，深刻阐明了马克思主义执政党的建设规律和新时代党的建设任务要求，丰富和发展了马克思主义建党学说，形成了习近平关于党的建设的重要思想和关于党的自我革命的重要思想。习近平关于党的建设的重要思想和关于党的自我革命的重要思想内涵丰富、系统完整，深刻回答了新时代需要一个什么样的党、如何建党管党治党的问题，阐明了坚持和加强党的全面领导的根本原则，明确了建设长期执政的马克思主义政党的目标指向，确立了加强长期执政能力建设、先进性和纯洁性建设的基本主线，构建了"5+2"党的建设总体格局，为新征程上全面从严治党、推进自我革命提供了根本遵循和行动指南。党的十八大以来，正是在习近平关于党的建设的重要思想和关于党的自我革命的重要思想指导下，党的领导得到全面加强，党的政治品格得到充分彰显，党和国家的长治久安得到进一步巩固③。

中华优秀传统文化是新时代党的自我革命的文化支撑。优秀传统文化是中华民族的精神根脉，是党实现理论创新、坚持自立自信的宝贵沃土。毛泽东强调，奉行马克思主义观的中国共产党人决不能割裂历史，"从孔夫子到孙中山，我们应当给以总结，承继这一份珍贵的遗产"④。党将马克思主义基本原理同中华优秀传统文化相结合，既赋予马克思主义鲜活的民族范式和时代内涵，又推动中华优秀传统文化的创造性转化和创新性发展。中华优秀传统文化所包含

---

① 习近平：《牢记初心使命，推进自我革命》，《求是》2019年第15期，第4-9页。
② 马克思、恩格斯：《马克思恩格斯选集》第四卷，人民出版社，1995，第284页。
③ 张志明：《习近平党建思想的创新与意义》，《求是》2018年第13期，第26-28页。
④ 毛泽东：《毛泽东选集》第二卷，人民出版社，1991，第534页。

的哲学思想、价值观念、思维模式、道德准则，为党的自我革新提供了丰富的思想资源，有效激活了党推进自我革命的思想自觉、理论自觉、实践自觉。例如，中华优秀传统文化丰富的治国理政经验与思想道德资源可以帮助党员干部汲取历史智慧、提升从政能力、涵养精神世界、增强政治意识，为党的自我革命提供人才保障。"民惟邦本，本固邦宁"的民本思想、"苟日新，日日新，又日新"的创新精神、"志不可满，乐不可极"的忧患意识、"慎思之，明辨之"的求真观念、"日勤三省，夜惕四知"的自省要求、"天下为公，选贤与能"的大同理想、"内外相应，言行相称"的知行标准等中华传统文化的精粹内容，无疑可以滋润和发展党的精神谱系，为党的自我革命提供持久的精神动力。

社会长期稳定是新时代党的自我革命的有利环境。"国以民为本，民安则国安。"在党的坚强领导下，中国人民不但争得了民族独立和人民解放，还取得了社会主义建设和改革的辉煌成就，创造了经济快速发展、社会长期稳定的中国奇迹。良好稳定的社会秩序是人民群众安居乐业的基本条件，也是新时代推进党的自我革命的重要前提。一方面，社会长期稳定提高了党的领导权威，为党的自我革命创造了政治条件。人民群众认同党领导的中国式现代化和中国特色社会主义，愿意在中国特色社会主义制度框架和国家治理体系内表达利益诉求、实现政治参与。党的自我革命不但能有效调节社会矛盾和利益冲突，还能将更多的社会新兴力量吸纳到治国理政队伍之中，发展全过程人民民主。另一方面，社会长期稳定保障了经济发展，为党的自我革命提供了物质基础。伴随着经济的持续发展，党的自我革命不但拥有充实的物质支持和经验储备，还能不断破解经济社会发展过程中人民群众急难愁盼的新问题，增进党群联系，巩固党的执政基础。

自我革命的历史经验是新时代党的自我革命的重要参照。习近平指出："今天世界遇到的很多事情可以在历史上找到影子，历史上发生的很多事情也可以作为今天的镜鉴。"[①]党在百余年奋斗中形成的自我革命经验、孕生的自我革命精神，是新时代坚定自我革命历史自信、把握自我革命历史主动的宝贵财富。从理论维度看，自我革命历史经验为新时代推进自我革命提供科学的历史思维，即从社会史角度把握自我革命的历史大势和历史方位，从唯物史观立场把握自我革命的整体态势和具体问题，从百余年党史的主题主线、主流本质入手把握自我革命的历史方向和重大任务。从实践角度看，自我革命的历史经验

[①]《习近平致第二十二届国际历史科学大会的贺信》，《人民日报》2015年8月24日第1版。

为新时代推进自我革命提供重要的实践遵循,即以中国化时代化马克思主义建党学说为指导,坚定理想信念,坚持面向群众,发扬斗争精神,勇于修正错误,敢于断腕疗毒。从价值角度看,自我革命历史经验为新时代推进自我革命提供正确的价值维度,即坚持求真务实、向善向上、创新进取相统一,将自我革命精神转化为具体实践,在知情意行相贯通的过程中不断开辟真善美新境界。

三、新时代党的自我革命的鲜明特征

办好中国的事情,关键在党。党的十八大以来,以习近平同志为核心的党中央深入推进党的自我革命,以"把党建设得更加坚强有力"为自我革命的根本导向,以刀刃向内、坚决彻底、永远在路上为基本要求,以区别于其他政党、保持先进纯洁为显著标识,形成了多维一体的自我革命特征。

刀刃向内的方向性。党坚持刀刃向内、刮骨疗毒,将自我革命的主体和客体统一起来,以主动自觉的革命态度、无私无畏的革命底气审视和解决自身问题。从理论层面来看,刀刃向内是马克思主义革命思想的创新发展。马克思主义原初语境下的革命指政治革命和社会革命,以代表生产力发展要求的先进阶级为革命主体,以国家政权和生产关系为革命客体,由主体以暴力或和平的方式改造客体,从而实现客体的革新和扬弃。党创造性地运用马克思主义革命思想,对革命方式和方向进行新的界定,将自身作为统一的革命主体和客体,"努力在革故鼎新、守正出新中实现自身跨越"①。从实践层面来看,刀刃向内是党解决问题、纠正错误的基本方式。习近平指出:"严重的问题不是存在问题,而是不愿不敢直面问题、不想不去解决问题。"②党在百余年奋斗中曾经出现过一些严重失误,机会主义、教条主义、极"左"路线曾给党和人民事业带来巨大危害,但党以强大的政治勇气直面问题、检视错误,从而迎来大革命失败以后土地革命战争的兴起、反"围剿"失败以后红军长征的胜利、"文革"结束以后改革开放的启动,提高了长期执政能力,交出了人民满意的合格答卷。

坚强有力的目标性。马克思主义执政党只有将自己打造得坚强有力,才能应对一切风险考验,代表、维护和发展最广大人民的根本利益,正确引领社会革命的发展方向。从新中国成立之初厉行"三反""五反"、构建权力监督机

---

① 习近平:《论坚持全面深化改革》,中央文献出版社,2018,第328页。
② 习近平:《习近平谈治国理政》第三卷,外文出版社,2020,第532页。

制,到新时代集中开展一系列主题教育活动、建立健全全面从严治党制度体系,党一直以自我革命精神推进自身建设,对照党的性质、宗旨检视自身问题,改造主观世界,提高执政能力,防止"糖衣炮弹"的侵蚀,摆脱利益集团的围猎,清除党内一切腐败分子和不正之风,从而在披荆斩棘的实践进程中始终焕发青春光芒,成为全国人民的领导核心和昂然屹立的民族脊梁,永葆引领伟大社会革命的使命意识与革命品质。习近平指出:"要把新时代坚持和发展中国特色社会主义这场伟大社会革命进行好,我们党必须勇于进行自我革命,把党建设得更加坚强有力。"①以坚强有力为目标,就是要提高党的长期执政能力,以自我革命引领伟大社会革命,这充分体现了党的远见卓识和使命自觉。

深入彻底的程度性。从布尔什维克党领导十月革命胜利到苏联共产党亡党失政,从毛泽东"两个务必"的谆谆告诫到习近平"三个务必"的重大论断,深刻说明了马克思主义政党保持自我革命精神的重大意义。党深刻汲取国际共产主义运动和无产阶级政党建设的经验教训,以彻底的自我革命精神推进党的建设,坚持问题导向,深挖问题根源,彻底清除侵蚀党的肌体、弱化党的先进性和纯洁性的各种因素,既向累年积存的顽瘴痼疾开刀,又对深层次利益关系和矛盾进行调适,既冲破固有思想观念的束缚,又完善党内法规和制度体系,既惩治与民争利的贪官污吏,又防止"关键少数"成为利益集团的代言人。党的十八大以来,以习近平同志为核心的党中央将反腐败作为最彻底的自我革命,以"得罪千百人、不负十四亿"的责任感和使命感、零容忍的警醒和力度,在各领域统筹推进史无前例的反腐败斗争,刹住了一些长期没有刹住的歪风,开辟了百年大党从严治党和自我革命的新境界,巩固并强化了党的事业根基。

永无止境的时间性。自我革命并非一时之计、权宜之事,而是具有紧迫性、持续性的长久之策。党引领的社会革命行进到什么程度,党和人民的事业发展到什么阶段,党的自我革命就要跟进到相应的程度和阶段。回首过往,党依靠自我革命成功应对了革命、建设、改革、复兴时期的重重考验,书写了中华民族历史上波澜壮阔的璀璨华章。放眼未来,党面临着世纪变局和复兴全局带来的治国理政新考验,面临着全面建设社会主义现代化国家新征程提出的新任务、新问题,这就需要继续锤炼自身、勤修内功,以过硬的自我净化本领和高强的自我革新能力推进党的建设新的伟大工程。尽管新时代全面从严治党成就斐然,但一些带有长期形态的风险考验和突出问题仍然存在,"党面临的执

---

① 习近平:《习近平谈治国理政》第三卷,外文出版社,2020,第71页。

政考验、改革开放考验、市场经济考验、外部环境考验将长期存在,精神懈怠危险、能力不足危险、脱离群众危险、消极腐败危险将长期存在"①。党的自我革命不可能一蹴而就、一劳永逸,必须坚定历史自信、增强历史主动,以永远在路上的清醒和坚定推进自我革命攻坚战、持久战,从而在新的"赶考"之路上向历史和人民交出新的优异答卷。

独树一帜的标志性。马克思指出,一个推翻统治阶级的革命阶级,必须在革命斗争中"抛掉自己身上的一切陈旧的肮脏东西,才能胜任重建社会的工作"②。党在百余年奋斗中,始终保持马克思主义政党的革命本色,以自我革命精神直面问题、自我纠错,确保自己成为引领中国社会革命历史进程的中流砥柱。经过长期的理论凝练和实践历练,自我革命已经融入党的思想理论、方针政策、目标路径、精神谱系之中,成为渗透于精神血脉之中而赓续传承、永不褪色的红色基因和鲜明标识,成为党区别于其他政党的显著标志。纵观世界政党发展史,苏联共产党、中国国民党都曾拥有辉煌的过往,都曾是本国政治舞台无可替代的政治力量,却都无可奈何地走向没落甚至败亡。苏共和国民党的兴衰沉浮深刻说明,一个执政党如果不能始终坚守信念、主动剜除腐肉,必然导致顽疾固瘤不断侵蚀健康肌体,最终落得政亡党息的惨淡结局。我们党正是在自我革命的淬炼中不断创新着管党治党模式,构建出权力运行和监督制约的有效机制,锻造了自身的先进性和纯洁性,从而在近代中国多种政治力量的激烈较量中脱颖而出,在当代世界政党舞台上独领风骚。

第三节 完善党的自我革命制度规范体系

"成其身而天下成,治其身而天下治。"党的十八大以来,以习近平同志为核心的党中央不断完善党内法规体系,出台了一系列标志性、关键性、基础性的党内法规制度,为党的自我革命夯筑了坚固的制度基石。党的二十大提出"完善党的自我革命制度规范体系"的新目标和新任务,这是新征程上全面从严治党、深入推进自我革命的一项重要战略部署。

---

① 习近平:《高举中国特色社会主义伟大旗帜 为全面建设社会主义现代化国家而团结奋斗——在中国共产党第二十次全国代表大会上的报告》,《人民日报》2022年10月26日第1版。

② 马克思、恩格斯:《马克思恩格斯选集》第一卷,人民出版社,2012,第171页。

一、自我革命制度规范体系的深刻内涵

所谓制度规范，是一个组织内部所有成员遵奉的行为准则、优良传统、工作惯例的总称。政党的制度规范不仅具有制度规范的一般属性，还要体现政党自身的性质、宗旨、特点，是党的各级组织和全体党员共同遵守的法规条例与行动准则，是党赖以生存发展的运行保障机制和权力制约机制的总和[①]。具体到我们党的自我革命制度规范体系而言，是规范自我革命的责任主体、具体行为、监督保障机制的党内法规制度体系及其制定、执行、遵守、监督、保障各环节的运行过程。其中，自我革命的责任主体是担负自我革命主体责任、领导责任、政治责任的各级党委（党组），担负自我革命监督责任、领导责任、政治责任的各级纪委（纪检组），以及承担自我革命相关个体责任的党员干部；自我革命的具体行为是各级党组织和全体党员在自我净化、自我完善、自我革新、自我提高过程中表现出的各种行为样态；自我革命的监督保障机制是对各级党组织和全体党员的自我革命行为进行监督与规范的法规制度。

党的自我革命规范体系是由主体、对象、行为、监督、激励、惩处等不同层面的制度规范组成的有机统一体，包括授权性、义务性、激励性、号召性、禁止性等多种调整方式，具体涉及以下三种制度要素。一是自我革命的主体制度。这类制度主要是党的组织法规制度和党章中关于责任主体的一些具体规范，旨在对自我革命的行为主体进行调适和规范，界定各级党组织的权力和职责、全体党员的权利与义务。二是自我革命的行为制度。这类制度主要是党的自身建设法规制度、领导法规制度和党章中关于主体行为的若干具体规范，旨在对各级党组织和全体党员的自我净化、自我完善、自我革新、自我提高等行为进行引导和规范。三是自我革命的监督保障制度。这类制度主要是监督和保障党的自我革命工作的相关行为规范，旨在为各级党组织和全体党员的自我革命工作提供不可或缺的监督、激励、惩处、保障等制度支持和机制支撑。

党的自我革命制度规范体系拥有严密的程序、科学的内容、完备的支撑、强大的效力，是实践性、科学性、系统性、有效性的有机统一[②]。第一，自我革命制度规范体系的形成具有实践性。党在长期管党治党的实践中，逐渐形成

---

① 肖光文、杨笛：《新时代党的自我革命制度规范体系构建》，《南开学报》（哲学社会科学版）2023年第1期，第12-20页。

② 李斌雄、谌启航：《论党的自我革命制度规范体系》，《思想理论教育》2023年第1期，第73-79页。

了具有深刻历史逻辑和成熟内容表述的自我革命制度规范体系。从制度属性来看，党的自我革命制度规范体系表现出鲜明的自我指向性；从规范属性来看，党的自我革命制度规范体系表现出内容的严格性。这种不同一般的自我指向和严格规范的制度内容全都形成并深化于党的自我净化、自我完善、自我革新、自我提升实践过程，体现了马克思主义政党在引领社会革命历史进程中自觉自为的自我革命意识及其实践行为。第二，自我革命制度规范体系的实施具有科学性。党的自我革命制度规范体系是由"正面清单"和"负面清单"集合而成，这些具体清单都是党在一定历史时期内自我革命实践的产物，是实践经验和时代特点的理论凝练与制度呈现，无疑具有制定和实施的科学性。不过，时代在不断进步，实践在不断发展，党的自我革命具体制度和具体规范必须在赓续历史传统的基础上符合当前实践需要、经受未来实践检验，通过与时俱进的修订和完善来保证内容科学、实施有力。第三，自我革命制度规范体系的衔接具有系统性。党的自我革命制度规范体系主要包括全面从严治党法规制度体系、反腐倡廉法规制度体系、纪检监察法规制度体系，涵盖了党的领导、管理、运行、监督等各个方面，不但拥有完备系统的自我革命制度框架，还广泛渗透于党内法规体系和国家法律法规体系之中，实现了同国家立法、政府法规的有机衔接和相辅相成。第四，自我革命制度规范体系的运行具有有效性。从党的十八大到党的二十大的十年间，中央纪委共查处违反中央八项规定精神问题76.1万多件，立案464.8万余件，立案审查中管干部553人，纪律处分厅局级干部2.5万人、县处级干部18.2万人[①]。实践证明，党的自我革命制度规范能够有效运行，为新时代管党治党提供了重要的制度支撑，并产生了显著的治理效果。

完善党的自我革命制度规范体系是新时代全面从严治党的战略举措，对推进党的自我革命实践具有重要的规范、保障和引领作用。从发挥制度规范功能而言，就要通过倡导、激励、引导、约束、震慑、遏制、惩罚等多种导向的法规制度，调整和规范各级党组织和全体党员的自我革命思想、观念、行为。从发挥制度保障功能而言，就要通过建立健全党的领导制度体系，确保全党上下对自我革命战略布局和具体措施一体遵行、贯彻落实，提高党的建设水平和长期执政能力，保障党的全面领导地位和领导核心作用。从发挥制度引领功能而

[①] 仲音：《"必须永远吹冲锋号"——用新的伟大奋斗创造新的伟业》，《人民日报》2022年10月22日第4版。

言，就要通过加强和推进党的自身建设的各项制度，保持党的马克思主义政党革命本色和先进本质，保证党引领社会革命的主动性、自觉性、科学性。

二、完善自我革命制度规范体系的原则

无论构建何种制度体系，都要围绕既定的目标和一定的原则来规划设计。党的自我革命制度规范体系是一种蕴含着党的性质宗旨、初心使命、历史主动等多种价值向度的规约机制，体现着党在多领域、多环节、多层面上的理论和实践自觉。完善党的自我革命制度规范体系，必须深刻把握新时代党的自我革命的特点、任务、要求，做到方向明确、方式科学、体系合理。

坚持目标导向和问题导向相统一，以意在长远、改在当下的"组合拳"建构完整科学的自我革命制度规范体系。一方面，要坚持立足长远，为完善党的自我革命制度规范体系确立全局性、战略性目标设计。即将维护党的集中统一意志作为政治目标，坚持和加强党的全面领导，维护党的领导核心地位和党中央权威；将增强党的自我净化、自我完善、自我革新、自我提高能力作为发展目标，在任务要求、功能指向、制度规范、机制运行等方面作出务实可行的具体规定；将内容科学、程序严密、配套完善、运行有效作为工作目标，合理设计自我革命制度规范体系的完善流程、推进举措、时间节点；将提升管党治党水平和治国理政效能作为成果目标，以自我革命制度规范体系蕴含的制度优势提升国家治理体系和治理能力现代化水平，使自我革命成为新时代国家和社会治理的独特密码。另一方面，要坚持观照现实，着力破解自我革命面临的突出问题。即推动解决管党治党实践中暴露的顽固性、多发性问题，特别是通过优化和完善权力、责任、担当制度，消除"七个有之"和思想不纯、组织不纯、作风不纯等损害党的先进性和纯洁性、动摇执政根基的紧迫性问题；破除制约党的自我革命的体制性障碍，特别是避免制度设计过于空泛、交叉重复和制度执行弹性过大、因人而异的问题，提高制度规范的有效性和实效性。

坚持继承性和创新性相统一，在守正创新中打造集历史性、现实性、前瞻性于一体的自我革命制度规范体系。一方面，要坚持以史为鉴，善于总结自我革命制度建设的历史经验，将优良传统融入新时代党的自我革命制度规范体系之中。主要是：以党章要求和党纲精神为根本遵循，将加强党的长期执政能力建设、先进性和纯洁性建设的党建目标贯穿于制度规范体系建设全过程，坚持和体现民主集中制原则，完善党内监督制度，优化自我革命制度执行机制，确

保各项制度"当作法律一样,坚决执行"①,使党的自我革命制度规范体系建设靶心不偏、落地生根。另一方面,要坚持创新思维,以习近平关于党的建设的重要思想和关于党的自我革命的重要思想中制度治党、依规治党的原创性论断为指导,推动新时代党的自我革命制度规范体系建设创新发展。主要是:加强教育体系建设,形成具有解释和教育功能的自我革命话语机制,增加党员干部对自我革命的理性认知和感性认同;加强干部队伍建设,形成既能抓住"关键少数"又能引领"最大多数"的人才培养和选任机制,保证干部队伍的忠诚、干净、担当;完善制度创新激励机制和容错纠错机制,激活自我革命制度规范体系健康发展的内生动力,满足自我革命的制度需求;协同推进各层面、各环节的自我革命制度规范建设,有序推动立规、备案、清理、宣传、执规、研究等各项工作,形成体系化、整体性的自我革命运行机制。

坚持规范性和系统性相统一,形成科学规范、系统集成的自我革命制度规范体系。一方面,要坚持科学建制,保证自我革命制度规范体系的规范性,增强制度规范的解释力和说服力。主要是:确保名称使用规范,依据具体制度规范的内容表述和重要程度,合理甄别并恰当使用准则、条例、规定、办法、细则等不同名称;确保言辞表达规范,按照法律法规的语法逻辑准确使用党言党语、法言法语、规言规语,做到各项具体制度规范内容表述严谨、逻辑严密、行文连贯、简明易懂;确保各种程序规范,明确意见征求、草案讨论、上报备案、审查审批、监督制约等流程和环节的操作规范,为综合性、高阶性、宏观性的制度条例制定必要的实施细则和配套规定。另一方面,要坚持统筹全局,保证自我革命制度规范体系的系统性,实现顶层设计和底层逻辑、制度体系和具体制度的充分契合。主要是:将党的自我革命制度规范体系纳入法治中国建设的总体规划,确保自我革命制度规范的价值理念、具体要求、施行过程同立法、执法、司法相协调,实现党内法规同国家立法的辩证联结;将党的自我革命制度规范体系纳入全面从严治党的整体规划,确保自我革命各项制度规范同全面从严治党的法规文件相得益彰,下位制度规范同上位制度规范有机衔接,实体性、程序性、保障性法规制度相互支持;将党的自我革命制度规范体系各子系统统筹考量,优化内部制度结构,打通制度纵横联系,形成条理清晰、有序互动的制度体系。

---

① 邓小平:《邓小平文选》第二卷,人民出版社,1994,第219页。

三、完善自我革命制度规范体系的路径

"凡将立国,制度不可不察也。"历经百余年岁月洗礼,党的自我革命制度规范体系建设取得了巨大成就。但是,相对于新时代党的建设总要求和自我革命目标而言,还存在机制不够健全、权威程度不高、执行力度偏弱等短板问题。在全面建设社会主义现代化国家新征程上,党必须充分运用全面从严治党的理论和实践创新成果,从制定、执行、遵守、监督保障各环节全面推进自我革命制度规范体系建设,形成"坚持真理、修正错误,发现问题、纠正偏差的机制"①和系统完备、科学规范、运行有效的制度体系。

以科学理论为指导,明确自我革命制度规范体系建设的"四梁八柱"。"没有革命的理论,就不会有革命的运动"②,科学理论的指导是党胜利推进自我革命实践的前提条件。以习近平同志为核心的党中央在新时代管党治党实践中,提出了一系列关于党的自我革命的新理念、新论断、新要求,创造性回答了一个长期执政的马克思主义政党如何永葆先进性和纯洁性的重大时代课题,为完善党的自我革命制度规范体系提供了科学的理论遵循。一是指明了完善自我革命制度规范体系的逻辑起点。自我革命是党保持青春活力和肌体健康的根本方式,完善自我革命制度规范体系必须体现自我革命的价值旨归,以刚性的制度约束保证党的领导核心地位和长期执政能力,使党在引领社会革命的历史进程中永葆先进性、纯洁性。二是阐明了完善自我革命制度规范体系的基本要求。习近平精辟诠释了自我革命的深刻内涵,反复强调全党要在"四个自我"上下功夫,坚持守正创新的方法论要求。完善党的自我革命制度规范体系必须体现全面从严的主基调和革故鼎新的总要求,对自我革命法规制度进行系统梳理、修订、补充,实现制度规范的科学化、体系化、时代化,推动全面从严治党的纵深发展。三是明确了完善自我革命制度规范体系的重点难点。习近平在党的二十大报告中强调,要完善党内法规制度体系和权力监督制约机制,加强

---

① 习近平:《高举中国特色社会主义伟大旗帜 为全面建设社会主义现代化国家而团结奋斗——在中国共产党第二十次全国代表大会上的报告》,《人民日报》2022年10月26日第1版。
② 列宁:《列宁选集》第一卷,人民出版社,1995,第312页。

政治监督和巡视整改，落实全面从严治党政治责任①。这些具体要求说明了党的自我革命的价值目标和推进路径，指明了完善自我革命制度规范体系的蓝图愿景与行动步骤。

以自我调适为原则，推动自我革命制度规范体系建设与时俱进、不断完善。一是积极构建自我革命制度规范体系评估机制。围绕新征程上党的自我革命面临的环境、任务、目标等基本要素，对自我革命制度规范体系的整体设计、实施情况、实际效用进行科学测评，根据测评结果及时清理、修订、更新具体制度规范，保障各项制度规范具有内容层面的科学性、实施层面的有效性、交互层面的衔接性。二是保证自我革命制度规范体系评估结果的科学有效。适当引进群众代表、智库团队等第三方评估主体，增加自我革命制度规范体系评价主体的覆盖面和代表性，以去粗取精、去伪存真的原则对不同主体的意见和建议进行甄别、归纳、概括，根据反馈结果对自我革命制度规范体系进行合理调适，保证制度设计的政治性、民主性、科学性。三是发挥自我革命制度规范体系评估过程的监督效用。将监督反馈贯穿于自我革命制度规范体系评估机制的运行全过程，把评估过程中发现的制度漏洞、内容冲突、执行难题及时报送相关部门，以评估监督推动破除自我革命制度规范体系建设的各种制约性因素，保证推进自我革命的制度效能得到充分体现。

以自我净化为前提，完善自我革命制度规范体系的党内监督机制，使党自觉过滤杂质、及时清除毒素。一是完善党内权力监督制约机制。遵循民主集中制原则，在广泛调研、征求意见的基础上，构建全面覆盖、民主高效的监督体系，确保上下级之间的双向监督通畅、同级之间的相互监督有效，确保一切权力都在制度轨道上规范化、公开化运行。二是推进党内监督具体化、精准化、常态化。明确党委的全面从严治党主体责任，加强对"关键少数"和领导班子的监督力度，确保干部考察选任工作中监督不缺席，特别是解决高级干部违纪违规行为不易发现、难以调查的老大难问题。三是充分发挥巡视监督的利剑作用。贯彻落实《中国共产党巡视工作条例》《关于加强巡视巡察上下联动的意见》等制度精神，深化政治巡视，强化整改落实，优化上下联动，确保巡视工作全面覆盖、有的放矢、有效运行。四是推动党内外监督协同发力。充分释放新闻传媒的舆论监督效用，全面拓展人民群众的举报反映渠道，形成立体多

---

① 习近平：《高举中国特色社会主义伟大旗帜　为全面建设社会主义现代化国家而团结奋斗——在中国共产党第二十次全国代表大会上的报告》，《人民日报》2022年10月26日第1版。

维、全面有效的自我革命监督网络，将群众监督的外部压力转化为党推进自我革命的内生动力。

以自我完善为保障，健全自我革命制度规范体系的自我反省机制，使党主动修复肌体、增加生机活力。一是完善批评与自我批评机制。认真执行党的组织生活纪律要求，规范党内批评与自我批评机制的运行程序，健全党员干部奖惩机制和监督考核体制，促使全体党员正视问题、自觉反思、剖析缺点、改进提高，从而砥砺忠诚品格、正派作风、求是精神、清廉品质。二是完善发现问题、纠正偏差的机制。聚焦新形势下党的建设遇到的重大考验和自我革命实践存在的薄弱环节，推动构建具有前瞻性的风险防范化解制度和具有针对性的纠错整改制度，将"三个区分开来"、严管和厚爱结合、激励和约束并重作为防范风险、纠正偏差的基本要求，确保防范风险和纠正偏差机制的适用范围明确、运行程序规范、审查流程科学。三是构建明责担责问责长效机制。明确党员干部的行为底线和党纪法规的高压红线，以失责必问、问责必严的要求规范问责的主体、对象、情形、方式、程序，严格依规追究失职失责党组织和领导干部的主体责任、监督责任、领导责任，推动形成权责对等、责任清晰、逐级追责的自我革命制度规范体系格局。

以自我革新为动力，完善自我革命制度规范体系的政治生态净化制度，使党保持团结统一、实现自我扬弃。一是从顶层设计着眼，形成有效过滤政治杂质、涵养风清气正政治生态的内生性体制机制。整合党内政治生态建设相关制度，构建整体性、协调性的党的领导制度、政治文化制度、组织生活制度、廉洁自律制度，以立体多维的制度设计坚决清除形式主义、官僚主义、享乐主义、奢靡之风的滋生土壤。二是从外部环境入手，形成涤除错误思想意识、培养正确政治观念的外生性体制机制。营造和谐、民主、清正、健康的社会文化氛围，实现社会主义核心价值观同党的自我革命精神的融合对接，从而在潜移默化的文化熏陶和精神感染中塑造党员干部的精神世界和价值信念。三是从"关键少数"切入，以示范效应产生强大的引导力、执行力。强化领导干部的法治精神和制度意识，使他们带头遵守党的政治纪律和政治规矩，促使全体党员与时俱进校准政治立场和政治方向，坚决维护党中央权威和集中统一领导，推动形成良好的党内政治生态。

以自我提高为目标，完善自我革命制度规范体系的党内学习教育制度，使党提高长期执政能力、开拓管党治党境界。一是健全党性教育机制。各级党组织要"把执规责任扛起来,加大宣传教育"①,将党章和不同位阶的准则、条例、规定、办法、细则等制度规范融入党员意识教育全过程,将以伟大建党精神为源头的党的精神谱系融入党员价值观教育之始终,巩固党的十八大以来集中性整风整党学习教育活动的开展成效,实现不忘初心、牢记使命的制度化长效化,引导党员干部成为马克思主义信仰的积极传播者和模范践行者。二是健全理论学习机制。将学习动员、活动开展、评估问效、问题查改等环节贯通起来,形成宣传、运行、评估、监督有机衔接的系统性体制机制,多维度提升学习质量和效益,提高党员干部的专业素养和本领水平。三是丰富学习方式方法。既要依托"三会一课"、民主生活会、组织生活会常态化开展理论学习活动,又要适时邀请专家学者以主题宣讲、理论研讨、专题座谈等形式进行理论解读和学习培训,并运用"学习强国""两微一端"等主流网络学习媒介开展融入式、嵌入式、沉浸式理论学习,全方位提高党员干部的制度意识和制度认同。

---

① 武汉大学党内法规研究中心编《中国共产党党内法规制度建设年度报告(2018)》,人民出版社,2020,第38页。

第三章

先强"中军帐"：
把政治建设摆在首位

"治其本，朝令而夕从；救其末，百世不改也。"政治性是政党的本质属性，旗帜鲜明讲政治是马克思主义政党的突出特点和根本要求。百余年来，中国共产党始终将政治建设作为党的建设的"中军帐""压舱石"，不忘政治使命，高举政治旗帜，坚守政治立场，严明政治纪律，保持和发展自身的先进性与纯洁性。从革命年代毛泽东提出"共产党领导的革命的政治工作是革命军队的生命线"[①]，"要向中央基准看齐，向大会基准看齐"[②]，到新时代习近平强调"把党的政治建设摆在首位""以党的政治建设为统领"[③]，注重政治建设是我们党一以贯之的理论自觉和行动自觉。历史和现实充分证明，党正是通过锻铸党员干部的政治灵魂和政治意识，才拥有了众志成城的空前凝聚力和无坚不摧的强大战斗力，夺取了革命、建设、改革、复兴时期一个又一个伟大胜利。

第一节 政治建设是党的根本性建设

"政治问题，任何时候都是根本性的大问题。"[④]政治建设是党的建设总体布局中具有统领性、根本性、主导性意义的"牛鼻子"，思想建设、作风建设、组织建设、纪律建设、制度建设、反腐败斗争都有相应的政治目标。党的十八大以来，以习近平同志为核心的党中央深刻总结党的建设历史经验、深刻把握

---

① 中共中央文献研究室编《毛泽东年谱（一八九三——一九四九）》（修订本）中卷，中央文献出版社，2013，第507页。
② 中共中央文献研究室编《毛泽东文集》第三卷，人民出版社，1996，第298页。
③ 习近平：《总结党的历史经验 加强党的政治建设》，《求是》2021年第16期，第4-12页。
④ 习近平：《论坚持党对一切工作的领导》，中央文献出版社，2019，第124页。

新时代全面从严治党的实际情况，提出了一系列关于党的政治建设的新思想、新举措、新方略，揭示了党的政治建设的基本规律和主要内容，阐明了党的政治建设的地位指向、鲜明主线、价值旨归、根本原则、关键要求。

一、发挥统领作用是政治建设的地位指向

以党的政治建设为统领是新时代党的建设总要求的核心原则，是党的建设新的伟大工程的总纲规定。政治建设在党的建设中居于统揽全局、规定方向的领导地位，分量最重、影响最大。没有政治层面的坚定和成熟，就没有思想层面的正确清醒和行动层面的团结统一。只有突出和保证政治性，才能确保党的建设方向的正确性、过程的稳定性、成效的预见性。

政治建设规范党的建设的前进方向。不论是开展无产阶级革命，还是巩固无产阶级专政，都必须打造一个政治上坚强有力的无产阶级先锋队，通过无产阶级政党的政治权威凝聚阶级力量，实现政治目标。列宁强调，空洞地呼喊统一并不能推进党的建设，必须"要有一个政治纲领，政治行动的纲领"①。马克思主义政党的建设必须聚焦于无产阶级运动的政治任务和历史使命，制定出符合人类社会根本利益的行动纲领，科学回答无产阶级运动向何处去的重大问题。我们党在百余年奋斗中高度重视从政治角度审视问题，采取行动，始终坚持以正确的政治方向引领党的建设和社会革命。毛泽东指出，党之所以得到人民信仰，"是由于它的政治方向代表了全中国绝大多数人的意愿"②。党的政治建设是联通党的领导和党的建设的行动中枢，发挥着指引方向、校准航标的政治保障作用。党正是通过持续不断的政治建设实现了党的建设的规范化、政治使命的明晰化、执政目标的具体化，促使党的政治本色和运行状态、奋斗纲领和政治要求达到实然与应然的有机统一，促使党的领导、党的建设、党的事业成为辩证统一的有机整体，为党所肩负的中华民族千秋伟业提供正确政治方向引领。

政治建设决定党的建设的总体效果。党的建设是由诸多要素和系统结构复合而成的系统工程，随着理论和实践的探索而不断发展，保持着动态调适的升级演进态势。改革开放以来，随着执政环境的变化和自身建设的演化，党不断为党建格局注入新要素、新动能，党的十九大正式提出"5+2"总体布局，将

---

① 列宁：《列宁全集》第二十一卷，人民出版社，1992，第260页。
② 中共中央文献研究室编《毛泽东年谱(一八九三——一九四九)》(修订本)中卷，中央文献出版社，2013，第63页。

政治建设作为一个独立范畴置于统领地位和首要位置。事实上,各个党建模块不是并列分布、孤立存在的游离性因子,而是拥有各自特定"生态位"的聚合性要素,通过要素耦合和功能聚合而激发出集成联动、协同发力的整体效能。党的各项建设有机关联、彼此影响,而政治建设则是贯通于各项建设之中的灵魂与核心,对党的建设系统与各项具体建设都有决定性作用。党的政治建设从根本上决定着党的建设方向与效果,"不抓党的政治建设或背离党的政治建设指引的方向,党的其他建设就难以取得预期成效"[①]。只有充分发挥党的政治建设的统领作用,才能有效保障党中央权威和集中统一领导,保证党的各项建设沿着正确航向推进,防止党的建设出现根本性、战略性、颠覆性错误。

政治建设规定党的建设的根本属性。坚守政治使命、维护政治属性,是马克思主义政党的本质要求。尽管在特定历史条件下,马克思主义政党基于实现既定革命目标的考量,可以同其他政党暂时联合、共同行动,但这种合作"必须以党的无产阶级性质不致因此发生问题为前提"[②]。即无论革命任务和执政环境如何演变,马克思主义政党都要始终不渝地突出和强调自己的政治属性。能否在引领社会革命的实践行动中维护自身政治属性,同消解弱化政治性、革命性的各类现象、倾向、行为进行毫不妥协的坚决斗争,无疑是检验马克思主义政党政治属性和政治本色的基本标准。尽管党的各项具体建设承载着不同的功能与内容,拥有差异化的属性和要求,思想建设更加注重真理性、时代性,作风建设更加注重人民性、实效性,组织建设更加注重创新性、科学性,纪律建设更加注重系统性、严整性,制度建设更加注重规范性、程序性,反腐败斗争更加注重持续性、立体性,但各项建设都要首先体现政治性的共性特质和普遍要求,都要有机融入党的政治目标和政治要求。一旦马克思主义政党丧失政治层面的先进性,"党的先进性和纯洁性就无从谈起"[③]。没有政治建设的统领作用,党的其他建设就会丧失政治原则性和先进性,成为无源之水、无本之木而无以为继、无以推进。

政治建设明确党的建设的评判标准。党的政治建设在党的各项具体建设中发挥着"定盘星"和"指南针"的导向作用,对党和国家事业具有"主心骨"和"压舱石"的固本意义。党的各项建设虽有相对独特的规定和范畴,但都要立足政治建设成效来评价各自实践效果,都要将政治建设成效作为根本评判标

[①] 习近平:《论坚持党对一切工作的领导》,中央文献出版社,2019,第252页。
[②] 马克思、恩格斯:《马克思恩格斯选集》第四卷,人民出版社,2012,第593页。
[③] 习近平:《增强推进党的政治建设的自觉性和坚定性》,《求是》2019年第14期,第4-9页。

准。从评判党员干部素质能力的角度来看，首先要"看政治上是否站得稳、靠得住"①，要将政治能力作为第一位的能力要求。一名合格的党员干部必须胸怀"国之大者"，在政治方向、政治态度、政治立场等方面同党中央保持高度一致。从评价党和国家事业的角度而言，首先要看党的政治使命是否得到坚持、政治目标是否得到体现、政治任务是否得到落实。讲政治不是空洞的口号，而是一种历史的、具体的、实践的要求规范，表现为各级党组织能否自觉贯彻落实党中央的决策部署，体现在各地区、各单位、各部门的各项现实政治任务完成情况之中。党的十八大以来，党在各项实践任务中都融入政治目标和政治要求，将脱贫攻坚、乡村振兴、疫情防控、反腐斗争、共同富裕都作为重大政治任务来抓，在推进党的建设过程中凝聚攻坚克难力量、夺取各项事业胜利。

政治建设标示党的建设的重点领域。矛盾无处不在、无时不有，充斥事物新陈代谢的全过程，"其中必定有一种是主要的，起着领导的、决定的作用"②，其他矛盾则处于次要和附属地位。只有把握事物发展过程中的核心矛盾及其主要方面，才能抓住问题的本质。在"四个伟大"战略中，党的建设工程具有决定性作用，是影响新时代治国理政成效的关键因素。党的建设工程涵盖多个系统、领域和要素，其中政治建设在"5+2"总体布局中占据主导地位，是党的建设工程中具有决定性意义的核心方面，对党的各项具体建设起到统领作用。例如，在党的纪律体系中，政治纪律和政治规矩最为关键；在巡视和监督体系中，政治巡视和政治监督最为根本；在党内政治生活的四项要求（政治性、时代性、原则性、战斗性）中，政治性居于首位。只有以政治建设为统领，才能准确把握党的建设工程的核心矛盾和战略重点，明确各项建设的重点和难点，集中力量解决主要矛盾，推动其他矛盾的化解，确保党的建设工程的整体效能。

政治建设彰显党的建设的核心功能。习近平指出："政治上的主动是最有利的主动，政治上的被动是最危险的被动。"③在中国革命、建设、改革、复兴的全部历史时期，党的政治建设都发挥着引领方向、涵养生态、维护秩序、锻造党性、防范风险的重要功能。一是党的政治建设确定党的建设伟大工程的正确方向。八七会议、遵义会议、党的十一届三中全会等对党的历史走向具有决

---

① 习近平：《论坚持党对一切工作的领导》，中央文献出版社，2019，第204页。
② 毛泽东：《毛泽东选集》第一卷，人民出版社，1991，第322页。
③ 习近平：《总结党的历史经验　加强党的政治建设》，《求是》2021年第16期，第4-12页。

定性意义的重要会议，都是通过政治建设矫正党的行进航向、确定自我革命的前进航标。二是党的政治建设规约形塑党的整体生态环境。各级党组织以全方位、系统化的政治举措培育积极健康的党内政治文化，开展严肃认真的党内政治生活，能够涵养风清气正的党内政治生态，这对于推动党的建设高质量发展具有深远意义。三是党的政治建设守护和巩固党内治理秩序。党的政治建设维护党中央权威和集中统一领导，有利于有效克服自由散漫、各行其是的无政府主义倾向，保证全党指令畅通、令行禁止、团结统一、步调一致，形成强大的凝聚力和战斗力。四是党的政治建设锻造党员干部的政治能力。党的政治建设能够增强党员干部的政治意识，提高他们的政治判断力、政治领悟力、政治执行力，使他们善于从政治上分析问题、作出决策，成为坚定政治立场、坚守政治方向、把握政治大局的政治明白人。五是党的政治建设防范化解党和国家事业发展的政治风险。将党的政治建设放在首位，有利于全党正确把握现象和本质、风险和机遇，提高党对政治风险的防范意识和化解能力，将各种政治风险防患于未然、化解于萌芽，筑牢党长期执政和国家长治久安的政治安全屏障。

二、永葆先进性是政治建设的鲜明主线

在党的历史上，曾经出现过"文化大革命"那样极"左"路线横行的动乱时期，但党对先进性和纯洁性的坚定追求在任何情况下都不曾发生动摇。党设置的一系列长期性和短期性政治建设目标在具体表述和侧重方面固然不尽一致，但根本指向都关乎自身先进性和纯洁性问题。习近平指出："先进性和纯洁性是马克思主义政党的本质属性，我们加强党的建设，就是要同一切弱化先进性、损害纯洁性的问题作斗争，祛病疗伤，激浊扬清。"[①]作为担负引领社会革命历史重任的马克思主义政党，我们党在百余年奋斗中将先进性和纯洁性体现于从宏观层面的纲领章程、性质宗旨到微观层面的方针政策、路线策略等方方面面。始终保持并不断发展党的先进性、纯洁性，是党的政治建设的主要矛盾和鲜明主线。

保持党的先进性和纯洁性是党的政治建设的根本前提。党从建立伊始就杜绝了第二国际机会主义的影响，按照马克思主义建党原则组织和发展，将实现民族复兴和人类解放作为矢志不渝的使命任务，具有与生俱来的先进性、纯洁性。但是，先进性和纯洁性是一个历史的、动态的范畴，而不是一种永恒的、

---

① 习近平：《习近平谈治国理政》第二卷，外文出版社，2017，第43页。

静止的状态。《中共中央关于加强和改进新形势下党的建设若干重大问题的决定》深刻指出，党的先进性和执政地位绝非一劳永逸、一成不变，"过去先进不等于现在先进，现在先进不等于永远先进；过去拥有不等于现在拥有，现在拥有不等于永远拥有"①。对于一个长期执政的马克思主义政党而言，如果没有忧患意识、放松政治建设，完全可能随着时间的推移和社会的发展而逐步丧失先进性和纯洁性，最终政亡人息、国失党散。事实上，接受和支持党的领导是人民群众对近现代中国各种政治力量进行甄别比对后作出的选择。新民主主义革命时期，在共产党、国民党、民主党派等三种主要政治力量的较量中，共产党表现出了国民党、民主党派无可比拟的先进性和纯洁性，彰显出了"重庆有官皆墨吏，延安无土不黄金"的巨大政治优势，提出的建国方案得到了最广大人民群众的一致拥护。新中国成立后，党持续发展自己的先进性和纯洁性，成为人民信赖的最高政治领导力量。习近平将保持先进性和纯洁性提到关系党的生死存亡的高度，强调"如何永葆先进性和纯洁性、永葆青春活力，如何永远得到人民拥护和支持，如何实现长期执政"②是百年大党必须回答和解决好的根本性问题。显然，保持党的先进性和纯洁性是马克思主义执政党的本质要求，能否与时俱进地保持党的先进性和纯洁性是巩固党的长期执政地位的根本前提与衡量党的政治建设实效的根本标准。

保持党的先进性和纯洁性规定着党的一切政治建设实践。党的先进性和纯洁性规定着政治理想、政治立场、政治方向、政治路线等政治建设各层面各环节的目标指向和工作任务，要求全体党员将社会主义、共产主义作为崇高的政治理想，将代表和维护绝大多数人的利益作为根本的政治立场，将促进人的自由全面发展作为坚定的政治追求，将忠诚干净担当作为应有的政治品质，将"四个意识""四个服从"作为严明的政治规矩。我们党自建立之始，就表现出保持先进性和纯洁性的主动追求与深刻自省，在人数还不多、力量还不强的情况下便明确表示"彻底断绝同黄色知识分子阶层及其他类似党派的一切联系"③，将推进民族复兴和实现共产主义写在自己的旗帜上，竭尽全力将残破的旧中国变成可爱的新中国。在领导中国革命、建设、改革、复兴的全部历史进程中，在构建革命统一战线、工农民主统一战线、抗日民族统一战线、人民

---

① 《中共中央关于加强和改进新形势下党的建设若干重大问题的决定》，人民出版社，2009，第5页。
② 习近平：《习近平谈治国理政》第三卷，外文出版社，2020，第529页。
③ 中央档案馆编《中共中央文件选集》第一册，中共中央党校出版社，1989，第3页。

民主统一战线、爱国统一战线的政治合作过程中，党都毫不动摇地坚守自己的政治追求和初心使命，把最高纲领和基本纲领、长远目标和当前任务统一起来，牢牢坚持正确的政治方向，及时制定正确的政治路线，不断加强党的政治领导能力，坚决维护党中央权威和集中统一领导，形成了一系列赓续传承的党内政治生活准则，营造了生动活泼、积极健康的党内政治文化，为党的事业发展提供了坚强的政治保证。

保持党的先进性和纯洁性必须正确认识阶级斗争的性质和作用。在新民主主义革命时期的特定社会环境下，在必须以暴力革命推翻帝国主义、封建主义、官僚资本主义才能使中国人民获得自由解放、中国社会实现发展进步的特定历史条件下，党的政治建设必须格外突出阶级斗争命题和自身阶级属性。随着新中国成立后社会主义过渡的完成，阶级斗争虽在一定范围内还将长期存在并在一定条件下可能发生激化，但阶级矛盾已经不是社会主义社会的主要矛盾，正确处理人民内部矛盾、推进社会主义现代化才是治国理政的主要任务。因此，虽然阶级斗争对于保持党的"两个先锋队"性质和中国特色社会主义领导核心地位仍有一定意义，但是并不构成党的政治建设的核心内容。在全面推进中国式现代化的形势下鼓吹政治斗争、路线斗争等阶级斗争的内容，无疑是对党的建设主流和支流的混淆，是对党的历史功绩的颠覆和对党的崇高形象的抹黑，这种错误认知对于新征程上党的政治建设贻害无穷。但是，"我们也不能说政治就不讲了、少讲了，共产党不讲政治还叫共产党吗"①？加强党的政治建设必以发展的眼光和求是的态度制定政治路线、确定政治方向，坚决避免不顾环境变化、不设前提条件而肆意夸大阶级斗争效能乃至于以阶级斗争为纲的倾向。

三、践行初心使命是政治建设的价值旨归

没有不讲政治的政党，区别就在于讲什么政治、为谁讲政治、怎样讲政治。为中国人民谋幸福、为中华民族谋复兴、为世界人民谋大同的初心使命，充分体现了我们党的政治性质、政治理念、政治立场、政治纲领，标示着党的奋斗目标与前进航向，彰显着党的历史主动精神和伟大使命担当。坚守并践行党的初心和使命，坚持一切奋斗为民、始终立根在民，是党的政治建设永恒的

---

① 中共中央纪律检查委员会、中共中央文献研究室主编《习近平关于严明党的纪律和规矩论述摘编》，中央文献出版社、中国方正出版社，2016，第23页。

价值旨归。

坚持讲阶级性和人民性相统一的政治，切实维护最广大人民群众的根本利益。马克思、恩格斯在《共产党宣言》中指出，既往的社会运动仅仅局限于特定阶级或只是谋求少数人的利益福祉，但"无产阶级的运动是绝大多数人的、为绝大多数人谋利益的独立的运动"①。我们党来自人民、为了人民，无论任何时期都坚持讲"阶级的政治、群众的政治，不是所谓少数政治家的政治"②，都以具有鲜明阶级导向、广泛群众基础的政治纲领和政治部署维护好、发展好最广大人民群众的根本利益。新民主主义革命时期，帝国主义和中华民族的民族矛盾、封建主义和人民大众的阶级矛盾是社会主要矛盾，因而党的"一切政治斗争都是阶级斗争"并要"围绕着经济解放进行"③。党以马克思主义阶级斗争理论观察和分析中国革命的规律与走向，深刻分析中国社会各阶级的经济境况、政治地位、组织程度、立场追求，把领导和推动以工农联盟为主体的群众性阶级斗争作为最根本的政治任务，以土地改革、没收企业的方式摧毁了封建主义和官僚资本主义的经济根基，以暴力革命武器建立了人民民主专政的新政权。随着新中国成立后剥削阶级的消灭和公有制主体地位的确立，在社会主义条件下解放和发展生产力、实现全体人民共同富裕成为关乎人民群众福祉的根本性问题。由此，党提出"社会主义现代化建设是我们当前最大的政治"④"要紧扣民心这个最大的政治"⑤等重大论断，将推进中国式现代化作为实现人民群众根本利益的政治任务。尽管党在不同历史时期的政治决策和部署并不相同，但围绕人民群众的关切和诉求推进各项工作始终是最鲜亮的政治内涵。

坚持为人民群众讲政治，把人民立场作为党的根本政治立场。人民群众的物质资料生产是人类社会存续和发展的根本前提，"人民，只有人民，才是创造世界历史的动力"⑥。习近平指出："为什么人的问题，是检验一个政党、一个政权性质的试金石。"⑦党立足马克思主义群众观点思考和解决"为什么人"

---

① 马克思、恩格斯：《马克思恩格斯选集》第一卷，人民出版社，1995，第283页。
② 毛泽东：《毛泽东选集》第三卷，人民出版社，1991，第866页。
③ 马克思、恩格斯：《马克思恩格斯选集》第四卷，人民出版社，2012，第257-258页。
④ 邓小平：《邓小平文选》第二卷，人民出版社，1994，第163页。
⑤ 习近平：《增强推进党的政治建设的自觉性和坚定性》，《求是》2019年第14期，第4-9页。
⑥ 毛泽东：《毛泽东选集》第三卷，人民出版社，1991，第1031页。
⑦ 习近平：《决胜全面建成小康社会　夺取新时代中国特色社会主义伟大胜利——在中国共产党第十九次全国代表大会上的报告》，人民出版社，2017，第44-45页。

的核心命题,将保持同人民群众的血肉联系、带领人民群众干事创业作为确立奋斗目标、制定方针政策的出发点,将人民群众作为自己生生不息的根基命脉。从建立之始,党就旗帜鲜明地提出同中国社会其他政治力量迥然相异的人民立场。党的一大纲领毫不避讳地宣布要实行社会革命、消灭私有制基础上的社会阶级区分,党的二大又确定了群众路线的革命方法,提出了组成一个大的"群众党"的重要任务。毛泽东指出,"和最广大的人民群众取得最密切的联系"①是我们党区别于其他政党的一个显著标志。陈云将群众模范作为合格党员的六条标准之一和入党誓词的八项要求之一,七大党章将全心全意为人民服务明确作为全体党员必须坚决遵守的根本宗旨。党始终从人民群众的根本利益出发,深刻把握具体历史时期的社会主要矛盾特点,制定相应的纲领、路线、方针、政策,持之以恒保障人民群众的主体地位,不遗余力满足人民群众的利益诉求,千方百计发挥人民群众的创造伟力。党的十九大提出"不断满足人民日益增长的美好生活需要"的奋斗目标,党的二十大作出"五个必由之路"的重大论断,正是新时代党对"我是谁""为了谁""依靠谁"等根本性政治问题的回答,是党的人民立场和为民宗旨的生动体现。

坚持运用群众观点讲政治,把人民中心作为一切工作的政治准绳。马克思主义政党的生命根基在于群众的支持、信任、拥护,只有在"真正引导全体群众前进时,才能完成其先锋队的任务"②。毛泽东强调,党的事业就是服务人民、造福人民,党的队伍"完全是为着解放人民的,是彻底地为人民的利益工作的"③。不论是革命年代的武装斗争和局部执政,还是新中国成立以后的和平建设和全面执政,党都没有任何自己的特殊利益,都是根据群众的利益和需要而能动地、历史地制定并执行基本路线、行动纲领、工作策略,在所有工作中都体现着立党为公、执政为民的政治理念和从群众中来、到群众中去的群众作风。在领导中国革命、建设、改革、复兴的百余年实践中,党提出过"全心全意为人民服务""代表最广大人民根本利益""不忘初心、牢记使命""江山就是人民,人民就是江山"等一系列重大政治论断,虽然具体文字表述并不相同,但人民至上的政治理念和人民中心的发展思想一以贯之。党的一切方针政策和工作部署必须经得住群众检验、能得到群众认可,必须"和当时当地的群

---

① 毛泽东:《毛泽东选集》第三卷,人民出版社,1991,第1094页。
② 列宁:《列宁选集》第四卷,人民出版社,1995,第646页。
③ 毛泽东:《毛泽东选集》第三卷,人民出版社,1991,第1004页。

众要求相适合,都是联系群众的"①。党的二十大将全体人民共同富裕作为中国式现代化的基本特征之一,提出到2035年"人的全面发展、全体人民共同富裕取得更为明显的实质性进展"②的战略目标,正是党的人民至上政治原则的有力宣示。

坚持胸怀天下讲政治,把世界大同作为有始有卒的政治信念。随着大工业时代生产力的快速发展和各地区联系的日益密切,人类历史成为真正意义上的世界历史。未来的自由人联合体必然要跨越民族地域界限、扬弃国家政治属性,成为一种超国家超民族形态的社会共同体。因而,马克思主义政党必须将国际主义作为重要行动原则,从世界历史视角观察自身与全人类的命运和出路。习近平指出,我们党是为人类进步事业而奋斗的马克思主义政党,"始终把为人类作出新的更大的贡献作为自己的使命"③。党一直立足马克思主义世界历史理论,思考中国的问题也关注人类的未来,谋求中国的福祉也推动世界的发展,将胸怀天下锻造为极其耀眼的政治品格。从党的二大提出同全世界无产阶级并肩战斗到抗日战争时期支持西班牙人民反对佛朗哥法西斯的正义斗争,从提出"三个世界"的战略思想到发出构建人类命运共同体的中国声音,党在革命、建设、改革、复兴的全部历史时期都保持着对世界形势的深刻把握和对人类命运的深切关怀。党的二十大强调"中国式现代化是走和平发展道路的现代化""构建人类命运共同体是世界各国人民前途所在"④,正是新时代党的大同追求的具体展示和胸怀天下的生动演绎。

四、坚持和加强党的全面领导是政治建设的根本原则

一个没有坚强领导的政党,绝不可能形成磅礴的力量、创造伟大的事业。同盟会领导的辛亥革命以"无量头颅无量血、可怜购得假共和"而惨淡收场,戈尔巴乔夫时期看似庞大的苏联共产党逐渐分崩离析、变成一盘散沙,都深刻

---

① 毛泽东:《毛泽东选集》第三卷,人民出版社,1991,第1095页。
② 习近平:《高举中国特色社会主义伟大旗帜 为全面建设社会主义现代化国家而团结奋斗——在中国共产党第二十次全国代表大会上的报告》,《人民日报》2022年10月26日第1版。
③ 习近平:《决胜全面建成小康社会 夺取新时代中国特色社会主义伟大胜利——在中国共产党第十九次全国代表大会上的报告》,人民出版社,2017,第57-58页。
④ 习近平:《高举中国特色社会主义伟大旗帜 为全面建设社会主义现代化国家而团结奋斗——在中国共产党第二十次全国代表大会上的报告》,《人民日报》2022年10月26日第1版。

揭示了坚持和加强党的全面领导的重要意义。只有党的领导坚强有力、全面有效，党的政治建设才能不断向前发展，党才能始终发挥总揽全局、协调各方的领导核心作用。毛泽东强调，"全党同志必须团结在中央的周围，任何破坏团结的行为都是罪恶"①，只要全党精诚团结、同心同德，就能战胜任何敌人、克服任何困难。坚持党的全面领导是实现党的政治建设目标的根本保证，推进党的政治建设必须始终不渝地坚持和加强党的全面领导。

坚持党的全面领导是党的政治建设的根本前提。党的政治建设涉及政治领导、政治方向、政治路线、政治道路、政治生态等一系列带有全局性、长远性的重大问题，需要全体党员的共同参与和各个层面的协调部署，没有党的全面领导就无法推动、无从解决。事实上，党正是通过坚持党的全面领导，保证着中国革命、建设、改革、复兴的正确政治方向，保证着党的各项路线、方针、政策的贯彻落实。革命战争时期，党强调自己"是无产阶级的先锋队和无产阶级组织的最高形式"②，自觉肩负起领导军队、政府、民众团体等一切组织的责任，通过牢固掌握革命领导权而引导着新民主主义革命的发展方向。新中国成立后，党强调自己是中国特色社会主义事业的领导核心，在"工、农、商、学、兵、政、党这七个方面，党是领导一切的"③，通过各级党组织对同级政府、权力机关、司法机关、审判机关的全面领导而具体落实党领导一切的根本原则，规范着中国社会主义建设和改革的政治航标。只有坚持党的全面领导，才能围绕党和国家中心任务科学规划、统筹推进党的政治建设，才能有效发挥各级党组织把方向、管大局、保落实的重要作用，才能实现全体党员向党中央看齐靠拢。坚持党的全面领导是党的政治建设的题中之义，也是党的政治建设实践的历史总结。

加强党的政治领导是党的政治建设的必然要求。领导权是政治的核心问题，政党领导是现代国家治理的基本方式。政党是拥有特定政治目标、代表一定阶级利益的政治组织，任何政党的领导都有特定的政治属性并首先表现为政治领导。对于马克思主义政党而言，夺取并巩固执政地位、确保党对国家和社会的全面领导、保证社会主义和共产主义的前进航向，是坚持和加强党的政治领导的核心要义。邓小平指出，党委的领导主要体现为政治引领，确保政治方

---

① 中共中央文献研究室编《毛泽东文集》第三卷，人民出版社，1996，第22页。
② 中共中央文献研究室、中央档案馆编《建党以来重要文献选编（一九二一——一九四九）》第十九册，中央文献出版社，2011，第423页。
③ 中共中央文献编辑委员会编《毛泽东著作选读》下册，人民出版社，1986，第832页。

向正确,"保证党的路线、方针、政策的贯彻,调动各个方面的积极性"①。加强党的政治领导,关键就要在具有根本性、方向性、全局性、战略性的问题上保证党的判断力、增强党的领导力。从局部执政条件下强调"既要革命,就要有一个革命党"②,到全国执政条件下强调"没有党的领导,就没有现代中国的一切"③,党始终将政治建设目标同具体历史时期党和国家的中心任务紧密结合起来,在引领社会革命的实践进程中不断锻造和强化党的革命性、先进性、纯洁性,使党成为中国人民走向民族复兴和推进中国式现代化的坚强领导核心。百余年来,党对领导权、领导内容、领导制度、领导方式、执政方式、党政关系等问题的理论思考和实践探索,就是重视和加强政治领导的具体表现。党的十八大以来,党作出完善党的领导体制、改进党的领导方式等一系列重大决策,就是新时代加强党的政治领导的具体举措。

加强党的政治领导和坚持党的全面领导相辅相成。习近平指出:"党政军民学,东西南北中,党是领导一切的,是最高的政治领导力量。"④党的全面领导不是空泛的口号、抽象的概念,而是历史地具体地表现在党的领导制度上,体现在党的路线、方针、政策的制定和执行上。党从来都不是简单地通过暴力机器和行政权力来实现全面领导,而是引导人民群众接受和认同党的纲领和目标,以群众路线的方式制定和执行党的路线、方针、政策,从而使党成为最高政治领导力量和社会革命领导核心。加强党的政治领导,正是要维护党中央的领导权威和全党的团结统一,确保党的立场、原则和各项决策得到贯彻落实,保证党的先进本质永不褪色、性质宗旨永不变易。实现党的全面领导必然要强化党的政治领导,只有强化党的政治领导,才能将党的全面领导落到实处。回顾党的历史,政治领导一直是党的领导职能中最核心的组成要素。党的七大首次把党的领导分为组织领导、思想领导、政治领导,将政治领导提到了决定党的无产阶级政党性质的高度。党的十二大将"制定和执行正确的路线、方针和政策"确定为政治领导的基本内容,肯定了政治原则、政治方向、政治决策对于党的领导的重要意义。党的十八大以后,党更加突出全面领导和政治领导的互动关系,从辩证统一的角度作出了一系列创新阐释和实践部署,将加强政治领导作为坚持全面领导的重大部署和重要体现,将坚持全面领导作为加强政治

---

① 邓小平:《邓小平文选》第二卷,人民出版社,1994,第98页。
② 毛泽东:《毛泽东选集》第四卷,人民出版社,1991,第1357页。
③ 邓小平:《邓小平文选》第二卷,人民出版社,1994,第266页。
④ 习近平:《毫不动摇坚持和加强党的全面领导》,《求是》2021年第18期,第4-15页。

领导的必然结果和基本目标。

  维护党中央集中统一领导是坚持党的全面领导的重心所在。"事在四方，要在中央。圣人执要，四方来效。"权威和集中是一个政党和政权存续、发展与壮大的必要前提，巴黎公社失败的一个重要因素就是迄未形成拥有足够权威的领导核心。恩格斯指出，"没有权威，就不可能有任何的一致行动"①，就无法以统一的和指导性的意志推动人们合作。毛泽东坚决反对削弱中央权威的"一国三公"方式，提出"一元化领导"的重大命题，强调"实行一元化的领导很重要，要建立领导核心"②，全党必须向中央和大会看齐，"看齐是原则，有偏差是实际生活，有了偏差，就喊看齐"③。只有党中央权威和集中统一领导得到贯彻坚持，党的事业才会兴旺发达，反之便会遭受曲折顿挫。长征时期，中央红军曾经遭受了湘江战役等一系列重大损失，在国民党军队的围追堵截下近乎"山穷水尽疑无路"，但遵义会议上形成了以毛泽东同志为核心的领导集体后，长征红军便在毛泽东正确思想路线的指引下"柳暗花明又一村"，迅速转危为安，经万里崎岖而成功落脚陕北。"文化大革命"时期，林彪集团和"四人帮"兴风作浪，破坏党的民主集中制原则，危害党中央集中统一领导，使得极"左"路线笼罩全党，给党和人民的事业造成巨大灾难。实践证明，只有维护党中央权威和集中统一领导，才能保持全党团结有力、步调一致，不断增强党的领导力、凝聚力、战斗力，凝聚全党力量攻坚克难。"党中央集中统一领导是党的领导的最高原则，加强和维护党中央集中统一领导是全党共同的政治责任。"④党的政治建设首要任务便是保证全党服从中央、维护中央权威，深刻洞悉党内变异性、隐蔽性、复杂性的政治问题，做深做实"政治体检"和政治监督，坚决防止和克服山头主义、宗派主义、圈子文化等不良倾向，决不允许党内存在"野心家""阴谋家""两面人"⑤。

---

① 马克思、恩格斯：《马克思恩格斯文集》第十卷，人民出版社，2009，第372页。
② 中共中央文献研究室编《毛泽东文集》第三卷，人民出版社，1996，第69页。
③ 中共中央文献研究室编《毛泽东文集》第三卷，人民出版社，1996，第261页。
④ 《中共中央关于党的百年奋斗重大成就和历史经验的决议》，《人民日报》2021年11月17日第1版。
⑤ 柳宝军：《党的政治建设统领新的伟大工程：价值彰显、理论逻辑与实践要旨》，《江苏社会科学》2022年第4期，第26-35页。

五、制定和执行正确政治路线是政治建设的关键要求

政治路线是党的生命线，是党的政治建设中具有根本性意义的重要内容。一个政党一旦"离开了自己的政治纲领、政治路线和政治目标"①，必然党将不党、无以自处。能不能凝聚全党力量制定正确的政治路线、带领人民群众贯彻执行政治路线，决定着党和国家的前途命运。

党的政治路线昭示着全党必须坚守的政治方向。政治路线不但体现着党的政治理想、政治使命、政治道路、政治原则、政治力量等党章党纲的根本性要求，还包含着党在一定历史时期的中心工作、基本方针、行动策略等相对具体的内容，是党总揽全局事宜、统筹一切工作的总路线和总政策，昭示着党引领社会革命和推进自我革命的前进方向。百余年来，党根据领导社会革命和推进政治建设的实际需要而制定、修订、执行政治路线，政治路线的演进历史体现着党的政治建设发展过程，政治路线的科学性、针对性、有效性反映着党在政治上的成熟程度。一旦党的政治路线出现偏差和失误，党的建设和党的事业就会遭受挫折。新民主主义革命时期，党曾在"左"倾错误的影响下混淆了民族民主革命和社会主义革命的界限，将民族资产阶级视为革命的对象，这种"左"倾政治路线未能正确辨识革命阶段、区分敌我势力，严重削弱了党的群众基础和革命力量。只有制定和执行正确的政治路线，才能保证党的建设和党的事业具有正确的政治方向，才能充分发挥党的政治领导效力。党的十三大提出"一个中心，两个基本点"的社会主义初级阶段基本路线，深刻阐释了领导力量、前进动力、奋进目标、根本保证等重大政治问题，为党在社会主义初级阶段深入推进自我革命和赓续发展中国特色社会主义事业提供了明确的政治方向，因而成为改革开放以来"党最可宝贵的经验，是我们事业胜利前进最可靠的保证"②。

党的政治路线标明了全党必须看齐的基线。维护党中央权威和党的团结统一是党的政治优势和优良传统，体现在思想意识、领导制度、政治纪律等各个层面，贯穿于各个时期的政治路线之中。毛泽东强调，全党和革命队伍都要坚持一条基本方针，"就是团结，在原则基础上的团结"③。这种原则基础实际上就是党在各个时期的政治路线。即党的政治路线是全党向中央看齐、同中央保

---

① 江泽民：《论党的建设》，中央文献出版社，2001，第347页。
② 江泽民：《江泽民文选》第二卷，人民出版社，2006，第17页。
③ 中共中央文献研究室编《毛泽东文集》第三卷，人民出版社，1996，第300页。

持一致的标杆和基线,是具有实际操作意义的重要衡量标准。党的七大以"团结的大会、胜利的大会"之誉而彪炳史册,就在于大会确立的"放手发动群众,壮大人民力量,在我党的领导下,打败日本侵略者,解放全国人民,建立一个新民主主义的中国"①这一政治路线成为全党的共识,使全党在七大政治路线的基础上团结起来,使全体党员干部向党中央看齐、向核心靠拢。正是由于党的七大统一了全党思想,巩固和加强了党的统一团结,这才使得党中央可以"运筹帷幄之中,决胜千里之外",不论是僻处延安还是挺进西柏坡,都能下好解放战争这场生死攸关的大棋,都能以滴滴答答的电报指挥调度全党和人民军队在各地的革命行动。改革开放新时期,党将是否坚持党的十一届三中全会以来的政治路线作为组建第三代中央领导集体的首要标准,以党的基本路线统一全党的思想和行动。进入新时代,党中央强调"全党制定执行大政方针,要从党的政治路线出发",各地区各部门的工作思路、部署、举措都要"同党的政治路线对标对表、及时校准偏差"②。向党的政治路线看齐是党维持团结统一、维护中央权威的基本路径,对于党的政治建设具有生命线一般的重要意义。

党的政治路线关乎党和人民事业的兴衰成败。党的政治路线指明了党的前进道路和奋斗方向,党的建设和党的各项工作都要围绕政治路线展开和推进。如果偏离或忽视了党的政治路线,在具体工作路线和具体政策的执行过程中"就会迷失方向,就会左右摇摆,就会贻误我们的工作"③。新民主主义革命时期,党从局部区域执政发展到夺取全国政权,党员人数从1921年建党之时的50多人发展到1949年的448.8万人,就在于以毛泽东同志为核心的党中央领导集体科学制定了新民主主义革命时期党的政治路线,创造性地回答了在半殖民地半封建的社会环境下如何建立和建设无产阶级政党的时代课题,着重从思想建设、组织建设、作风建设等三个方面锻造党的先进性和纯洁性,这才使党历经艰难坎坷而发展壮大,成功带领人民完成了反帝反封建的革命任务。毛泽东指出,党的建设历史和布尔什维克化过程"是这样同党的政治路线密切地联系着"④。新中国成立后,党的八大制定了同社会主义初级阶段国情相契合的政

---

① 中共中央文献研究室编《毛泽东文集》第三卷,人民出版社,1996,第303页。
② 中共中央党史和文献研究院编《十九大以来重要文献选编》上,中央文献出版社,2019,第797页。
③ 毛泽东:《毛泽东选集》第四卷,人民出版社,1991,第1316页。
④ 毛泽东:《毛泽东选集》第二卷,人民出版社,1991,第605页。

治路线，但在后来的社会主义建设实践中未能坚持下来，导致党内"左"的错误不断抬头并一度占据统治地位，严重影响了党的建设和社会主义事业。党的十一届三中全会以后，党逐步确立了"一个中心，两个基本点"的社会主义初级阶段基本路线，将其作为立党立国、兴党兴国的根本原则，保证了党的建设和中国特色社会主义事业的跨世纪发展。只有正确制定并严格执行党的政治路线，党的建设才能正常开展，党和人民的事业才能顺利发展。新时代以来，党正是在全面贯彻党的基本路线、基本方略的前提下，通过一系列战略性举措和变革性实践，取得了一系列突破性进展和标志性成果。

第二节 党的政治建设是一个永恒课题

"一引其纪，万目皆起；一引其纲，万目皆张。"政治建设是马克思主义政党建设的核心命题，贯穿于我们党领导人民进行革命、建设、改革、复兴的全部历史进程之中。党的十八大以来，以习近平同志为核心的党中央把党的政治建设摆在突出位置、提到统领地位，从理论和实践层面大力推进、不断加强，使党的政治领导更加坚强有力、党中央权威和集中统一领导更加坚不可摧、党内政治文化更加风清气正，为中国特色社会主义取得历史性成就和历史性变革提供了坚实保证。新时代党的政治建设取得了十分耀眼的历史性成就，形成了许多弥足珍贵的经验，但仍然存在一定的短板和不足，还需要在新的历史条件下和实践基础上将这一永恒课题持续深化、不断完善。

一、注重政治建设是党的行为自觉

政治建设是灵魂锻造工程，是铸牢政治信仰、提高政治意识、凝聚全党合力的根本性建设。习近平指出："没有强有力的政治保证，党的团结统一就是一句空话。"[1]从领导新民主主义革命到推进改革开放和社会主义现代化建设，党不断加强政治建设的理论和实践探索，保证了党的性质不变、使命永续，形成了强大的凝聚力和战斗力，交出了引领社会革命的精彩答卷。

新民主主义革命时期，党紧紧围绕革命主题和要求，着力提升政治领导能力，锻造党的政治本色和革命本性。一是强化全党政治意识。政治意识是凝聚

---

[1] 中共中央纪律检查委员会、中共中央文献研究室编《习近平关于严明党的纪律和规矩论述摘编》，中央文献出版社、中国方正出版社，2016，第23页。

全党政治信仰、保持党员干部政治敏锐性和洞察力的前提，是开展政治建设的先导性因素。1926年，《校刊》刊文首次将重视"政治意识"作为"树立党在群众中的信仰""使群众与我们一块"的工作要求①。当时以"校"作为"党"的代称，《校刊》实为《党刊》。1928年，党的六大强调以马克思列宁主义教育提升党员干部的政治素养，保证党的政治意识赓续传递和贯彻体现。全民族抗战时期，"锻炼坚强的布尔什维克的意识"②成为党的重要工作，在延安整风运动中得到充分体现。二是明确党的纲领路线。党的一大提出了党的政治纲领，将社会主义、共产主义作为始终不渝的奋斗目标。从党的二大党章到七大党章，一直将反帝反封建的民主革命最低纲领和实现共产主义的最高纲领统一起来，体现了对一大纲领的传承和细化。遵义会议以后，党围绕党纲党章的要求和原则，实事求是地制定并执行正确的政治路线、方针、政策。1938年，党的六届六中全会全面阐述了党在全民族抗战背景下的政治路线，强调坚持持久抗战，巩固和扩大抗日民族统一战线，确保国共长期合作，加强同一切抗日力量的合作。三是严格党员入党标准。党建立之初，因力量单薄而高度重视党员数量的扩张，入党标准相对宽松。全民族抗战时期，党不仅将"大量的十百倍的发展党员"③作为紧迫任务，还高度重视党员的思想素质和政治能力，将是否坚定信仰共产主义并为之矢志奋斗作为党员的立身之本，对党员提出信念、宗旨、纪律、模范作用、学习等方面的严格要求。四是严明党内政治纪律。从二大党章将纪律列为专章起，党就将规范政治纪律作为各级党组织和全体党员的行为规范，在《关于中央委员会工作规则与纪律的决定》《党规党法的报告》等文件中一再强调政治纪律和政治规矩。毛泽东指出，破坏党的纪律就是破坏党的统一，"身为党员，铁的纪律就非执行不可"④。严明的政治纪律和政治规矩有效规范了党员干部的政治行为，维护了党的革命性质和纯洁品质。

社会主义革命和建设时期，党立足建设社会主义国家的崭新形势，着力提高执政能力和执政水平。一是制定和执行正确的政治路线。1949年11月，党中央发布《关于在中央人民政府内组织中国共产党党委会的决定》，着手在政

---

① 中央档案馆编《中共中央文件选集》第二册，中共中央党校出版社，1989，第111页。
② 中共中央文献研究室、中央档案馆编《建党以来重要文献选编（一九二一——一九四九）》第十五册，中央文献出版社，2011，第48页。
③ 中共中央文献研究室、中央档案馆编《建党以来重要文献选编（一九二一——一九四九）》第十五册，中央文献出版社，2011，第186页。
④ 中共中央文献研究室编《毛泽东文集》第二卷，人民出版社，1993，第416页。

府机关建立党的组织、开展党的建设，保证了党的过渡时期总路线的贯彻执行。1956年，党的八大提出了建设工业国的奋斗目标，明确了党在今后一段时期的政治任务，但这一政治路线因后来"左"倾错误思想的泛滥而未能坚持下来。二是建立健全党的领导制度。党强调坚持集体领导、维护中央权威，由中央决定一切重要方针、政策和计划，各级党组织必须一体遵循和贯彻执行党中央的决议、指示、规定。1958年6月，党决定成立直隶于中央政治局和书记处的财经、政法、外事、科学、文教各小组，将党中央确定为负责顶层设计的"政治设计院"，将政府机关和各级党组确定为具体执行机构，强调所有"大政方针和具体部署，都是一元化，党政不分"①。三是净化党内政治生态。从新中国成立前夕毛泽东提出的"两个务必"到新中国成立之初的整党整风运动，都要求党员干部坚定政治立场、遵守政治纪律。在"三反"运动中，各级党组织结合刘少奇提出的共产党员八项标准开展政治教育，有效提高了党员政治觉悟，营造了风清气正的党内政治生态。四是坚持践行群众路线。新中国成立伊始，毛泽东就强调作为"关键少数"的几十万县处级以上干部不可以须臾脱离群众，否则就"不是艰苦奋斗，那末，工人、农民、学生就有理由不赞成他们"②。党的八大强调群众路线是组织工作的根本所在，为人民服务、向群众负责、同群众商量、与群众甘苦共尝是每个党员的责任。

改革开放和社会主义现代化建设新时期，党根据开创、坚持、发展中国特色社会主义的中心任务，将坚持和加强党的领导作为政治建设的核心目标。一是提出并坚持党的基本路线。1987年，党的十三大提出了党在社会主义初级阶段的基本路线："领导和团结全国各族人民，以经济建设为中心，坚持四项基本原则，坚持改革开放，自力更生，艰苦创业，为把我国建设成为富强、民主、文明的社会主义现代化国家而奋斗。"③党在中国特色社会主义建设实践中牢牢坚持和贯彻执行这一基本路线，既抓改革开放，又抓腐败惩治，在苏联解体、东欧剧变的态势下，坚决捍卫了科学社会主义旗帜和马克思主义信仰，实现了中国特色社会主义的跨世纪发展。二是加强和改善党的领导。面对权力下放造成的中央权威弱化迹象，党强调必须维护中央权威，"不能否定权威，该

---

① 中央档案馆、中共中央文献研究室编《中共中央文件选集（1949年10月—1966年5月）》第二十八册，人民出版社，2013，第150页。
② 中共中央文献研究室编《毛泽东年谱（一九四九——一九七六）》第三卷，中央文献出版社，2013，第34页。
③ 中共中央文献研究室编《十三大以来重要文献选编》上，人民出版社，1991，第15页。

集中的要集中"①。党的十四大从政治理论学习、基层组织建设、健全民主集中制等角度提出了政治建设的要求,旨在增强全党贯彻执行基本路线的自觉性、坚定性。党的十五大提出坚持、加强、改善党的领导的重大任务,党的十七大明确将执政能力建设和先进性建设作为政治建设的主线。三是持续加强党内监督。1982年,党的十一届五中全会通过《关于党内政治生活的若干准则》,提出以自下而上与自上而下、党内与党外相结合的方式,强化党员干部的监督管理。《中共中央关于加强党同人民群众联系的决定》《中共中央关于加强党的建设几个重大问题的决定》等文件,提出制定党内监督条例,全体党员干部都要自觉接受党内外监督。党的十七大提出构建决策权、执行权、监督权既相制约又相协调的权力结构与运行机制,并将党内巡视制度写入党章。

二、党的政治建设取得历史性成就

我们党是引领伟大社会革命、拥有自我革命意识的马克思主义政党,在领导革命、建设、改革、复兴的实践进程中,始终将保持先进性、纯洁性作为自身建设的重要目标和不懈追求。党的十八大以来,以习近平同志为核心的党中央明确提出将政治建设作为根本性建设,充分发挥政治建设的引领作用,进一步强化了全体党员的政治理想和宗旨立场,保持和发展了党的革命本质与先进品质。

政治建设居于首要位置并发挥统领作用。尽管长期以来党的建设总体布局主要由思想建设、组织建设、作风建设等三大模块组成,但政治建设从来不曾缺席。从1922年党的二大到1925年党的四大,陈独秀在代表党中央作的历次工作报告中都会论述当前的政治形势、党的政治目标和行动要求。从1927年党的五大到1945年党的七大,中央领导人都会在大会上作专题政治报告,《论联合政府》就是毛泽东在党的七大上所作的政治报告。从1956年党的八大到1977年党的十一大,中央主要负责人都会作专门内容的政治报告,总结党在前一时期的主要工作,说明今后的工作方针和未来愿景。从1982年党的十二大开始,不再把政治报告单列出来,而是作为综合报告的组成要素进行汇报。1992年党的十四大第一次提出国家层面的政治建设概念,2012年党的十八大正式提出了"五位一体"的中国特色社会主义总布局,这从一个侧面体现出党对政治建设内涵和外延的认识不断深化。2017年,党的十九大把政治建设摆在首要位

---

① 邓小平:《邓小平文选》第三卷,人民出版社,1993,第319页。

置，提出构建以政治建设为统领的"5+2"党的建设总体布局，"这是有深远考虑的，也是有充分理论和实践依据的"①，指明了新时代党的政治建设的前进方向、基本原则、具体路径。2018年6月，习近平在中央政治局第六次集体学习时，就加强党的政治建设问题做了专门阐述，提升了全党对于政治建设规律性的认识。2019年1月，党中央出台《关于加强党的政治建设的意见》，对加强党的政治建设进行全面部署，强调"以政治上的加强推动全面从严治党向纵深发展，引领带动党的建设质量全面提高"②。新时代党的政治建设理论框架的建立、完善、发展，奠定了全面从严治党、推进自我革命的总方向和总基调，深化了管党治党的理论成果和实践经验，为在全面建设社会主义现代化国家新征程上一如既往地保持党的先进性和纯洁性、推进党的事业蓬勃发展，提供了强大政治动能和根本政治保证。

全党政治意识显著增强。政治意识是一个政党的政治思想和政治观点，是各级组织和全体党员必须遵守和维护的政治立场、政治方向、政治信仰、政治纪律。作为引领伟大社会革命的马克思主义政党，我们党只有突出强调自己的政治属性，树牢和强化全体党员的政治意识，才能始终站稳政治立场、保持政治清醒、坚守政治方向。党的十八大以前，党内忽视政治、不讲政治的现象比较突出，政治意识的匮乏成为影响党长期执政能力的严重隐患。例如，一些党员干部的社会主义、共产主义政治信仰弱化淡化，不能正确认识社会主义的优越性和东西方之间的发展差距，对中国式现代化和中国特色社会主义产生怀疑，甘当"带路党""两面人"；一些领导干部缺乏必要的政治警惕性、敏锐性，对西方资本主义的"和平演变"图谋熟视无睹、麻木不仁，甚至沦为资本主义的传话筒、反华势力的同路人；一些领导干部缺乏大局观念，强调本位主义，对党中央的路线、方针、政策和上级党组织的部署安排阳奉阴违，甚至违背政治纪律而妄议中央。面对十分严峻的政治形势，以习近平同志为核心的党中央将政治意识置于"四个意识"的首要位置，作为党员干部的政治灵魂和基本党性要求，强调领导干部"必须增强政治意识，善于从政治上看问题，善于把握政治大局，不断提高政治判断力、政治领悟力、政治执行力"③。党中央集中开展群众路线教育实践活动、"三严三实"专题教育、"两学一做"学习教

---

① 《习近平春节前夕赴四川看望慰问各族干部群众》，《人民日报》2018年2月14日第1版。
② 中共中央党史和文献研究院编《十九大以来重要文献选编》上，中央文献出版社，2019，第795页。
③ 习近平：《总结党的历史经验 加强党的政治建设》，《求是》2021年第16期，第4—12页。

育、"不忘初心，牢记使命"主题教育、党史学习教育、学习贯彻习近平新时代中国特色社会主义思想主题教育、党纪学习教育、深入贯彻中央八项规定精神学习教育，及时出台《关于改进工作作风密切联系群众的八项规定》《中国共产党廉洁自律准则》《关于新形势下党内政治生活的若干准则》等一系列党内法规文件，以思想教育和制度规约相结合的方式增强党员干部的政治意识，引导各级组织和全体党员从政治高度观察问题、思考问题、解决问题，使旗帜鲜明讲政治的要求成为全党牢不可破的思想和行动共识。

党的政治领导更加坚强。增强党治国理政的凝聚力、创造力、执行力，保证中国特色社会主义的发展轨道，关键在于坚持党的政治领导、打造坚强的领导核心。新时代党的政治建设首要任务和最高原则就是做到"两个维护"，即坚决维护习近平总书记党中央的核心、全党的核心地位，坚决维护以习近平同志为核心的党中央权威和集中统一领导。2017年10月，党中央出台《关于加强和维护党中央集中统一领导的若干规定》，要求中央政治局全体同志将重大问题主动报请中央研究，带头执行党的干部政策，对党忠诚老实，自觉同违反党章、破坏党的纪律、危害党中央集中统一领导和团结统一的言行作斗争，认真履行所分管部门、领域或所在地区的全面从严治党责任①。2021年11月，党的十九届六中全会将"两个确立"写入《中共中央关于党的百年奋斗重大成就和历史经验的决议》，反映了新时代党的政治建设的重大成就和全党全军全国各族人民的共同心愿。经过党的十八大以来的持续努力，全党核心意识、看齐意识明显增强。各级党组织建立健全党建工作责任制，基本形成党委负责、责任到人、层层落实的党建工作格局，保证了党的建设各项工作的有效开展。各级领导班子知大局、想长远，树立正确的政绩观，同党中央同向而行、同心而进，将党的政治领导贯穿于各项具体工作之中，不断增强党的凝聚力、向心力。广大党员干部自觉向以习近平同志为核心的党中央看齐，在政治上有力维护核心、在思想上深刻认同核心、在组织上坚决服从核心、在行动上紧紧跟随核心，把握方向、把握大势、把握全局的政治能力得到切实提升，政治站位、政治觉悟、政治定力、政治担当得到全面提高。

党内政治生态明显好转。政治生态是政治主体在一定政治环境下的存在方式、发展状态和政治习性，是检验一个政党管党治党水平和能力的重要标尺。

---

① 《中共中央政治局召开会议研究部署学习宣传贯彻党的十九大精神审议〈中共中央政治局关于加强和维护党中央集中统一领导的若干规定〉和〈中共中央政治局贯彻落实中央八项规定的实施细则〉》，《人民日报》2017年10月28日第1版。

习近平指出:"营造良好政治生态是一项长期任务,必须作为党的政治建设的基础性、经常性工作。"①党的十八大以来,党坚持全面从严治党方针,严格党的政治纪律和政治规矩,在组织生活中加强党员干部的政治历练和党性淬炼,以规范化开展"三会一课"、民主生活会、组织生活会的方式,实现对全体党员干部的教育引领和管理监督,突出党内政治生活的政治性和导向性,强化党员干部的政治信仰、党性修养、宗旨意识、奉献精神。与此同时,党完善"一岗双责"工作制度和运行机制,明确各级领导干部的党风廉政建设责任,健全党风廉政建设监督机制和问责体系,对重点领域和重点岗位违反中央八项规定精神、损害群众利益的腐败案件严肃查办,对苗头性、倾向性问题即查即改,把党内巡视作为长期坚持的战略性制度安排,以刚性的法规条例和制度体系全面推进党内政治文化建设、党风廉政建设与反腐败工作,促使党员干部把好用权"方向盘"、系好廉洁"安全带",为净化党内政治生态做出实际贡献。经过新时代十多年持续不懈的努力,党的组织生活和政治生活更加规范,营造了风清气正的政治生态。

三、党的政治建设面临许多新考验

在新时代全面从严治党背景下,党的政治建设取得了重大成效。但是,随着经济政治体制改革的不断深化和社会主要矛盾的深刻转变,人们的利益诉求和思想观念发生剧烈变化,党的政治建设面临着许多新的任务和要求,存在一些亟须解决的突出问题。这些问题的成因错综复杂,既有历史遗留因素,也有新形势下的突增变量,必须长远谋划、对症下药,才能保证党的政治建设健康发展。

新时代党的政治建设存在四个方面的突出问题。第一,领导班子的政治功能弱化情况仍有不同表现。党的十八大以来,各级领导班子的政治功能普遍加强,但一些领导班子仍然存在政治功能弱化问题,主要是:巩固意识形态阵地的功能有所弱化,政治敏锐性不高,斗争精神不强,对社会层面上的错误观点姑息纵容,不敢坚决同反马克思主义言论进行斗争;凝聚人心的功能有所弱化,班子内部不够团结,核心作用发挥不够充分,党的建设存在一定程度的空心化、边缘化情况;政治引领功能有所弱化,服务群众的意识和能力不够,欠缺政治领导和担当能力,不能发挥应有的社会号召力和群众组织力。第二,党

---

① 习近平:《增强推进党的政治建设的自觉性和坚定性》,《求是》2019年第14期,第4—9页。

员干部的政治意识淡化情况不容忽视。新时代以来，广大党员干部的政治意识普遍增强，但一些党员干部仍然存在不同程度的政治意识弱化问题，主要是：政治方向坚定性不足，党性意识蜕化，马克思主义信仰和中国特色社会主义理想有所动摇；政治立场坚定性不足，在大是大非问题上立场不明、态度暧昧，对党的路线和中央决策评头论足；政治行为坚定性不足，党的路线、方针、政策落实不到位，存在政治建设形式化、表面化问题。第三，党内政治生活质量不高的问题仍有显现。经过新时代以来的持续努力，党内政治生活的制度化、规范化水平显著提升，政治性、时代性、原则性和战斗性得到全面加强，但仍面临一些突出问题，主要表现为：党内政治生活单调，内容和方式缺乏创新，政治教育有效性和针对性不够；党内政治生活存在走过场问题，以业务交流替代思想交流，批评与自我批评不能充分开展；党内政治生活存在随意化问题，纪律意识和规矩意识不够，组织生活制度不能有效落实。第四，党员干部的政治能力短板还需补齐。经过全面从严治党的洗礼，全体党员干部的政治能力都有所提高，但一些党员干部在政治素养上还存在问题，主要是：政治纪律观念淡漠，政治行为不够规范，政策认知能力不足，容易先人情后党性、以关系代原则；落实民主集中制不到位，监督问责意识薄弱，领导水平和工作能力不能适应社会经济发展需要。

政治立场不够坚定是影响新时代党的政治建设的根本因素。随着改革开放以来中外交流的加深和西方长期的"和平演变"，资本主义意识形态不可避免地渗入中国，带来了一些消极的思想观念，对社会主义意识形态造成一定程度的结构冲击。一些人不能正确认识中国特色社会主义制度和国家治理体系的显著优势，选择性忽视西方国家过度自由化带来的逃避社会责任、漠视集体利益、群体性低效率等严峻问题，片面鼓吹资本主义社会的程序正义和民主政治、资产阶级自我中心的价值立场和利己主义的伦理观念。这种错误观念颠倒了个人、集体、国家的辩证关系，扭曲了公民的权利与义务统一关系，腐蚀着社会主义核心价值体系，极大地败坏了社会风气。有人为了追逐私利而无所不用其极，践踏党纪国法，侵害他人利益，甚至出卖人格尊严；有人妄自菲薄、崇洋媚外，否定民族传统和党的历史，甚至扛着红旗反红旗。没有坚定的政治信仰和正确的价值立场，就不可能形成对中国特色社会主义道路、理论、制度、文化的深刻认知和强烈自信，就不可能正确把握和坚决执守党的政治理想、政治纲领、政治路线、政治制度，而这必然会削弱党的政治建设基础。

思想认识不够深刻是影响新时代党的政治建设的直接因素。随着改革开放以来党的基本路线的确立,经济建设成为党和国家的中心工作,经济指标成为各级政府绩效考核的主要标准,这就使得不少领导干部认为抓好经济就是最大的政治,自觉不自觉地将一切工作向经济工作让路,逐渐形成经济挂帅的思维惯性。尽管党的十八大以来,党中央反复强调将党的政治建设摆在首要位置,但一些党组织和领导干部仍然存在唯GDP论、经济至上的问题,不能正确把握经济工作与政治工作的辩证关系,对于人民群众的需求变化熟视无睹,对于意识形态领域的隐性问题缺乏警惕,对于党内政治生活中的歪风邪气不敢亮剑,不能以引领社会革命的政治勇气承担守土有责、守土担责、守土尽责的政治责任,造成党的政治建设领域滋生庸政懒政怠政观念和行为。除此之外,一些党组织和党员干部不能正确认识党的政治建设和各项具体工作的关系,罔顾工作实际和民生诉求而追求绝对的政治正确,结果破坏了实质公平和社会正义,影响了群众的幸福感受和安全体验。

党政关系未能理顺是影响新时代党的政治建设的重要因素。如何处理党政关系是执政党建设必须解决的首要问题,我们党一向强调党政分开,要依靠科学的政治领导和广泛的群众基础发挥党的政治领导作用。毛泽东强调:"党的主张办法,除宣传外,执行的时候必须通过政府的组织。国民党直接向政府下命令的错误办法,是要避免的。"[1]对于各级党组织和领导干部而言,其主要职能不是研究本单位具体的行政管理事务,而是研究工作实践中出现的新问题、新情况,坚持正确的政治方向,制定科学的发展战略,作出关键的政治决策,协调各方面利益关系。因此,领导干部不但要拥有一定的专业能力和基本的业务知识,还要认真学习马克思主义基本原理和中国化时代化的马克思主义最新成果,统筹把握国内国际两个大局和发展安全两件大事,深入基层、深入一线、深入群众开展调研,以此保证政治决策的科学性。但是,一些领导干部放弃了党的政治领导责任,把党组织变成一般性行政管理机构,整日在烦琐的行政事务中消磨时光,自然就没有时间和精力进行理论学习、开展实践调研,这就在事实上弱化了党的政治领导地位,制约着党的政治建设的开展。

四、加强党的政治建设是势之所急

政治建设关乎党的立根之基和事业之魂,加强党的政治建设是全体党员必须坚守的"党之大者"。进入新时代,以习近平同志为核心的党中央提出加强

---

[1] 毛泽东:《毛泽东选集》第一卷,人民出版社,1991,第73页。

党的政治建设重大命题，这是总结党的建设历史经验教训的深刻结论，是推进党和人民事业赓续发展的必然要求，具有深刻的历史必然性、现实必然性、理论必然性、发展必然性。

加强党的政治建设是系统梳理党百余年奋斗重要经验的历史结论。在革命、建设、改革、复兴的各个时期，党都以自我革命的政治优势保持自身的先进性和纯洁性，积累了极其丰富的政治建设经验。在战火连天的革命岁月，党坚持"一切关键的问题在政治"[1]，将"政治观念没有错误（包括阶级觉悟）"[2]和忠实作为新分子的入党条件，将确立正确的政治路线作为党的建设和中国革命的关键问题，经过同各种右倾、"左"倾错误的坚决斗争，经过革命实践的淬炼检验，形成了指导新民主主义革命的正确政治路线，为完成反帝反封建革命任务奠定了坚实的政治基础。新中国成立后，党坚持"政治是一切工作的灵魂和统帅"[3]，以"三反""五反"等整风整党运动清除党员队伍中初露端倪的政治意识薄弱、政治纪律松弛等问题，加强对全党的政治引导和教育，使党在全国执政环境下立场不动、性质不变。改革开放新时期，党强调"必须在宪法和法律的范围内活动"[4]，开始在宪法法律和党内法规体系下规划和部署党的政治建设，推动党的政治建设形成有法可依、有章可守、有制可循的新局面。进入新时代，党深刻认识到"党内存在的各种问题，从根本上讲，都与政治建设软弱乏力、政治生活不严肃不健康有关"[5]，继承旗帜鲜明讲政治的历史传统，结合新的时代条件和现实国情、党情、民情，突出强调党的政治建设的根本性地位和统领性作用，立足问题导向和系统思维，设计了一系列内外驱动、显隐协同的政治建设制度规范体系，推动党的政治建设质量和效益稳步提升。

加强党的政治建设是建构马克思主义话语权的根本保障。马克思主义是社会主义意识形态的旗帜和灵魂，建构马克思主义话语权是维护意识形态安全的重要保障。习近平指出："国内外各种敌对势力，总是企图让我们党改旗易帜、改名换姓，其要害就是企图让我们丢掉对马克思主义的信仰，丢掉对社会主

---

[1] 中共中央文献研究室编《毛泽东文集》第三卷，人民出版社，1996，第502页。
[2] 中共中央文献研究室编《毛泽东文集》第一卷，人民出版社，1993，第90页。
[3] 中共中央文献研究室编《建国以来重要文献选编》第十三册，中央文献出版社，1996，第199页。
[4] 中共中央文献研究室编《十二大以来重要文选选编》上，人民出版社，1986，第68页。
[5] 习近平：《论坚持党对一切工作的领导》，中央文献出版社，2019，第224页。

义、共产主义的信念。"①党自建立以来，创造性地运用马克思主义观察、思考、解决中国实际问题，开始了对马克思主义话语权的探索和建构历程。新中国成立初期，党充分运用自身的执政地位和领导权威，积极提升党政干部的思想政治理论素养，把马克思主义理论纳入各级学校教育体系，广泛开展群众性思想政治工作，深刻揭批党内外错误思想倾向，因势利导地组织马克思主义实践教育活动，通过这样的一整套"组合拳"推动全社会了解和认同马克思主义，由此全面建构起马克思主义话语权②。但是，建构马克思主义话语权不可能一劳永逸，必须随着时代的进步和实践的发展而不断丰富、久久为功。"理论在一个国家实现的程度，总是取决于理论满足这个国家的需要的程度。"③新时代党和人民事业面临着新形势、新任务，各种思想文化的交流、交融、交锋也更加频繁，这一切都对巩固和提升马克思主义话语权提出了新的挑战和要求。从历史经验来看，坚持党中央集中统一领导是建构马克思主义话语权的前提条件和基本保障，是党在意识形态工作中贯穿始终的核心原则。只有加强党的政治建设，坚持党对意识形态工作的集中统一领导，才能保证马克思主义中国化时代化的正确政治方向和强大生机动能，使马克思主义话语权在互联网时代各种思潮的冲击下"千磨万击还坚劲"。

加强党的政治建设是发展中国特色社会主义事业的现实要求。党的十八大以来，党中央将党的政治建设融入党和国家各领域顶层设计的制定过程，同党和国家各方面的具体工作紧密结合，确保党对中国特色社会主义经济、政治、文化、社会、生态文明的集中统一领导，推动中国特色社会主义事业创新发展。在经济建设方面，党从战略视角和全局高度谋篇布局，将深化经济体制改革放在治国理政的中心地位，贯彻落实新发展理念，引领经济发展进入新常态，新时代的经济发展成就无疑是"党中央坚强领导的结果"④。在政治建设层面，党将党章作为管党治党的根本准则，将"两个维护"作为全体党员的思想指针和行为规范，将党内法规制度体系同国家立法体系相对接，严肃党内政治生活，净化党内政治生态，营造实事求是、正风肃纪的政治生态，有力引领着国家治理体系的完善和治理能力的提升。在文化建设层面，党坚持"源于人

---

① 习近平：《在全国党校工作会议上的讲话》，《求是》2016年第9期，第3-13页。
② 周连顺：《中国共产党建构马克思主义话语权的实践与经验》，《马克思主义研究》2021年第5期，第43-51页。
③ 马克思、恩格斯：《马克思恩格斯文集》第一卷，人民出版社，2009，第12页。
④ 习近平：《习近平谈治国理政》第三卷，外文出版社，2020，第233页。

民、为了人民、属于人民"①的根本立场，将党的政治属性同精神文明建设的本质要求统一起来，将党的革命精神和马克思主义意识形态熔铸为中国特色社会主义文化的根本底色，推动社会主义文化大发展大繁荣。在社会建设方面，党将以人民为中心的政治立场转化为改善民生的奋斗实践，将精准扶贫、全面小康作为各级党组织必须完成的政治硬任务，推动全体人民共同富裕取得实质性进展，提升人民群众的获得感、幸福感、安全感。在生态文明建设方面，党将构建人与自然命运共同体作为基本的政治理念，不断提升党员干部对于生态环保的思想认识，树立绿色发展理念和党的生态文明政策的权威性，统筹全党力量开创美丽中国建设新局面。

加强党的政治建设是推进中国式现代化的必要条件。中国式现代化是党带领人民历经千辛万苦、付出巨大代价而取得的重大成果，是党领导下的社会主义现代化。作为一项前无古人的开创性事业和系统性工程，中国式现代化需要正确处理顶层设计与实践探索、战略与策略、守正与创新、效率与公平、活力与秩序、自立自强与对外开放等一系列重大关系，需要化解和应对林林总总可以预料和难以预料的风险考验，需要凝聚全体党员干部和广大人民群众的决心意志与创造动力，没有党中央集中统一领导既不可为，也不能达。习近平指出："党的领导直接关系中国式现代化的根本方向、前途命运、最终成败。"② 党一直深刻把握历史主动，既明确中国式现代化的长远目标，又确定不同时期的具体规划，以中国化时代化马克思主义指引社会主义现代化建设事业，在一代代接力推进、一步步务实前行的奋斗实践中将中国式现代化的远景目标变成五彩斑斓的现实画卷。从建立社会主义基本制度、启动改革开放，到消除绝对贫困、全面建成小康社会，党中央集中统一领导保证了中国式现代化始终沿着社会主义方向劈波斩浪，始终锚定奋斗目标行稳致远，始终拥有改革创新的强劲动力和众志成城的创业伟力。只有持之以恒地加强党的政治建设，充分发挥政治建设的统领作用，才能保证党的思想和意志高度统一、党的行动和步调高度一致、党的全面领导坚强有力，才能将党中央集中统一领导真正落实到中国式现代化的各层面各领域各环节，确保中国式现代化沿着正确轨道不断前进。

---

① 习近平：《在中国文联十一大、中国作协十大开幕式上的讲话》，《人民日报》2021年12月15日第2版。

② 《正确理解和大力推进中国式现代化》，《人民日报》2023年2月8日第1版。

第三节　筑牢党的政治建设"压舱石"

"治国犹如栽树，本根不摇则枝叶茂荣。"讲政治是马克思主义政党建设的基本规律与根本要求，新时代"全面从严治党、严明党的纪律，决不能回避政治问题，对政治隐患就要从政治高度认识"①。各级党组织和全体党员必须牢牢树立政治建设生命线意识，以抓铁有痕的举措贯彻落实新时代新征程党的政治建设任务要求，"坚定政治信仰，强化政治领导，提高政治能力，净化政治生态，实现全党团结统一、行动一致"②，以政治建设为统领，全面推进党的建设新的伟大工程。

一、坚定党员干部的政治信仰

政治方向是关乎党生存发展的第一位问题，认同和坚守党的政治方向是政治信仰教育的根本旨趣。习近平指出："我们所要坚守的政治方向，就是共产主义远大理想和中国特色社会主义共同理想、'两个一百年'奋斗目标，就是党的基本理论、基本路线、基本方略。"③加强党的政治建设，必须构建同党的政治方向一致的政治信仰教育体系，突出教育内容的针对性，保证教育方式的有效性，培养党员干部正确的政治方向、政治态度、政治立场、政治观点，在全党凝聚起奋进全面建设社会主义现代化国家新征程的强大精神力量。

明确政治信仰教育的要求。政治信仰是共产党人的政治生命线，开展政治信仰教育必须遵循严格的规范。第一，恪守教育宗旨。党性是党的政治信仰教育的根本属性，开展政治信仰教育就是要引导党员干部系统学习党的基本知识，深刻把握党的路线、方针、政策，深入领悟中国特色社会主义和中国式现代化的理论、历史与实践逻辑，懂得党带领人民走过了怎样的艰辛奋斗历程、将要带领人民走向怎样的光辉未来，从而树立坚定的马克思主义信仰、共产主义远大理想、中国特色社会主义共同理想。第二，优化教育内容。截至2023年12月，全党拥有517.6万个基层党组织和9918.5万名党员，广泛分布在各领域各战线，党员的职业背景、教育经历、年龄结构、文化素养存在较大差异。政治信仰教育的内容必须体现分层性和精准性，针对不同领域和不同层面的党员

---

① 习近平：《论坚持党对一切工作的领导》，中央文献出版社，2019，第125页。
②《中共中央关于加强党的政治建设的意见》，《人民日报》2019年2月28日第1版。
③ 习近平：《增强推进党的政治建设的自觉性和坚定性》，《求是》2019年第14期，第4-9页。

采取差异化的教育方式，实施有侧重的教育内容，尽可能做到因人施教、因地制宜。第三，重视教育创新。没有理论创新和实践创新，政治信仰教育就会逐渐成为一潭死水，落入刻板化、程式化的陷阱。习近平新时代中国特色社会主义思想是当代中国马克思主义、21世纪马克思主义，是开展政治信仰教育的理论指南。政治信仰教育要以习近平新时代中国特色社会主义思想的世界观和方法论为根本遵循，既要在教育实践中及时总结经验、发现规律，促进教育理论的发展和创新，又要将理论创新成果及时应用于教育实践，提升教育实践水平和效果。

完善政治信仰教育的内容。内容决定成败，政治信仰教育必须建立系统完备的理论体系。一是实施马克思主义理论教育。马克思主义是社会主义意识形态的旗帜和灵魂，是经过同各种社会思潮的交锋论战而成为全国人民的共同选择。"理论一经掌握群众，也会变成物质力量。理论只要说服人，就能掌握群众；而理论只要彻底，就能说服人。"[1]以马克思主义基本原理和马克思主义中国化时代化的理论成果武装党员干部的头脑，可以帮助他们提高政治领悟能力，正确辨识马克思主义过时论等历史虚无主义观点，掌握科学工作方法，在社会实践中将马克思主义的真理力量转化为干事创业的物质动能。二是实施形势与政策教育。党的路线、方针、政策是历史性和时代性的统一体，既体现着党的性质、初心、宗旨等恒定的内涵，又反映着具体时期党的中心工作和奋斗目标。开展形势与政策教育，引导党员干部正确认识国内外大势和党的路线、方针、政策，可以帮助他们辩证认识问题的主流和支流，增强迎难而上、攻坚克难的信心和勇气。三是实施党性教育。马克思主义政党的党性是阶级性和人民性的有机统一，表现为对党和人民事业的忠诚与守护。"坚持党性，核心就是坚持正确的政治方向，站稳政治立场，坚决同党中央保持高度一致，坚决维护中央权威。"[2]开展党的基础理论教育、基本知识教育、组织纪律教育，强化党章党规意识，反对无视组织纪律的自由主义言行和破坏党的集中统一原则的行为，能够增加党员的身份认同和党性自觉，保持党的战斗力和纯洁性。四是实施政治品德教育。政治品德是党员干部必须遵守的职业道德、政治操守、人格底线，具体包括对党忠诚、坚守信念的大德，以民为本、造福人民的公德，严于律己、身正为范的私德。在干部培训学院中开设政治品德修养专题党课，在领导干部人事考核指标中细化政治品德

---

[1] 马克思、恩格斯:《马克思恩格斯选集》第一卷,人民出版社,2012,第9-10页。
[2] 习近平:《习近平谈治国理政》第一卷,外文出版社,2018,第154页。

标准,将评价奖惩同职务升迁、职称评聘、绩效津贴直接挂钩,可以营造党员干部自觉涵养政德的良好氛围。

创新政治信仰教育的方式。开展新时代政治信仰教育,不但要对传统方式进行改进,还要利用互联网平台拓宽教育载体与途径,利用党性实践活动实现理论教育和实践教育的融合贯通。一是积极改进传统教育模式。长期以来,各级党组织依托党的组织生活制度,主要采取宣读文件、集中讨论、听取报告、专项培训等形式开展思想政治理论教育,这种过度灌输化的教育方式容易造成学习疲劳,必须加以优化和改进,将时代精神和现实问题融入教育过程,增加教育内容的时代感和吸引力;将启发式、混合式同宣讲式、灌输式结合起来,增加教育方式的多样性和生动性;将理论学习和业务学习统一起来,使党员干部在实际工作历练中增强政治领悟力。二是充分运用网络教育媒介。2025年1月中国互联网络信息中心发布的第55次《中国互联网络发展状况统计报告》显示,全国互联网普及率至2024年12月已达78.6%,网民规模达11.08亿人。随着新世纪以来互联网的迅速发展,网络渐渐成为人们工作学习生活须臾不可脱离的重要空间。2020年以后,网络教育渐渐普及开来,相关教育平台和技术都比较成熟。政治信仰教育必须加强网络阵地建设,精心制作"100秒漫谈斯理"等贴近时代、深入心灵的教育作品,充分运用"学习强国"等在线平台和中国共产党新闻网等专门网站,努力打造马克思主义网络教育高地,实现线上线下教育的有机对接。三是有效拓展实践教育路径。认识源于实践,政治信仰必须经过实践检验才能深入灵魂。各级党组织要利用进社区、进医院、进学校等志愿服务活动和清明祭扫、建党纪念、国庆庆祝等重大节日活动,潜移默化地开展政治信仰教育,促使党员干部更深入地了解党的历史和宗旨、更自觉地践行党的初心和使命,进一步增加对党的政治文化的理解和认同,进一步提高政治信仰教育的实效性。

二、加强和改进党的政治领导

坚持党对一切工作的领导,是贯穿于党的全部历史、党和国家全部工作的最根本的经验。踏上全面建设社会主义现代化国家新征程,必须"把党的领导落实到党和国家事业各领域各方面各环节"[①]。党的领导主要体现为领舵定航

[①] 习近平:《高举中国特色社会主义伟大旗帜 为全面建设社会主义现代化国家而团结奋斗——在中国共产党第二十次全国代表大会上的报告》,《人民日报》2022年10月26日第1版。

的政治功能，坚持党的领导自然就要不断加强和持续改进党的政治领导。

坚守中国特色社会主义的政治方向。方向问题关乎党和国家的前途命运，方向正确才能踏平坎坷成大道，方向错误则会"楚业消沉一炬中"。坚持党的政治领导，就要坚守党带领人民经过艰辛探索和实践检验而选择的中国特色社会主义政治方向。中国人民选择走社会主义道路，是新民主主义革命时期半殖民地半封建的建国方案、资本主义的建国方案、新民主主义的建国方案激烈斗争和较量的结果。自1956年社会主义基本经济和政治制度在全国建立以后，党开始将马克思主义和中国实际进行第二次结合，在以苏为鉴的基础上探索适合中国国情的社会主义建设道路。遗憾的是，由于"左"倾错误的影响，这一探索在"大跃进"和"文化大革命"时期遭到严重挫折。经过粉碎"四人帮"以后解放思想、拨乱反正，1982年党的十二大正式提出了建设有中国特色社会主义的重大命题。邓小平指出："把马克思主义的普遍真理同我国的具体实际结合起来，走自己的道路，建设有中国特色的社会主义，这就是我们总结长期历史经验得出的基本结论。"①中国特色社会主义既体现了科学社会主义的基本原则，又体现了中国的独特国情和文化传统。党要充分发挥政治方向的指针作用，把各级党组织建设成维护正确政治方向的战斗堡垒，把党员干部锻造成坚守正确政治方向的先锋模范，坚决纠正党内任何偏离和违背党的政治方向的思想与行为，确保党和国家事业沿着中国特色社会主义政治方向持续发展。

正确制定和认真执行党的路线、方针、政策。党的领导不是空洞的政治口号，而是体现在党的路线、方针、政策的制定与执行之中。党对国家的政治领导，主要是将党制定的路线、方针、政策经法定程序转变为立法、行政、司法、监察等国家权力机关的具体政策、法规制度、文件要求，用以指导国家各领域的工作进展，并通过党的各级组织保证党的路线、方针、政策的贯彻执行和落地生效。各级国家权力机关、企事业单位、群团组织是党的路线、方针、政策的执行主体，向这些机关和单位推荐优秀党员担任领导职务是实现党的政治领导的主要方式。党员干部必须模范执行党的路线、方针、政策，发挥好以身作则、引领群众的政治标杆作用。人民群众首先是通过对党员个体形象的观察而形成对党的性质、宗旨、使命、责任的整体认识，是基于对优秀共产党人先锋形象和楷模行动的感性认知而形成敬党爱党信党为党的理性共识。在百余年奋斗中，党始终强调党员干部与民同心、冲锋在前的示范引领和先锋模范作

---

① 邓小平：《邓小平文选》第三卷，人民出版社，1993，第3页。

用，始终注重以示范、号召、吸引、影响的方式实现党对人民群众的政治领导。不论是现在还是未来，各级党组织和党员干部都不能以暴力、强制的方式迫使人民群众接受党的安排、执行党的决定，而要以说服、教育的方式使人民群众在思想上认同党的主张、信服党的安排。唯有如此，党的路线、方针、政策才能转化为人民群众自觉自为的实践行动，党的政治领导才能真正落实。

贯彻落实党的民主集中制原则。民主集中制是党的根本组织原则，是党长期坚持的优良传统和区别于其他政党的鲜明标识，是"保证党的创造力、凝聚力、战斗力，保证党的团结统一的重要法宝"①。只有将民主和集中有机统一起来，才能以高度的组织性、纪律性确保全党思想统一、行动一致，才能发挥党的政治领导作用。一是健全党的代表大会制度。定期召开各级代表大会，充分讨论党的重大事项，广泛听取党内意见，保证党员的民主权利和代表大会的决策权、选举权、监督权。党内候选人必须经过充分酝酿和组织考察，具有良好的政治素养和广泛的群众基础。提名程序和选举办法要严格遵循党内法规和制度安排，坚决避免形式化、走过场的官僚主义作风，增强备选人员的针对性，提高选举的竞争性和有效性。二是落实党的集体领导制度。坚持集体领导和个人分工负责相结合的领导制度，完善各级党组织议事规则和表决程序，构建决策回溯机制和工作定期报告制度，畅通班子成员和上下级之间的沟通交流机制，做好会议记录和资料归档，强化工作的规范性、衔接性、针对性，确保各项决策科学有效、各项工作权责清晰、各项事宜流程明确，保证任何党组织和个人都在集体领导框架内行使权力，增强领导集体的权威与合力。三是严格党的组织生活制度。建立组织生活监督制度，严格按照党章要求规范设置各级党组织，确保党内组织生活常态开展、领导班子民主生活会不走过场，使党员干部自觉检视思想动态和工作情况，主动开展批评与自我批评，接受党内民主评议和党外群众监督，在红脸出汗的深入交流中增进党内团结和民主。四是完善党的领导制度。党的领导制度是中国特色社会主义的根本领导制度，党要结合领导经济社会事业的实际需要而持续完善领导制度，及时制定和修订相应的党内法规，健全党中央集中统一领导重大工作的体制机制，不断增强党的领导的权威性和引领力。

---

① 中共中央文献研究室编《习近平关于全面从严治党论述摘编》，中央文献出版社，2016，第24页。

三、提升党员干部的政治能力

凡事在人为，凡事需人为。党员干部是党的组织细胞，是党的路线、方针、政策的具体制定者、实际执行者、落地负责者，是推进党的政治建设的骨干力量。只有提升党员干部的政治能力，使他们拥有坚定的政治方向、鲜明的政治立场、高超的政治本领、敏锐的政治意识、顽强的斗争精神，才能保证党在推进中国式现代化和发展中国特色社会主义事业的历史进程中运筹帷幄的政治能力。

严格干部选任的政治标准。党员干部是宣传和执行党的路线、方针、政策与中央各项决策部署的中坚力量，代表着党的群体形象，也决定着党的事业成败。干部选任必须把政治标准放在首位，坚持德才兼备、以德为先和五湖四海、任人唯贤的选人用人原则，不断将政治可靠、能力突出的优秀人才吸引和汇聚到党的队伍中来，使他们成为支撑党的事业持续发展的执政骨干。一是构建党员干部政治素质评价机制。在培养、遴选、考察党员干部的过程中，既要了解党员干部的政治理论学习情况，还要深入考察他们在政治忠诚、政治定力、政治担当、政治能力、政治自律等方面的情况，观察他们是否树立"四个意识"、坚定"四个自信"、坚持政治原则、敢于善于斗争，能否做到"两个维护"、保持政治清醒、提高政治站位、遵守政治纪律。二是改进干部考察工作。立足系统思维识别干部，把定性判断和定量测评结合起来，把"五观察五看"用人导向落实到干部评价全过程，更加注重对干部见识见解的考察而把好干部选任的政治关，更加注重对干部秉性情怀的考察而把好干部选任的群众路线关，更加注重对干部境界格局的考察而把好干部选任的价值追求关，更加注重对干部道德品质的考察而把好干部选任的党性修养关，更加注重对干部能力水平的考察而把好干部选任的能力实绩关，切实做到立体看人、精准识人、准确用人，不断提高干部考察工作的效率和水平[①]。三是强化党组织的领导和把关作用。各级党委要以为党选材的高度使命感担负起干部选任政治责任，细化干部选拔任用工作纪实制度，规范各个环节的工作流程和材料档案。组织部门要严格按制度考察干部，实事求是地反映干部的政治表现和工作绩效，坚持能者上庸者下、优者胜劣者汰，将政治素质过硬的优秀人才选任到领导干部岗位上。纪检部门要建立选人用人工作回溯机制，对干部选任进行全程监督和后续

---

① 郭智强：《用"五观察五看"提升干部考察工作水平》，《学习时报》2016年9月22日第4版。

跟踪，对用人失察失误情况进行严肃追责。

增强党员干部的政治本领。提升党员干部的政治能力，关键在于增强他们的政治本领，养成战略思维、创新思维、辩证思维、法治思维、底线思维，提高政治判断力、政治领悟力、政治执行力，从而以科学性、预见性、创造性相结合的政治头脑和思想水平投入实际工作。一是加强党员干部的培养教育。探索构建全覆盖、信息化的干部教育体系，制订系统性的培训计划，设计分层性的教育内容，定期选调干部参加政治培训。在继续依托各级党校对领导干部、技术干部分期分批专题培训的同时，还要同政法院校、财经院校等高校进行培训合作，对有关干部进行针对性的专业知识培训教育，帮助干部及时了解前沿信息、补充知识储备、提升政治水平。进入数智时代，在线培训因其覆盖广泛、节省成本、时间自由等诸多优势而渐渐成为干部培训的主要形式，可以有效帮助党员干部提升观察、分析、解决问题的能力。二是健全完善干部人事制度。当前，干部选任方面的不正之风和体制机制上的某些弊端对干部队伍建设造成了严重影响，亟须进一步深化制度改革。依托公务员考选、选调生遴选、基层服务项目等多种方式持续加大人才流入力度，建立健全以政治表现和工作业绩为主要依据的干部升迁和奖惩制度，引导党员干部从政治角度分析问题，从党和人民事业的发展大局开展工作，在工作实践中训练政治能力、积累政治经验、把握政治方向、培养政治定力，面对复杂多变的政治形势而能主动防范化解政治风险，面对国内国际两个大局而能保持政治敏锐性和政治辨别力，始终稳妥有效地掌控政治局面。三是推进领导班子建设。"火车跑得快，全靠车头带。"按照"信念坚定、为民服务、勤政务实、敢于担当、清正廉洁"的好干部标准和领导班子梯队建设要求，结合年龄、民族、性别、教育背景、工作经历等因素，配齐配强领导班子，优化班子内部分工，提高协同工作效率，充分发挥班子的团队优势和整体效能，保持党的政治领导的连续性和多面性。

永葆共产党人的政治本色。共产党人的政治本色是党的先进性和纯洁性的集中体现，主要体现为坚定的理想信念、全心全意为人民服务的宗旨、务实进取的工作作风、清正廉洁的道德品质。习近平指出："全党同志都要明大德、守公德、严私德，清清白白做人、干干净净做事，做到克己奉公、以俭修身，永葆清正廉洁的政治本色。"[①]教育引导党员干部保持政治本色、做好政治表率，涵养对党忠诚的大德、造福人民的公德、严于律己的私德，是提升他们政

---

① 习近平：《更好把握和运用党的百年奋斗历史经验》，《求是》2022年第13期，第4—19页。

治能力的必然要求。一是以理想信念筑牢政治本色。各级党组织要通过教育培训和实践锻炼相结合的方式，引导党员干部同反马克思主义意识形态进行坚决斗争，将马克思主义信仰和中国特色社会主义信念转化为做好本职工作的实践行动，带领人民群众为实现民族复兴历史征程上一个个具体的阶段性目标而不懈奋斗，在全面建设社会主义现代化国家的奋斗实践中充分发挥共产党员的先锋模范作用。二是以为民服务彰显政治本色。党员干部要坚守全心全意为人民服务的根本宗旨，铭记来自群众、为了群众、代表群众的群众观点，贯彻落实"从群众中来，到群众中去"的群众路线，始终保持党同群众的血肉联系，实心实意排解群众急难愁盼各项问题，将维护和发展最广大人民群众的根本利益作为衡量工作成败得失的首要标准。三是以务实进取砥砺政治本色。党员干部要坚持理论和实践相统一、普遍和特殊相结合的科学方法论，立足新发展阶段，贯彻新发展理念，脚踏实地创新进取，始终不渝地坚守中国特色社会主义的政治方向，与时俱进地构建新发展格局、推动高质量发展，增强奋进新征程的政治自觉、思想自觉、行动自觉。四是以清正廉洁守护政治本色。党员干部要牢记"三个务必"的严格要求和权为民所赋亦为民所用的党性原则，自觉遵守党章党规，主动接受组织和群众监督，保持艰苦朴素、公而忘私的光荣传统，清廉从政、秉公用权，成为为人处世的表率，涵养清正廉洁的家风。

四、涵养风清气正的政治生态

党内政治生态是一定时期党风、政风、社会风气的综合体现，是党内政治制度、政治生活、政治文化等要素相互作用的结果，在相当程度上影响着党组织和党员的政治行为、价值判断。习近平指出："加强党的建设，必须营造一个良好从政环境，也就是要有一个好的政治生态。"①《中共中央关于加强党的政治建设的意见》提出："加强党的政治建设，必须把营造风清气正的政治生态作为基础性、经常性工作。"②推进政治生态建设制度化体系化，涵养风清气正的党内政治生态，是新时代加强党的政治建设的重要保障。

严肃认真开展党内政治生活。党内政治生活是党内各项政治活动的总称，必须坚持"讲政治、讲原则、讲规矩，不能搞假大空，不能随意化、平淡化、

---

① 《习近平总书记同出席全国两会人大代表、政协委员共商国是纪实》，《人民日报》2015年3月15日第1版。
② 中共中央党史和文献研究院编《十九大以来重要文献选编》上，中央文献出版社，2019，第802页。

更不能娱乐化、庸俗化"①。开展严肃认真的党内政治生活和组织生活是进行伟大斗争、推进伟大工程的题中之义,是保持党的性质宗旨的重要法宝和锻造党员党性的重要途径。一是强化党章权威和党章意识,增强党内政治生活的政治性。党章是最根本的党内法规和管党治党的总章程,规定了党的性质宗旨和路线方针,说明了党的主张和制度安排,是每个党员都要严格恪守的行为准则。各级党组织和全体党员必须认真学习党章、维护党章权威,全面履行党章赋予的权利和责任,增强政治素养和政治意识,坚决克服忽视政治、淡化政治、不讲政治的倾向,做政治上的"明白人""清醒人""老实人"。二是创新党内政治生活的开展方式,增强党内政治生活的时代性。主动适应信息时代党员知识结构、学习方式、思维观念的新变化,积极运用互联网技术和融媒体平台创新党内政治生活的载体和平台,依托微信、微博等即时通信和社交媒体打造智慧党建阵地,形成契合时代特征和党员需求的线上线下混合型党建新模式,提高党内政治生活的时代感、创造性、吸引力。三是规范党内组织生活,增强党内政治生活的原则性。坚决落实民主集中制原则和党的组织生活制度,认真开展"三会一课"、民主生活会、组织生活会、民主评议党员、谈心谈话、主题党日等常规性活动和党中央集中开展的整党整风学习教育活动,严格组织生活的程序,充实组织生活的内容,创新组织生活的形式,通过为党员过"政治生日"、凭吊革命先烈、重温入党誓词等多种方式激发党员忠党爱国的深厚情感和遵章守纪的规矩意识。四是坚持批评和自我批评,增强党内政治生活的战斗性。党内政治生活要有刀刃向内的勇气和红脸出汗的效果,以严肃认真的批评和自我批评达到消除矛盾分歧、统一思想认识、增进党内团结的目的。民主生活会和组织生活会是党员接受精神洗礼、实现思想升华的重要平台,必须按照公开公正、祛病救人的原则扎实开展,努力推动全党形成"又有集中又有民主、又有纪律又有自由、又有统一意志又有个人心情舒畅生动活泼的政治局面"②。

发展积极向上的党内政治文化。政治文化是一定时期内发生的一系列政治

---

① 习近平:《在党的群众路线教育实践活动总结大会上的讲话》,《人民日报》2014年10月9日第2版。
② 习近平:《在党的十八届六中全会第二次全体会议上的讲话(节选)》,《求是》2017年第1期,第3—10页。

态度、信仰、情感,是政治制度在心理层面的表现和反映①。我们党的政治文化是以马克思主义为指导的无产阶级先进文化,以中华优秀传统文化、革命文化、社会主义先进文化为主要组成部分,是马克思主义和民族精神、时代精神相互融合而形成的文化瑰果,以"日用而不觉"的潜在方式深刻影响着党内政治生态。保持风清气正的政治生态,离不开良好政治文化的熏陶和涵养。一是积极传承中华优秀传统文化。中华优秀传统文化是中华民族的文化根脉和党内政治文化的重要来源,其中蕴含的许多思想观念、价值理念、行为标准、道德规范同社会主义核心价值观具有内在一致性。党要结合时代语境和实践要求创造性地汲取传统文化的精粹内容,以之丰富和滋润党内政治文化体系,将其融入立法、执法、监督体系,构建具有政党精神和民族特色的政治伦理法规,规约党员干部的政治伦理行为,完善党员干部的政治伦理人格,坚守党的政治价值取向。二是大力弘扬革命文化。"中国革命历史是最好的营养剂,重温这部伟大历史能够受到党的初心使命、性质宗旨、理想信念的生动教育。"②革命文化积聚着党内政治文化建设和发展的历史经验,必须将以伟大建党精神为源头的党的精神谱系融入党的基本知识教育之中,使坚定信念、对党忠诚、艰苦奋斗、团结一致等红色基因成为永不褪色的政党心理,使红色血脉在党内政治文化中永葆生机,使党的意识形态和制度规范深邃动人而得到全党全国人民的认同和接受。三是发展社会主义先进文化。社会主义先进文化随着中国社会主义建设和改革的历史进程而形成和发展,是党内政治文化的主体内容,汇聚着马克思主义中国化时代化的理论成果,浸润着鲜明的民族精神和时代精神。必须坚持以习近平新时代中国特色社会主义思想武装全党,把发扬民族精神和时代精神作为党内政治文化建设的重点内容,不断完善中华民族的文化精神谱系,在推进党的建设新的伟大工程中充分发挥社会主义先进文化的引领作用,保障党内政治文化的正确导向和健康氛围。

严明党的政治纪律和政治规矩。政治纪律是在政治上调整全党思想与行为的规范总和,是各级党组织和全体党员在政治信仰、政治方向、政治立场、政治言论、政治行为方面必须遵守的刚性约束,表现为党章、准则、条例、规定等一系列党内法规形式。政治规矩是在党的长期政治实践中形成的约定俗成、行之有效的优良传统和工作惯例,是经过实践检验而需要赓续坚持、自觉遵循

---

① [美]加布里埃尔·A.阿尔蒙德、小G.宾厄姆·鲍威尔:《比较政治学——体系、过程和政策》,曹沛霖等译,东方出版社,2007,第15页。

② 习近平:《在党史学习教育动员大会上的讲话》,《求是》2021年第7期,第4-17页。

的思想和行为规范①。政治纪律和政治规矩是一名党员不可触碰的高压线，是一个政党保持团结统一的生命线，营造良好的党内政治生态必须严明党的政治纪律和政治规矩。一是提高全党的纪律规矩意识。将党员领导干部作为重点，分批分期开展以政治纪律和政治规矩为主要内容的党规党纪教育，利用党员干部违反政治纪律和政治规矩的案例作为反面教材进行警示教育，引导党员干部增强纪律规矩意识，明确政治行为界限，划清党纪党规底线，做到心存敬畏、言行有度、行动有止。二是加强党内监督检查。改进党中央和地方党组织巡视制度，督促各级党组织和党员干部贯彻执行党的路线、方针、政策、决议，把"两个维护"体现在具体工作和实际行动之中。完善党员考评和追责机制，严肃处理妄议中央、对抗审查的党员干部，严格追究有关党组织和纪检监察机关在严明政治纪律和政治规矩中的失职失责行为，推动党中央各项要求落细落实。落实上级党委书记约谈下级党组织主要负责同志制度，建立"七个有之"问题处置报告制度，推动全体党员干部对"七个有之"问题保持高度警觉、进行坚决斗争，并将处理情况及时向上级组织和纪检部门报告。三是健全党的政治纪律制度体系。深化纪检监察体制改革，建立高效运行的党内监督制度体系，完善派驻监督体制机制，加强权力制约，规范权力运行，保持反腐败斗争势头不减，通过扎紧政治制度的笼子保证干部清正、政府清廉、政治清明，推动形成良好的党内政治生态。

---

① 孙林:《加强政治建设要严明政治纪律和政治规矩》,《前线》2020年第4期,第8-11页。

第四章

铸炼精气魂：
思想建设要常抓不懈

"一心可以丧邦，一心可以兴邦。"思想建设是一项系统性、持久性铸魂工程，注重思想建党、理论强党是中国共产党百余年奋斗的光荣传统和鲜明特色，是党永葆先进性和纯洁性、战斗力和创造力的奥秘所在。在党的建设总体格局中，思想建设发挥着引领性、贯通性、支配性的重要作用，如一条锁链横贯于党的政治建设、组织建设、作风建设、纪律建设、制度建设之中。党的十八大以来，以习近平同志为核心的党中央将加强党的思想建设作为新时代治国理政的重大战略部署，将思想从严作为全面从严治党的首要要求，坚持补足信仰之钙、打好信念之铁、练就意志之钢、淬炼理论之剑，不断提高党的思想建设质量，为巩固党的长期执政地位、深入推进自我革命提供充沛持久的内生动力。

第一节 思想建设是党的基础性建设

"修其心治其身，而后可以为政于天下。"思想建党是马克思主义建党学说的重要原则，是党的建设的重要基础。思想建设贯穿于党的建设各个方面，旨在解决党的立场、观点、方法、理想、信念、宗旨等事关全局的根本性问题，保证党的思想理论的先进性和科学性，为党和人民事业的健康发展提供深厚长久的精神力量。习近平指出："一个民族要走在时代前列，就一刻不能没有理论思维，一刻不能没有思想指引。"[①]拥有科学理论指导和先进文化支撑，是我们党区别于其他政党的鲜明标识，是党始终保持思想统一、意志坚定、行动协调、战力充沛的重要原因。

---

① 习近平:《在党史学习教育动员大会上的讲话》,《求是》2021年第7期,第4—17页。

一、提供持久支撑是思想建设的重要功能

新时代党的建设是涵盖政治、思想、组织、纪律、作风、制度、反腐败斗争等各个方面的系统工程，任何领域的建设质量都会直接影响党的建设总体效能。思想建设具有基础性意义，是连接党的各方面建设的一条红线和融入党的建设各环节的先导要素，为党的政治建设、组织建设、作风建设、纪律建设、制度建设、反腐败斗争提供思想基石、理论指导、精神动力。

思想建设为政治建设标记正确方向。政治清醒源于理论的深透，政治坚定来自思想的坚定。解决党内存在的政治问题，不能单纯地就政治言政治，必须重视从思想上剖析和解决问题。长期以来，思想建党与政治建党、思想建设与政治建设紧密结合、不可分割，表现为思想政治建设的融合形态。党的十八大以来，党的政治建设取得了显著成就，但部分党员干部仍存在忽视政治、淡化政治的倾向，表现为政治领导力不足、政治敏锐性不高、政治鉴别力欠缺等问题。政治上的模糊与思想理论上的混乱密切相关，忽视或淡化政治是由于没有认识到讲政治是关系党生存发展的首要问题，弱化党的政治领导是由于没有深刻理解中国特色社会主义最本质的特征是中国共产党领导、中国特色社会主义制度的最大优势是中国共产党领导，政治敏锐性不高、政治鉴别力不足是由于理论学习不够深入、思想认识不够深刻。理论立场是政治方向的思想根源，解决思想认识问题是加强党的政治建设首当其冲的任务要求。习近平强调："必须坚持把思想建设作为党的基础性建设，淬炼自我革命锐利思想武器。"[①]党员干部只有以中国化时代化的马克思主义理论武装头脑、指导行动，才能坚定中国特色社会主义政治方向。

思想建设为组织建设规范基本准则。政党是围绕一定政治目标、遵循一定组织规则而建立的政治群体，党的组织体系支撑着党的行动、保证着党的力量。党对国家的全面领导和党的建设的全部工作，都要通过党的组织体系来实现。党的组织体系越是健全、越是坚强，党的全面领导就越是稳固，各项工作就越是顺利，党的事业就越是繁荣。党的组织力量依赖于全体成员的忠诚、担当、服从，要求每个党员增强组织意识，认同党的领导制度，遵守党的纪律规矩，坚决执行党的决策，做到对党忠诚、干净担当。这种组织观念虽是一种内化于心、外化于行的无形力量，但能通过有形的组织体系而显现出来并转化为

---

① 习近平：《习近平谈治国理政》第四卷，外文出版社，2022，第550页。

党的硬实力。强化组织观念是党的组织建设面临的永恒课题，归根到底要通过思想建设途径来解决。面对革命、建设、改革、复兴征程上的暴雨狂风和"糖衣炮弹"，广大党员干部抗得住诱惑、经得起考验、顶得住压力，一个重要原因就是心有所向、情有所守，决不违背党性原则，决不辜负组织期望。相反，一些党员干部掉进泥潭、跌入陷阱，一个重要原因便是心无所念、情无所寄，党性意识淡薄，组织观念弱化。只有使每个党员都"强化党的意识和组织观念，自觉做到思想上认同组织、政治上依靠组织、工作上服从组织、感情上信赖组织"[1]，党的组织力量才能真正显现。

思想建设为作风建设确立行为依据。作风关乎党的形象、牵动人心向背，关系党的长期执政地位与生死存亡。习近平指出："我们党作为一个在中国长期执政的马克思主义政党，对作风问题任何时候都不能掉以轻心。"[2]思想化于内，作风显于外，思想建设塑造着党的作风之魂，作风建设体现着党的宗旨理念。党依靠科学的思想理论而拥有穿透时空的真理力量，依靠优良的行为作风而形成亲切强大的人格力量。党的优良作风不能自发产生，需要在马克思主义科学理论的指导下、在长期的实践磨砺中塑造形成并赓续传递。纵观党的历史，只有秉持马克思主义群众观点，同人民想在一起、干在一起，才能形成朝气蓬勃的优良作风，一旦脱离群众、蔑视群众，便会滋生出群众憎恶的各种不正不良之风。作风建设的核心问题是党和人民群众的关系问题，反映在思想认识层面就是对人民群众的立场和态度。保持党同人民群众的血肉联系，首先就要筑牢党员干部的思想认识基础，牢牢坚持人民是社会历史的创造者、人民是真正英雄的唯物史观，相信群众、依靠群众，同群众甘苦共尝、冷暖相依，坚决破除形式主义的功利观念和官僚主义的特权思想，从而在厘正思想的过程中端正和改进作风。

思想建设为纪律建设树立精神防线。党的纪律规矩明确了各级组织与全体党员必须恪守的行为规范和不可逾越的行为红线，既是管党治党的"戒尺"，又是党员干部约束自身行为的标准。加强纪律建设，严格依规治党，不但需要各级党组织贯彻落实党规党纪的刚性要求，还需要广大党员干部增强遵规守纪的思想自觉。治党先治纪，治纪必治心，"治理一个国家、一个社会，关键是

---

[1]《切实贯彻落实新时代党的组织路线　全党努力把党建设得更加坚强有力》，《人民日报》2018年7月5日第1版。

[2]《坚持从严治党落实管党治党责任　把作风建设要求融入党的制度建设》，《人民日报》2014年7月1日第1版。

要立规矩、讲规矩、守规矩"①。牢固树立纪律规矩意识是保证全党令行禁止、集中统一的关键所在,是把纪律规矩立起来、严起来、行起来的前提条件,是推进党的纪律建设的必然要求。事实上,所有违法乱纪的党员干部都存在不同程度的纪律观念淡薄、规矩意识弱化问题。没有筑起坚固的思想防线,自然就会导致防腐闸门的松动。当前,一些组织内部和党员干部讲关系而不讲原则、讲面子而不讲规矩、讲人情而不讲纪律、讲人性而不讲党性,面子文化和圈子关系大行其道,这是党的纪律建设必须解决的问题。只有在全党将思想"戒尺"竖起来,形成浓厚的纪律观念和规矩意识,才能使广大党员干部知敬畏而存戒惧、知红线而守底线,主动接受党内外监督约束,自觉在党纪国法警戒线内行使权力。

思想建设为制度建设提供观念引领。制度是支撑政党运行的规则体系,没有制度建构就不可能存在政党组织,一个政党没有科学完善的制度体系就不可能拥有强大持久的生命力。制度建设是党的强基工程,将制度建设贯穿于党的建设全过程是全面从严治党的明确要求。但是,任何制度都要由在一定思想支配下的人来制定和执行,没有马克思主义理论基础就无法保证制度体系的科学性和实践效力。新时代全面从严治党既要解决思想问题,也要解决制度问题,既要以思想建党铸魂,又要以制度治党固本。一个抛弃了崇高理想信念和责任使命的政党,必然走向腐化堕落,最终被扫入历史故纸堆而成为人们茶余饭后的谈资;一个没有严明制度和纪律规矩的政党,必然无法形成团结统一的意志和攻坚克难的战力,注定软弱涣散而随波逐流。新时代党的建设面临各种思潮侵袭、各种考验诱惑,必须坚持思想建党和制度治党同向发力、相辅相成,将党的价值理念、科学理论、先进思想融入制度之中,积极完善管党治党制度体系,以严明的制度规范为思想建党提供强力约束和刚性支撑,以先进的思想理念为制度治党规范政治方向和价值立场。只有坚持加强思想建设,引导广大党员干部牢固树立法治观念和制度意识,形成尊崇制度、遵守制度、捍卫制度的思想自觉,才能真正维护制度的严肃性和权威性,也才能使制度充分发挥管党治党的硬约束作用。

思想建设为反腐倡廉注入价值导向。腐败是严重威胁党的健康肌体的毒瘤,反腐败是一场输不起也不能输的长期斗争。我们党志在中华民族伟大复兴

---

① 中共中央文献研究室编《习近平关于全面依法治国论述摘编》,中央文献出版社,2015,第12页。

的壮丽事业，执政之始即廉政建设之始，廉政建设贯穿于长期执政能力建设全过程。随着改革开放以来经济社会的快速发展和执政资源的不断增加，一些党员干部面对利益诱惑而忘却初心、面对"围猎"进攻而失去本色，最终掉进腐败陷阱，蜕变成侵蚀党的健康肌体的蛀虫。"一个人能否廉洁自律，最大的诱惑是自己，最难战胜的敌人也是自己。"①反腐败斗争是一场久久为功的攻心战、驰而不息的持久战，斗争号角一经吹响就没有休止符、没有暂停键。无论处在任何时候、面对任何形势，廉政建设都不能松懈，反腐败斗争都不能"收兵"。党必须以坚定的决心和果断的行动营造不敢腐的氛围，以疏而不漏的制度笼子营造不能腐的环境，以反腐倡廉教育和廉政文化建设培育不想腐的风气。从思想源头消除党员干部的贪腐念头，筑牢拒腐防变的思想道德防线，构建不敢腐、不能腐、不想腐的体制机制和文化氛围，是深化廉政建设、实现反腐败斗争标本兼治的必由之路。

二、坚定理想信念是思想建设的首要任务

党的思想建设具体任务取决于党在一定时期的中心工作，随着党所处历史方位的变化和承担时代课题的迭变而动态地发展演变，呈现出鲜明的历史性、时代性。新民主主义革命时期，党的思想建设任务是纯洁组织队伍，充分依靠和发动群众聚集起气势磅礴的革命大军，以武装斗争推翻"三座大山"的反动统治，使备受欺凌的中国人民当家作主站起来。社会主义革命和建设时期，党的思想建设任务是团结一切可以团结的力量，凝聚起艰苦奋斗、自力更生的思想共识，万众一心建设新中国，积极探索具有中国特色的社会主义现代化道路。改革开放新时期，党的思想建设任务是引领人民解放思想、实事求是，突破思想固化藩篱，贯彻落实党的基本路线，以不断深化的改革开放带领全体人民富起来。进入新时代，党的思想建设的首要任务是补足党员干部的精神之钙，坚定党员干部的理想信念，不断强化中国特色社会主义共同理想和共产主义远大理想，为实现"两个一百年"奋斗目标和民族复兴伟大梦想积淀更加强大的精神力量。

理想信念是"中国共产党人的精神支柱和政治灵魂，也是保持党的团结统一的思想基础"②，为社会主义、共产主义奋斗终身是共产党人的思想自觉和

---

① 中共中央文献研究室编《习近平关于全面从严治党论述摘编》，中央文献出版社，2016，第181页。
② 习近平：《坚定理想信念 补足精神之钙》，《求是》2021年第21期，第4-15页。

精神优势。马克思、恩格斯的哲学研究、政治经济学批判和科学社会主义理论都是为了揭示人类社会的未来走向和发展规律，都是为了以社会主义、共产主义昭示人类的幸福追求和美好生活。列宁指出："沿着马克思的理论的道路前进，我们将愈来愈接近客观真理（但决不会穷尽它）；而沿着任何其他的道路前进，除了混乱和谬误之外，我们什么也得不到。"[1] 毛泽东自青年时代就确立了坚定的马克思主义信仰，将共产主义视为最完全最进步最革命最合理的社会形态，强调"我们的将来纲领或最高纲领，是要将中国推进到社会主义社会和共产主义社会去的"[2]。坚定不移的社会主义、共产主义理想信念铸就了以毛泽东为代表的老一辈共产党人的坚强品格、崇高精神、高尚情怀，激励着他们不以物喜、不以己悲，筚路蓝缕地探索中国革命和建设的正确道路，为探索建立没有剥削和压迫、每个人都能得到自由全面发展的共产主义社会而贡献了全部的生命和力量。

建设社会主义、实现共产主义是一个相当漫长的历史过程，需要一代代人锲而不舍的接力奋斗，需要坚定理想信念，发扬实干精神，脚踏实地干事创业，风雨无阻开拓奋进。中国共产党人的理想信念是马克思主义真理信仰、共产主义远大理想、中国特色社会主义共同理想和对中华民族伟大复兴追求的有机统一，一个真正的共产党人必须沿着中国特色社会主义政治方向推进民族复兴历史伟业。党的十八大以来，党中央强调理想信念是坚持和发展中国特色社会主义的"航标灯"，是实现中华民族伟大复兴的"压舱石"，要求全党牢记党的宗旨、挺起精神脊梁，以坚定的共产主义理想和马克思主义信仰固本培元，形成不惑于心、不乱于行的强大免疫力和抵抗力，"防止歪风邪气近身附体"[3]。党员干部只有树立坚定的理想信念，才能擎起精神风帆，拧紧世界观、人生观、价值观的"总开关"，居高望远、心胸开阔，明确立身之本、奋斗之魂、事业之基，成为共产主义远大理想和中国特色社会主义共同理想的坚定信仰者与忠实践行者。

三、掌握科学理论是思想建设的基本内容

任何工程既有属于当务之急的首要任务，也有需要久久为功的基本任务。

---

[1] 列宁：《列宁选集》第二卷，人民出版社，1995，第103-104页。
[2] 毛泽东：《毛泽东选集》第三卷，人民出版社，1991，第1059页。
[3] 中共中央文献研究室编《习近平关于全面从严治党论述摘编》，中央文献出版社，2016，第68页。

党的思想建设是一项浩大工程,既要将坚定理想信念作为首要任务,也要将系统掌握马克思主义理论作为基本任务。从革命年代毛泽东探讨土地革命形势下"斗争的布尔什维克党"的建设问题,到新时代习近平强调"用党的创新理论武装全党是党的思想建设的根本任务"[①],党一直坚持以中国化时代化马克思主义武装全党,不断开辟马克思主义新境界。

对于一个以引领伟大社会革命为己任的马克思主义政党而言,"如果没有革命理论,没有历史知识,没有对于实际运动的深刻的了解,要取得胜利是不可能的"[②]。毛泽东针对农村作为中国革命主攻方向和农民阶级作为革命主体力量的特殊国情,一再强调要"有计划地进行党内教育,纠正过去之无计划的听其自然的状态"[③],以无产阶级思想代替党内各种非无产阶级思想,克服农民党员原有的家族观念、地方主义、小生产主义意识,保持党的先进性和纯洁性。在党的七大上,刘少奇明确提出"把思想教育和思想领导放在党的领导的第一位"[④]。新中国成立后,邓小平强调开展任何工作都要"先从思想上解决问题"[⑤],全党必须认真学习马克思主义理论,任何时候都要将是否坚持马克思主义作为根本问题。

苏联解体、东欧剧变以后,国际社会主义运动遭受重大挫折,党面临着资产阶级自由化思潮泛滥、境内外敌对势力串联勾结的严峻形势,遏制流言谣言、凝聚思想共识、强化理论武装成为最紧迫最现实的任务。江泽民指出:"历史和现实都表明,一个社会,没有共同的精神支柱及其以此为基础的思想上的稳定,是很难保持社会政治稳定的。"[⑥]党的十三届四中全会以后,党中央将加强党的思想建设作为当前和今后时期的重要任务,在全党系统深入地开展马克思主义理论教育,特别是结合正在进行的中国特色社会主义实践,突出马克思主义中国化时代化的丰富内涵,以不断发展的马克思主义提高党员干部运用科学理论分析和解决实际问题的能力素养。从党的十六届一中全会开始,中

---

① 习近平:《高举中国特色社会主义伟大旗帜 为全面建设社会主义现代化国家而团结奋斗——在中国共产党第二十次全国代表大会上的报告》,《人民日报》2022年10月26日第1版。
② 毛泽东:《毛泽东选集》第二卷,人民出版社,1991,第533页。
③ 毛泽东:《毛泽东选集》第一卷,人民出版社,1991,第94页。
④ 刘少奇:《刘少奇选集》上卷,人民出版社,1981,第330页。
⑤ 邓小平:《邓小平文选》第一卷,人民出版社,1994,第184页。
⑥ 中共中央文献研究室编《江泽民论有中国特色社会主义(专题摘编)》,中央文献出版社,2002,第588页。

央政治局建立了集体学习制度，各级党政机关和国有企事业单位陆续建立了党委中心组学习制度，有力提升了党的建设科学化水平。

纵观人类思想发展史，没有任何理论能够媲美马克思主义的科学性、实践性、传播力、影响力，没有任何思想能同马克思主义一样深刻改变人类历史的发展轨迹并产生穿越时空、跨越地域的巨大影响。党的历史"就是一部不断推进马克思主义中国化的历史，就是一部不断推进理论创新、进行理论创造的历史"[1]，拥有马克思主义科学理论的指导是党的鲜明政治品格和强大政治优势。马克思主义是中国共产党人练就"金刚不坏之身"的重要法宝，是党和人民事业不断劈波斩浪、开拓发展的力量源泉，是立党立国的根本指导思想和党员干部必须系统掌握的"看家本领"。回顾百余年党史，"中国共产党为什么能，中国特色社会主义为什么好，归根到底是因为马克思主义行。马克思主义之所以行，就在于党不断推进马克思主义中国化时代化并用以指导实践"[2]。坚持马克思主义指导地位是事关党和国家全局的根本性问题，任何偏离和动摇都会使党失去前进方向和思想灵魂。奋进新时代新征程，必须积极建设马克思主义学习型政党和全民终身学习的学习型社会、学习型大国，"让真理武装我们的头脑，让真理指引我们的理想，让真理坚定我们的信仰"[3]。

四、开展思想斗争是思想建设的主要方法

开展积极的思想斗争是马克思主义政党建设规律的科学总结，敢于斗争、善于斗争是共产党人的特质和优势。马克思主义政党在同各种非无产阶级思想的斗争中发展壮大，以经常性、自觉性的批评和自我批评积极开展党内思想斗争，及时纠正认识错误、清除思想灰尘，不断深化正确观念、提高理论觉悟，从而在厘清是非、自我净化的基础上加强党的团结统一。恩格斯指出："如果放弃在政治领域中同我们的敌人的斗争，那就是放弃了一种最有力的行动手段，特别是组织和宣传的手段。"[4]显然，没有批评和自我批评相结合的积极思想斗争，就不可能使党员增进了解、使全党保持团结，而"为了党本身的利益，批评必然是尽可能坦率的"[5]。

---

[1] 习近平:《在党史学习教育动员大会上的讲话》,《求是》2021年第7期,第4-17页。
[2] 习近平:《更好把握和运用党的百年奋斗历史经验》,《求是》2022年第13期,第4-19页。
[3] 习近平:《习近平谈治国理政》第二卷,外文出版社,2017,第50页。
[4] 马克思、恩格斯:《马克思恩格斯文集》第三卷,人民出版社,2009,第92页。
[5] 马克思、恩格斯:《马克思恩格斯文集》第十卷,人民出版社,2009,第177页。

我们党从不将批评和自我批评作为目的，而是作为检视错误、分析缺点、寻找根源的有效方法，通过总结经验、汲取教训而校正航向、继续前进。毛泽东强调积极的思想斗争是"达到党内和革命团体内的团结的武器，是坚强党的组织、增强党的战斗力的武器"①，全体党员都要"同一切不正确的思想和行为作不疲倦的斗争"②，在明确而彻底的思想交锋中帮助同志理清问题脉络、认识错误根源。对于党的工作中的一切缺点和错误，党员干部都要以"头上长角"的斗争精神、公开尖锐的批评和自我批评展开思想交锋，但这种指名道姓的批评"应该是诚恳的、坦白的、与人为善的"③，要将问题和错误摆到桌面上，决不能冷嘲热讽、暗箭伤人，否则批评就会成为一种影响党的团结统一的销蚀剂。江泽民指出，一些日常表现有口皆碑的党员干部本可安享晚年，但晚节不保乃至身败名裂，原因之一就在于"平时缺乏批评与自我批评"④。没有批评、任其所以是许多党员干部出问题、犯错误的直接原因，但批评必须坚持政治原则，站在党和人民的立场上剖析问题的实质、危害和根源，"分清思想政治上的是非界限，不要纠缠细枝末节"⑤。

党的十八大以来，习近平深刻检视党内批评和自我批评存在的严重问题，提出了一系列规范开展党内思想斗争的要求和路径。一些单位和部门在管党治党上存在宽松疲软的现象，主要在于"好人主义"和庸俗作风盛行，对问题视而不见、对错误不予纠正，党内批评与自我批评开展不足、程度不深，未能达到触及灵魂的斗争效果。上下级和同级干部之间不能相互吹捧、阿谀奉承，必须坚决抵制党内生活庸俗化倾向，及时纠正"一言堂"、个人专断和"好人主义"等不良风气。只有忠言逆耳、良药苦口的批评和自我批评才是对同志的真正爱护，批评和自我批评必须敢于红脸、令人出汗，随时随地一日三省必须成为党员干部的基本功。开展批评和自我批评要秉持公心、态度真诚，"实事求是、分清是非、辨别真假，切忌从个人恩怨、得失、利害、亲疏出发看事待人"⑥，决不能责人以严、律己从宽、趋炎附势、相互吹嘘、避重就轻、前后

---

① 毛泽东：《毛泽东选集》第一卷，人民出版社，1991，第90页。
② 毛泽东：《毛泽东选集》第二卷，人民出版社，1991，第361页。
③ 毛泽东：《毛泽东选集》第二卷，人民出版社，1991，第410页。
④ 中共中央文献研究室编《江泽民论加强和改进执政党建设（专题摘编）》，中央文献出版社，2004，第570页。
⑤ 中共中央文献研究室编《十七大以来重要文献选编》上，中央文献出版社，2009，第192页。
⑥ 习近平：《做焦裕禄式的县委书记》，中央文献出版社，2015，第50页。

不一、睚眦必报、以私害公。

五、构建制度规范是思想建设的根本保障

新时代党的建设总要求不再将制度建设作为单独开列的专门领域，而是将其贯穿于党的建设各领域各层面。党的思想建设必须坚持教育和制度两手抓、两手都要硬，既要发挥思想理论教育对党员思想行为的"软约束"作用，又要以制度规范对思想教育活动进行"硬约束"，保证思想教育的有效开展和思想建设的质量效果。制度化、规范化是加强党的思想建设的重大命题和时代要求，党的思想建设过程本身也是制度治党过程。

建立健全思想建设的动力机制。"政治文化是政治生活的灵魂"[①]，培育良好的政治生活土壤和政治文化氛围是实现思想建设制度化的动力支撑。各级党组织和全体党员要坚决反对好人主义、自由主义、庸俗化等歪风邪气，旗帜鲜明抵制关系学、厚黑学、官场术、潜规则等腐朽政治文化，充分运用批评和自我批评、交心谈话等有力武器充实党内生活的内容和内涵，敢于红脸、肯于出汗、勤于洗澡、善于除尘，大力倡导忠诚老实、光明坦荡、公道正派、实事求是、艰苦奋斗、清正廉洁的政治价值，让党员干部在弘扬主旋律、传递正能量的政治生活中有所感、有所思、有所悟、有所获，增强政治性、原则性、战斗性，以脚踏实地的求是态度和精益求精的科学精神发现并解决实际问题。

建立健全思想建设的导向机制。在党的建设系统工程中，干部选拔任用具有风向标和指挥棒的导向功能。党的思想建设必须同干部队伍建设有机贯通，在干部培养、使用、提拔、管理、监督、考核各方面突出思想政治要求，将"信念坚定、为民服务、勤政务实、敢于担当、清正廉洁"作为"好干部标准"，推动全体党员自觉加强思想理论修养。习近平指出："掌握马克思主义理论的深度，决定着政治敏感的程度、思维视野的广度、思想境界的高度。"[②]对于党员干部而言，只有理论认识深刻才能理想信念坚定，只有保持理论清醒才能把握正确政治方向，从而处于顺境不骄不躁、处于逆境镇定自若，经得住腐朽思想的侵蚀和急流险滩的考验。党的十八大以来，"心中有党、心中有民、心中有责、心中有戒"的"四有"要求和"严以修身、严以用权、严以律己，

[①] 中共中央文献研究室编《习近平关于全面从严治党论述摘编》，中央文献出版社，2016，第74页。

[②] 中共中央文献研究室编《习近平关于全面从严治党论述摘编》，中央文献出版社，2016，第67–68页。

谋事要实、创业要实、做人要实"的行为准则,成为全党思想政治教育的基本内容和党员干部选拔任用的基本标准。

建立健全思想建设的领导机制。各级党委是开展本单位思想建设的责任主体,必须统揽全局、协调职责,严格"把好方向、管好阵地、配好干部"①,全面加强宣传思想工作,切实维护意识形态安全,及时研判和统筹规划思想领域的重大问题与战略任务,牢牢掌握思想政治工作的领导权、管理权、话语权,不断推进思想政治工作的理念、手段、基层工作"三个创新"。宣传思想部门是本单位思想建设工作的具体实施者、执行者,要以高度的责任意识积极作为,坚持守土有责、守土负责、守土尽责,引导教育党员干部深刻掌握马克思主义的立场、观点、方法,学懂弄通悟透习近平新时代中国特色社会主义思想,拧紧思想开关,坚定精神追求,培养战略思维、创新思维、辩证思维、底线思维,提高正确判断形势和把握历史主动的能力素养。

第二节　思想建党引领奋进航程

"天下之难持者莫如心,天下之易染者莫如欲。"思想建党、理论强党是我们党的优良传统和重要法宝,党的百余年奋斗史堪称一部理论强党史。党的十八大以来,国际格局深刻演变,党和国家事业呈现新的面貌,党的建设出现一系列新变化和新特点。习近平指出:"我们党作为百年大党,如何永葆先进性和纯洁性、永葆青春活力,如何永远得到人民拥护和支持,如何实现长期执政,是我们必须回答好、解决好的一个根本性问题。"②党中央充分把握世情、国情、党情的深刻变化,采取一系列创新举措加强和推进思想建设,使思想建设的基础性地位更加突显,使新时代的百年大党更加思想统一、朝气蓬勃。

一、思想建党是党的优良传统

"不能胜寸心,安能胜苍穹。"不论是实现民族复兴,还是奋进共产主义,一刻都不能没有思想指引和理论武装。在领导中国革命、建设、改革的全部历史时期,党都以高度的政治自觉抓好抓实思想建设,开辟出一条思想建党、理论强党的中国化党建之路。

---

① 中共中央文献研究室编《习近平关于全面从严治党论述摘编》,中央文献出版社,2016,第74页。
② 习近平:《牢记初心使命,推进自我革命》,《求是》2019年第15期,第4—9页。

新民主主义革命时期，党围绕思想建设的意义、内容、方式进行了积极探索，做出了开创性贡献。一是提出思想建党的重大命题。在半殖民地半封建的社会形态和农村包围城市的革命环境下，农民阶级和小资产阶级出身的党员占据绝大多数，党内存在无产阶级思想和非无产阶级思想的尖锐对立，如何建设一个群众性马克思主义政党成为党的建设面临的首要问题。毛泽东在《井冈山的斗争》中指出："边界各县的党，几乎完全是农民成分的党，若不给以无产阶级的思想领导，其趋向是会要错误的。"①1929年召开的古田会议阐述了各种非无产阶级思想的表现与危害，确立了思想建党、政治建军原则，初步回答了农村革命形势下党的思想建设与无产阶级先锋队性质锻造问题。二是加强马克思列宁主义理论教育。建党之初，一些党员干部教条式地学习运用马列主义，将共产国际的指示神圣化，不顾实际国情盲目照抄照搬苏俄革命经验，给党的事业造成了巨大灾难。毛泽东要求一切有能力的党员都要结合中国实际学习运用马克思主义，"都要研究马克思、恩格斯、列宁、斯大林的理论，都要研究我们民族的历史，都要研究当前运动的情况和趋势"②。1937年毛泽东《实践论》和《矛盾论》的问世，成为党的思想理论走向成熟的重要标志。三是开展以延安为中心的全党整风运动。抗战时期历时四年多的整风运动彻底清算了党内各种"左"倾、右倾错误思想，使实事求是的思想路线成为全党共识，创造了大规模集中性思想教育的范例，积累了开展思想建设的宝贵经验。

社会主义革命和建设时期，党围绕历史方位的变化和巩固政权的需要，丰富了思想建设的内容和方式。一是突出思想政治理论学习。党中央认为党员干部的思想理论素养不足是党内出现官僚主义作风和脱离群众现象的主要原因，1951年2月通过的《关于加强理论教育的决定（草案）》，要求全体党员干部系统学习马列主义和毛泽东思想，纠正和防范经验主义倾向。与此同时，系统翻译马克思、恩格斯文著，及时出版《毛泽东选集》第一至三卷，为党内理论学习提供素材。二是开展整风整党运动。1950年6月，党中央开展全党性整风运动，力图提高党员干部的思想政治水平，克服官僚主义、命令主义等错误思想，密切新形势下的党群联系。1952年2月，党中央以基层组织为主体、以思想整顿为中心，开展了"怎样做一个合格共产党员"的整党运动，传承弘扬了党的优良思想作风。1957年6月，党中央针对社会主义过渡完成后出现的新情

---

① 毛泽东:《毛泽东选集》第一卷,人民出版社,1991,第77页。
② 毛泽东:《毛泽东选集》第二卷,人民出版社,1991,第532–533页。

况新问题,以大鸣大放的开门方式开展整风运动,旨在清除克服官僚主义、宗派主义、主观主义,提高党员干部的群众工作能力。但因受到右派分子的猖狂攻击和国际形势演变的影响而对阶级斗争态势作出错误判断,最终造成反右派斗争扩大化,这对党和国家事业的发展产生了消极影响。

改革开放和社会主义现代化建设新时期,党深刻总结历史经验和教训,立足新的时代特点和要求,不断完善思想建设的内容和格局。一是恢复实事求是的思想路线。1978年5月开始的真理标准问题大讨论,对"两个凡是"的"左"倾错误进行了有力批判,为党的十一届三中全会实现伟大转折做了理论准备。1978年12月,党的十一届三中全会重新确立了解放思想、实事求是的思想路线,为改革开放以来党长期保持思想统一奠定了重要基础。二是在苏联解体、东欧剧变新形势下强化思想建设。针对东欧剧变、苏联解体对社会主义意识形态的冲击和资产阶级自由化思潮的涌动,党中央深刻认识抓紧抓强思想建设的重要性和紧迫性,强调在全党深入开展"马克思主义哲学的教育,党的基本路线的教育,党的基本知识的教育"[①],将党性教育贯穿其中。1995年11月,江泽民提出在党政领导干部中深入开展"讲学习、讲政治、讲正气"的集中教育,提高干部队伍的党性意识和理论水平。三是肯定思想建设的基础性地位。进入新世纪,党中央强调思想政治理论建设是党的根本建设,进一步突出实事求是的思想路线和求真务实的党性要求,提出学习型党组织的建设任务,要求"党组织既成为党员增强党性修养、提高思想觉悟的大熔炉,又成为党员学习新知识、增长新本领的大学校"[②],陆续开展了保持共产党员先进性教育、深入学习实践科学发展观活动,推动思想建设与时代接轨、取得新的发展。

二、新时代思想建设全面推进

党的十八大以来,以习近平同志为核心的党中央坚持和巩固马克思主义的指导地位,以党的创新理论武装全党,不断坚定党员干部理想信念,深入开展党内集中教育活动,将党的思想建设全面推进,使全党保持统一的思想和坚定的意志,形成更加协调的行动力和更加强大的战斗力。

马克思主义的指导地位更加巩固。马克思主义是立党立国的根本指导思想,是中国共产党人的思想灵魂与精神支柱。党坚持高扬马克思主义旗帜,保

---

① 江泽民:《江泽民文选》第一卷,人民出版社,2006,第95页。
② 胡锦涛:《胡锦涛文选》第三卷,人民出版社,2016,第256页。

持全党在思想上和政治上的高度一致性、先进性、纯洁性，巩固全党全国各族人民团结奋斗的共同理论基础。一方面，加强马克思主义理论学习教育。党将马克思主义理论教育列为党校的主课之一，将系统掌握马克思主义理论作为领导干部的基本功和必修课，要求党委（党组）理论学习中心组把学习党的基本理论与学习党的理论创新成果结合起来，把握精神实质，掌握精髓要义，做到真学真懂真信真用。党的十八大以来，中央政治局集体学习了历史唯物主义、辩证唯物主义、马克思主义政治经济学的基本原理与方法论，以及当代马克思主义思潮、《共产党宣言》的时代意义，以此"推动中央政治局同志对马克思主义有更全面的了解，也促进全党重视学习和掌握马克思主义"[①]。另一方面，不断推进马克思主义中国化时代化。任何思想理论都是实践的结晶和时代的产物，"马克思主义必定随着时代、实践和科学的发展而不断发展，不可能一成不变，社会主义从来都是在开拓中前进的"[②]。党坚持以发展的观点对待马克思主义，结合时代特征和中国语境推动马克思主义创新发展，将马克思主义基本原理同中国具体实际相结合、同中华优秀传统文化相结合，形成了习近平新时代中国特色社会主义思想，开辟了马克思主义中国化时代化新境界，实现了马克思主义中国化新的飞跃。中苏社会主义事业的迥异结局，在相当程度上是中苏两党对于坚持和发展马克思主义的不同态度所造成的直接后果。苏联共产党的社会主义建设理论逐渐偏离了马克思主义轨道，最终导致社会主义红旗倒地；中国共产党则始终以马克思主义的立场、观点、方法指导社会主义建设和改革实践，不断推进马克思主义中国化时代化，以思想理论的科学先进保证自己始终站在历史正确的一边、人民拥护的一边。

党的创新理论武装工程成效斐然。理论创新每前进一步，理论武装就要跟进一步。党坚持以党的创新理论凝心铸魂，引导党员干部和广大群众以习近平新时代中国特色社会主义思想武装头脑、指导实践、推动工作。一是深入研究阐释习近平新时代中国特色社会主义思想的精髓要义。习近平新时代中国特色社会主义思想拥有丰富的科学内涵和鲜明的时代特征，系统回答了新时代中国特色社会主义的坚持和发展、社会主义现代化强国的建设和推进、长期执政条件下党的建设等重大时代课题，是党和国家事业的思想旗帜、国家政治生活和社会生活的根本指针。党中央批准成立了18家习近平新时代中国特色社会主义

---

① 习近平：《在全国党校工作会议上的讲话》，《求是》2016年第9期，第3—13页。
② 习近平：《关于坚持和发展中国特色社会主义的几个问题》，《求是》2019年第7期，第4—12页。

思想研究机构，全国高校和各级社科研究机构也成立了专门的教学研究部门，积极开展习近平新时代中国特色社会主义思想的研究阐释工作。哲学社会科学领域设立专项研究课题，加强习近平新时代中国特色社会主义思想的学理研究。中宣部组织编写了《习近平总书记系列重要讲话读本》《习近平新时代中国特色社会主义思想三十讲》《习近平新时代中国特色社会主义思想学习纲要》等理论读物，全面阐释习近平新时代中国特色社会主义思想的重大意义、科学内涵、精神实质、实践要求。二是积极创新习近平新时代中国特色社会主义思想的传播渠道。人民网设立"习近平系列重要讲话数据库"，人民出版社推出"习近平新时代中国特色社会主义思想数据库"，中国社会科学院建立"习近平新时代中国特色社会主义思想文库"，为干部群众学习习近平新时代中国特色社会主义思想提供了丰富的文献资料和研究成果。中宣部将理论学习要求和新媒体技术相结合，面向全体党员推出"学习强国"平台，引导党员干部深入学习宣传习近平新时代中国特色社会主义思想。地方宣传部门推出"甘肃党建"等理论学习平台，各级广播电台、新媒体平台推出大量宣传阐释习近平新时代中国特色社会主义思想的通俗文章、微视频。三是在干部培训中全面推动习近平新时代中国特色社会主义思想进教材、进课堂、进头脑。党中央把学习贯彻习近平新时代中国特色社会主义思想摆在干部教育培训的突出位置，要求党委（党组）理论学习中心组将其作为主要内容，各级党校（行政学院）、干部学院、社会主义学院将其作为主干课程。全国干部培训教材编审指导委员会编写了《改善民生和创新社会治理》《全面加强党的领导和党的建设》等培训教材，为干部教育提供权威学习材料。

　　党内集中教育深入开展。新时代以来，党中央先后开展党的群众路线教育实践活动、"三严三实"专题教育、"两学一做"学习教育、"不忘初心、牢记使命"主题教育、党史学习教育、学习贯彻习近平新时代中国特色社会主义思想主题教育、党纪学习教育、深入贯彻中央八项规定精神学习教育，引导党员干部提高理论水平、坚定理想信念、陶冶精神世界，使党的精神大厦巍然耸立。2013年5月，党中央决定在全党深入开展群众路线教育实践活动，将"照镜子、正衣冠、洗洗澡、治治病"作为基本要求，"着力解决人民群众反映强烈的突出问题，提高做好新形势下群众工作的能力"①。本次活动有效整治了形式主义、官僚主义、享乐主义、奢靡之风的"四风"问题，使广大党员受到

---

① 中共中央文献研究室编《十八大以来重要文献选编》上，中央文献出版社，2014，第40页。

一次深刻的马克思主义群众观教育，进一步深化了党在群众中的良好形象。2015年4月，党中央决定在县处级以上领导干部中开展"三严三实"专题教育，要求领导干部对照"严以修身、严以用权、严以律己，谋事要实、创业要实、做人要实"的要求，着力解决"不严不实"问题。本次活动对领导干部在思想、作风、党性等方面进行了一次集中"补钙"和"加油"，增强了他们理论学习和廉洁从政的自觉性。2016年2月，党中央决定在全党开展"学党章党规、学系列讲话，做合格党员"学习教育，要求基层党组织把思想政治建设作为重大任务抓在日常、严在经常，着力解决党员队伍在思想、组织、作风、纪律等方面存在的问题。本次活动使全体党员进一步增强政治意识、大局意识、核心意识、看齐意识，提高了党性修养，发挥了表率作用。2019年5月，党中央决定在全党开展"不忘初心、牢记使命"主题教育，以"守初心、担使命，找差距、抓落实"为总要求，以理论学习有收获、思想政治受洗礼、干事创业敢担当、为民服务解难题、清正廉洁作表率为具体目标，以掌握党的创新理论、锤炼过硬政治品格、团结群众共同奋斗为根本任务。本次活动提高了党员干部知信行合一的能力，增强了守初心、担使命的精神自觉和行动自觉，推动了党和国家事业的发展。2021年2月，党中央决定在全党开展党史学习教育，引导党员干部学史明理、学史增信、学史崇德、学史力行。本次活动使党员干部接受了深刻的政治教育和精神洗礼，提高了政治判断力、政治领悟力、政治执行力，增强了历史自觉、历史自信、历史主动。2023年4月，党中央决定以县处级以上领导干部为重点开展学习贯彻习近平新时代中国特色社会主义思想主题教育，加强党的创新理论武装，提高党的长期执政能力和科学领导水平，"使全党始终保持统一的思想、坚定的意志、协调的行动、强大的战斗力"[①]。2024年4月至7月，党中央在全党开展党纪学习教育，"引导党员干部真正把纪律规矩转化为政治自觉、思想自觉、行动自觉"[②]，增强纪律意识和责任担当，提高政治定力、纪律定力、道德定力、抵腐定力。2025年3月，党中央在全党开展深入贯彻中央八项规定精神学习教育，把学查改结合起来，加强警示教育，接受群众评判，"推动党的作风持续向好，推动党中央各项决策部署落到实处"[③]。

[①]《扎实抓好主题教育　为奋进新征程凝心聚力》，《人民日报》2023年4月4日第1版。
[②]《发挥多重国家发展战略叠加优势　奋力谱写中国式现代化安徽篇章》，《人民日报》2024年10月19日第1版。
[③]《中央党的建设工作领导小组召开会议》，《人民日报》2025年3月13日第1版。

三、党的思想建设面临新形势

时代是出卷人,每个时代都有相对独特的时代课题。随着中国特色社会主义进入新时代,新的时代环境和历史方位必然对党的思想建设提出新要求、带来新机遇。新时代的世情变化、国情特点、党情特征是党的思想建设面临的时代条件和实践基础,是加强党的思想建设的最大现实依据。

百年变局使党的思想建设面临新的挑战。人类社会进入21世纪,世界多极化态势愈加明显,经济全球化进程加速推进,地缘政治博弈日趋加剧,国际秩序正在深刻塑造,全球发展的深层次矛盾不断突显,党和国家事业面临着世界之变、时代之变、历史之变相互交织的百年未有之大变局。百年变局的影响广泛、持久、深远,使党的思想建设可能出现一些不稳定性和不确定性因素。一是思想建设的经济基础可能遭到冲击。在经济全球化和区域一体化时代背景下,生产要素的自由流动和国内国际双循环格局的构建极大促进了社会主义市场经济的发展,增强了中国的综合国力,这为党开展思想建设工作提供了坚实的物质基础。但是,随着各国日益成为命运与共的经济共同体,彼此利益共享而又风险共担,这又势必增加中国经济发展面临的国际风险。一旦国际经济危机骤然爆发并席卷全球,就可能冲击中国经济发展的稳定大局,从而削弱党开展思想建设的经济基础。二是思想建设的文化环境可能遭到侵蚀。中华优秀传统文化蕴含着整体主义的价值视角和天下为公的理想追求,同马克思主义价值范式和共产主义远大理想具有内在契合性。然而,随着知识信息的全球传播与碎片化呈现、文化观念的交锋碰撞与交融渗透,"各民族的精神产品成了公共的财产。民族的片面性和局限性日益成为不可能,于是由许多种民族的和地方的文学形成了一种世界的文学"[1]。现代社会人们的思想观念和行为方式发生着深刻变化,导致那些历久弥新的传统文化因子面临着何去何从的严峻考验。一旦文化根脉断裂,党的思想建设便会失去动力和活力。三是思想建设的信仰基石可能遭到破坏。互联网时代多元文化的竞相传播必然带来人们思维独立性、思想多变性、选择多样性的不断发展,从而在社会主义意识形态大格局下出现价值观念多元化态势,这势必要弱化主流意识形态的吸引力、影响力、控制力、感召力,导致一些人精神迷茫、信仰空缺,甚至造成社会层面的马克思主义信仰危机,致使党的理论体系和信仰根基出现动摇。

---

[1] 马克思、恩格斯:《马克思恩格斯选集》第一卷,人民出版社,2012,第404页。

复兴全局对党的思想建设提出更高要求。实现民族复兴是近代以来最激动人心的中国梦,沿着中国特色社会主义道路推进民族复兴是党经过艰辛探索得出的历史结论。马克思、恩格斯勾勒了社会主义、共产主义的壮丽图景,但并没有提供如何建设社会主义的标准答案和统一模式。"'社会主义社会'不是一种一成不变的东西,而应当和任何其他社会制度一样,把它看成是经常变化和改革的社会。"①在中国如何建设和发展社会主义,怎样高举中国特色社会主义旗帜,实现国家富强、民族振兴、人民幸福,只能由党结合社会主义建设和改革实践作出回答。在将马克思主义同中国实际第二次结合的基础上,党逐渐找到了一条符合自身国情、具有本国特色的社会主义现代化建设道路。在开创、坚持和发展中国特色社会主义的不同时期,党面临的思想建设形势、任务、目标、要求并不相同,但都必须坚定只有社会主义才能救中国、只有中国特色社会主义才能发展中国的历史自信和政党自信——这种自信既是对马克思主义真理的坚守,也是对中国革命、建设、改革、复兴实践的总结。"当今世界,要说哪个政党、哪个国家、哪个民族能够自信的话,那中国共产党、中华人民共和国、中华民族是最有理由自信的。"②100多年党史的辉煌成就,70多年国史的沧桑巨变,40多年改革开放的惊艳世界,新时代10多年的惊天动地,充分诠释了马克思主义的真理力量和社会主义制度的巨大优势,绘就了一幅幅大踏步走向民族复兴的斑斓画卷。过往成就令人欣慰,前行道路依然艰巨,复兴征程不可能一帆风顺,全面建成社会主义现代化国家绝不可能敲锣打鼓轻松实现。当前,一些历史虚无主义思潮充斥网络媒介,丑化党的形象,否定党的历史,歪曲马克思主义和社会主义,严重搅乱人们对民族复兴前景和中国特色社会主义图景的认知。面对复杂环境和复兴目标,党必须持续加强思想建设,以马克思主义中国化时代化的理论成果武装自己,坚定理论自信,充实政党自信,以充沛的思想力量激扬走向复兴的奋进力量。

全面从严治党必须加强党的思想建设。"四个全面"战略布局是党在新的历史起点上坚持和发展中国特色社会主义新探索新实践的重要成果,全面从严治党为协调推进"四个全面"战略布局确定正确的前进方向、确立科学的发展目标、凝聚强大的中国力量、提供坚强的政治保证。全面从严治党战略部署体现了党对自身使命的深刻认知和对时代特点的科学把握,既是党治国理政的重

---

① 马克思、恩格斯:《马克思恩格斯选集》第四卷,人民出版社,2012,第601页。
② 习近平:《在庆祝中国共产党成立95周年大会上的讲话》,《求是》2021年第8期,第4—20页。

大战略部署,也是党持续加强自身建设的决心和态度。坚持和落实全面从严治党战略部署,首先要引导全党从思想上深刻认识党的建设重大意义和基本要求,充分认识党要管党、从严治党的必要性和紧迫性,齐心协力推进党的建设新的伟大工程。"掌握思想教育,是团结全党进行伟大政治斗争的中心环节。如果这个任务不解决,党的一切政治任务是不能完成的。"①思想统一是全党行动有力的前提条件,是党组织发挥内在管理效能和外在行动效能的重要保障。各级党组织必须按照党中央统一部署和要求,严格思想教育,规范组织生活,将党员集中教育和日常教育结合起来,将思想政治理论学习和具体业务工作统一起来,将党员干部的思想认识统一到党和国家中心工作上来,使初心使命永远刻印在党员心间、理想信念永远滋润着党员灵魂。当前,党的思想建设方面存在一些严重隐患:一是部分党员入党动机不纯,不是基于对马克思主义真理的信仰、对中国特色社会主义共同理想的认同而申请入党,只是"把入党、当干部作为个人或家庭、亲属获取利益的政治资本"②,将党员身份作为职务晋升的台阶;二是部分党员的党性修养不够,在大是大非面前不敢亮剑,在原则立场面前模棱两可,成为模糊了党员身份、淡化了党性意识的"口袋党员""影子党员";三是部分党员的理想信念动摇,对社会主义前景和共产主义理想缺乏信心,对马克思主义理论的认知止于皮毛,信奉西方理论和西方话语,世界观、价值观、人生观、公私观、是非观、义利观出现严重认知偏差。思想松动一寸,行动松塌一尺,党的思想建设是推动党和国家事业赓续发展的强大力量,全面从严治党必须夯实党的思想建设基础。党和国家事业越到攻坚克难的关键阶段,全党越需要理论的自信、精神的坚定、思想的清醒,越需要以新的方式和途径巩固思想建设成效、推动思想建设发展。

四、党的思想建设要持续强化

政党是一种代表一定阶级和阶层的根本利益并由其中一部分最积极分子组成而拥有共同政治主张的政治组织③。明确的政治理想、坚定的政治信仰、清晰的奋斗目标是支撑政党存续和发展的精神基石,是政党保持思想统一、行动一致的前提条件。马克思、恩格斯指出:"共产主义革命就是同传统的所有制关系实行最彻底的决裂;毫不奇怪,它在自己的发展进程中要同传统的观念实

---

① 毛泽东:《毛泽东选集》第三卷,人民出版社,1991,第1094页。
② 习近平:《扎实做好保持党的纯洁性各项工作》,《求是》2012年第6期,第3-7页。
③ 王惠岩:《政治学原理》,高等教育出版社,2006,第254页。

行最彻底的决裂。"①党只有同传统观念决裂,以科学的世界观和方法论塑造自我观念、指导自身建设,才能保证党的坚强有力和长期执政地位,完成引领社会革命的历史任务。

加强思想建设是党保持行动一致的基本前提。对于任何政治组织而言,没有思想统一就不可能有一致行动,没有共同的政治纲领就不可能有强大的组织力、凝聚力、战斗力。政党的运行和发展必须遵循政治组织建设的普遍规律,保持统一的思想意志和强劲的组织效能,使全体党员对党的理念、纲领、方针拥有清晰的认知和自觉的认同,从而在"心往一处想"的思想基础上形成"劲往一处使"的行动合力。我们党建立以来,一直高度重视思想建设的支撑作用,毫不动摇地坚持马克思主义的指导地位,结合实践需要和时代条件不断发展马克思主义,以马克思主义中国化时代化的最新成果武装全党,与时俱进地保持指导思想的科学性,千方百计地提升党员干部的先进性,持之以恒地突出组织体系的有效性。百余年来,正是共同的思想理念和精神追求将全体党员凝聚在党的旗帜下,赋予我们党步调一致的行动力和攻坚克难的战斗力,使党爆发出改变中国、影响世界的巨大创造力和生命力。打铁必须自身硬,身硬先得思想硬。党面临着推进社会革命和深化自我革命的永恒课题,承载着实现民族复兴、造福人类社会的历史责任,肩负着推进中国式现代化的重大任务,使命无上光荣,任务极其艰巨,必须以更高的战略视野和更严的标准要求推进新时代党的思想建设。党的十八大以来,以习近平同志为核心的党中央充分肯定了历史时期思想建党的成效和经验,结合新的形势和要求对党的思想建设作出新的战略部署,将长期以来合并表述的思想政治建设区分为政治建设和思想建设,既突出政治建设的首要地位和统领意义,又强调思想建设的基础地位和支撑意义,更加注重以思想统一确保党的组织有序、行动一致,充分体现了长期执政环境下党对思想建设重要性的深刻认知。

加强思想建设是党永葆先进性的基础条件。为实现共产主义而奋斗是人类最为璀璨壮美的伟大事业,是无产阶级与生俱来的神圣使命。马克思主义政党的先进性源于其所承载的崇高使命,但要永葆先进性则必须依赖于科学理论的武装和保障。无产阶级不可能通过自发的斗争而完成解放全人类的历史任务,必须在科学理论的指导下因势利导、团结战斗,以思想的成熟保证行动的有力和使命的赓续。只有保证思想理论的科学性,才能使党在引领社会革命的全部

---

① 马克思、恩格斯:《马克思恩格斯选集》第一卷,人民出版社,2012,第421页。

历史进程中始终朝气蓬勃。持之以恒地加强党的思想建设，与时俱进地发展和创新党的思想理论，这是党在引领社会革命过程中永葆先进性的重要条件。自建党之日起，思想理论的先进性就是党的显著优势。党将未受第二国际社会民主主义污染的马克思列宁主义作为指导思想，以"两个结合"为原则形成了一系列马克思主义中国化时代化的理论创新成果，指导着党和人民事业的开拓发展，推动着中国式现代化和中华民族复兴的历史进程。以科学理论武装自己并指导实践，是党走在时代前列的资本、引领社会发展的保证、拥有执政资格的优势、保持先进特质的密钥。思想理论先进性融贯于具体历史时期党的顶层设计各领域各层面，体现在党的纲领、章程、制度、作风、路线、方针、政策、决策等显性和隐性要求之中。其中，党的纲领"在全世界面前树立起可供人们用来衡量党的运动水平的里程碑"①，充分宣示了党非同一般的远大抱负和别具一格的理想信念，统括诠释了党在各方面的先进性要求。党从来没有也从不追求任何私利，始终将消灭阶级差别、实现共同富裕作为持续不懈的奋斗目标，将实现共产主义作为恒定不移的最高纲领，将维护和发展人民群众的根本利益作为亘古不变的价值追求，充分展示了党在性质、目标、宗旨、理念等方面的先进性。邓小平指出："同资产阶级的政党相反，工人阶级的政党不是把人民群众当作自己的工具，而是自觉地认定自己是人民群众在特定的历史时期为完成特定的历史任务的一种工具。"②党的阶级属性和人民属性有机统一，在社会革命的任何时期都坚持代表最广大人民的根本利益，都坚持成为凝聚群众力量、引领群众前进的先锋队。百余年奋斗中，党始终坚守马克思主义政党的先进性要求，以科学理论指导自身各项建设，坚持民主集中制的组织原则，提出了一系列坚持和践行群众路线的观点与要求，塑造了自身良好形象，巩固了自身执政基础。

加强思想建设是党实现长期执政的重要保障。长期执政是党的执政夙愿，是党超越其他政党的重要特征和政治信念③。党的长期执政地位同党的思想理论和执政理念密不可分，党的思想理论保证了党与时俱进而永远走在时代前列，党的执政理念保证了党和人民群众牢不可破的血肉联系。党的思想理论和执政理念都以思想建设为基础，都要通过强化理论武装、凝聚思想共识而产生

---

① 马克思、恩格斯：《马克思恩格斯文集》第三卷，人民出版社，2009，第426页。
② 邓小平：《邓小平文选》第一卷，人民出版社，1994，第217—218页。
③ 宇文利：《论中国共产党的长期执政》，《西北工业大学学报》(社会科学版)2022年第1期，第11—17页。

实效。从这一角度而言,思想建设是党巩固长期执政地位和提高长期执政能力的关键要素,保证了党不断净化完善而始终成为中国特色社会主义的坚强领导核心。一方面,思想建设是党把握历史主动的保障。人类社会运动是合规律性和合目的性的统一,既受客观规律支配而表现出一种历史必然性,又受历史主体的实践追求影响而彰显着鲜明的主体能动性。任何主体只有在遵循客观规律的前提下发挥主观能动性,才能达成预定目的、推动社会进步。党正是以马克思主义作为观察世界和改造世界的理论武器,这才拥有敏锐的社会历史洞察力,顺应社会历史发展规律而不断推进党和人民的事业。另一方面,思想建设是党保持性质宗旨的保障。为谁执政、靠谁执政,是判断一个政党能否拥有执政地位、能否进行长期执政的根本标准。党从建立伊始就没有任何自己的特殊利益,一直保持着无产阶级先锋队、中国人民和中华民族先锋队的性质定位,将自己定义为服务无产阶级和最广大人民群众的忠实公仆,始终秉承立党为公、执政为民的服务宗旨,坚持践行来自群众、为了群众的群众路线,由此在革命、建设、改革、复兴的各个历史时期都得到人民群众的热烈支持与倾心拥护。党之所以拥有长期执政地位,根本上是因为人民群众对党的性质宗旨和执政理念的认同。党的思想建设就是要教育和引导党员干部深刻认识党的奋斗历史和基本理论,科学认识共产党执政规律、社会主义建设规律、人类社会发展规律,把握历史主动、不忘初心使命,为维护和发展人民群众的根本利益而干事创业,为党的长期执政奠定思想和群众基础。

第三节 让党的精神大厦巍然耸立

内无妄思则外无妄动,心有所信则行稳致远。思想建设是党的建设系统工程的先导性要素,思想建党、理论强党是我们党历经艰难困苦而不断发展壮大的重要原因。随着党和国家事业进入高质量发展的新阶段,必须与时俱进提升党的思想建设质量,提高全党运用马克思主义分析和解决实际问题的能力,"以更宽广的视野、更长远的眼光来思考把握未来发展面临的一系列重大问题"[①],为全面建设社会主义现代化强国、全面推进中华民族伟大复兴提供强大理念引领和先进思想支撑。新时代新征程上推进党的思想建设,必须以理论

---

① 习近平:《坚持用马克思主义及其中国化创新理论武装全党》,《求是》2021年第22期,第4—17页。

创新为基础、以理论武装为关键、以思想统一为归宿，实现理论创新、理论武装、思想统一的彼此协调和相互推进。

一、锚定思想建设基本目标

目标导向是政党建设的基本原则，是马克思主义建党学说的实践要求。党的建设目标是党根据自身政治方向和价值立场而提出的发展预测、前景判断，同党所处的历史方位息息相关，关乎党的建设效果和党的事业成败。党的十八大以来，党中央根据新时代党的中心任务和不同层次党员的个体实际而确定了党的思想建设目标，着力增强党员的理想信念和政治信仰，积极提升党的思想领导力、引领力，体现出导向性、可执行性、实践性相统一的鲜明特点。

新时代党的思想建设旨在提高党的思想领导能力，保持党的先进性。先进性是马克思主义政党同其他政党的根本区别，马克思主义政党的先进性首先表现为思想理论的科学正确和与时俱进。纵观世界各国马克思主义政党建设史，无不注重思想建党和思想领导，无不在建党之始便以马克思主义理论组织政党、武装政党，将马克思主义世界观作为政党建设的理论基石，以先进的思想理论保证党的先进性和思想领导效能。我们党自建立之日起，就以先进的马克思主义理论为指导思想，以持续而自觉的理论创新保持指导思想的永远先进，以常态化开展的思想教育不断提高党员队伍的理论修养和精神境界。加强党的思想建设，就要以中国化时代化马克思主义武装全党，保持党的思想理论先进，将党的思想领导落到实处。先进观念和科学意识不会在党员头脑中自发产生，党要重视以由外而内的灌输方式向党员传递先进的社会意识，提升党员的理论水平和思想境界。毛泽东强调："掌握思想教育，是团结全党进行伟大政治斗争的中心环节。如果这个任务不解决，党的一切政治任务是不能完成的。"[①]思想领导是党的领导的灵魂，若不解决思想教育和思想领导的问题，党的领导优势就无法体现，党的历史使命也无法完成。当前，百年变局和复兴大局相互交织，各种社会思潮交锋交流，党员思想状况出现新的变化，这对党的思想领导提出新的挑战，对党的思想建设提出新的要求。党必须将强化科学理论武装、提升思想领导能力作为思想建设的关键任务，不断提升党员干部的形势判断能力、理论创新能力、思想认知能力，使每位党员都能自觉运用马克思主义中国化时代化最新成果武装自己，使全党保持政治思想统一、政治信仰坚

---

① 毛泽东：《毛泽东选集》第三卷，人民出版社，1991，第1094页。

定，从而真正发挥思想领导效能。

新时代党的思想建设旨在提升基层党组织的思想引领能力，保持党的凝聚力。思想引领能力是一种以共同的政治信仰和价值追求而形成的意识形态凝聚力，是以党的创新理论武装头脑、统一思想、指导实践、抵御一切错误思潮干扰的能力。列宁指出："任何国家的共产党，任何国家的思想界，都要创造新理论，写出新的著作，产生自己的理论家，来为当前的政治服务。"[1]党的思想引领力主要体现为以"两个结合"为原则推进马克思主义中国化时代化的理论创新能力，以中国化时代化马克思主义最新成果指导全党的理论武装能力。增强思想引领力、掌握意识形态话语权，是基层党组织发挥战斗堡垒作用、凝聚干部群众的重要途径。基层党组织只有以党的创新理论武装自己、引导群众，才能推动党员干部和人民群众形成思想上的共识、精神上的共情，才能使无形的理论力量因群众掌握而变成强大的物质力量，形成干群心往一处想、劲往一处使的奋斗局面。提升基层党组织的思想引领力是一个长期的课题和动态的过程，面临着国内外形势变化和多元化思潮传播带来的一系列考验和挑战。随着基层党组织的数量持续增加、规模日益扩大，党员的成分差别、知识差异、能力差距不断凸显，用马克思主义理论凝聚党员干部和广大群众思想共识的难度不断增加。党员队伍存在的精神懈怠、能力不足、脱离群众、消极腐败等问题都同思想观念密切关联，都同新自由主义、历史虚无主义等非马克思主义思潮对马克思主义指导地位的冲击不无关系。"马列主义、毛泽东思想的基本原则，我们任何时候都不能违背，这是毫无疑义的。但是，一定要和实际相结合，要分析研究实际情况，解决实际问题。"[2]结合时代语境，运用信息技术深入宣传党的创新理论，引导全体党员和广大群众及时掌握党的理论创新成果，产生更加强烈的情感认同和更加自觉的政治认同，是基层党组织思想建设的中心任务。

新时代党的思想建设旨在提高党员干部的党性修养和政治定力，保持党的战斗力。政治定力是共产党员党性修养的关键问题，是党员政治意识、政治能力、政治智慧的集中表现，是一种政治上忠贞不渝、思想上坚信不疑、行动上坚定不移并能自觉排除各种错误干扰、保持正确政治方向的能力。党员的政治定力决定着党员能否面对风浪考验而坚定政治方向，能否面对利益诱惑而保持

---

[1]《列宁专题文集　论无产阶级政党》，人民出版社，2009，第70页。
[2] 邓小平：《邓小平文选》第二卷，人民出版社，1994，第114页。

政治本色，能否面对大是大非而站稳政治立场，能否面对复杂环境而守住主流阵地，关乎党的组织基础是否牢固、党的事业能否赓续前进。党的十八大以来，党中央将保持党员政治定力作为事关党和国家前途命运的重大问题，以政治定力检验党员干部的理想信念是否坚定、政治品格是否忠诚，要求"每一个共产党员特别是领导干部都要牢固树立党章意识，自觉用党章规范自己的一言一行，在任何情况下都要做到政治信仰不变、政治立场不移、政治方向不偏"①。政治定力源于坚定的政治信仰，党员干部只有理论成熟、信仰坚定，才能拥有"泰山崩于前而色不变，麋鹿兴于左而目不瞬"的政治定力。当前，一些党员干部面对紧急险重情况容易产生畏难退缩情绪，理想信念有所弱化，奋斗精神有所退化，这些情况都指向政治信仰的淡化松动。因此，新时代党的思想建设必须从知行结合的角度开展常态化、全覆盖的思想政治教育，引导党员干部不断更新思维方式、深化理论功底，科学认知政治发展进程和历史演进规律，深刻把握社会政治活动的必然性和规定性，从而把对政治发展的理性思考转化为政治行为的理性践行，筑牢政治信仰的基石，保证政治定力的提升。

二、自觉推动党的理论创新

创新是马克思主义永葆生机活力的奥妙所在，理论创新是加强党的思想建设的内在要求。党的理论创新是一个历史的演进过程，是一代代共产党人赓续努力的成果。从领导新民主主义革命到谱写中国特色社会主义新篇章，从提出"党的建设是一项伟大的工程"到提出建设学习型、服务型、创新型的马克思主义执政党，党逐渐从强调革命功能的工具性组织转变为重视思想引领的创新型组织，结合革命、建设、改革、复兴的实际需要，不断调整和更新纲领、目标、任务、路线、方针、政策，持续推进实践基础上的理论创新，形成与社会发展同步、与时代潮流共舞的领导力和凝聚力。

推进党的建设理论创新是新征程上管党治党的迫切需要。只有以先进的科学理论武装全党，党才能制定正确的路线、方针、政策，始终成为中国特色社会主义伟大事业的坚强领导核心。只有以党的理论创新成果作为全体党员的思想基础和精神支柱，党才能保持团结和统一，发挥战斗力、引领力、创造力。"真正的马克思列宁主义者必须根据现在的情况，认识、继承和发展马克思列

---

① 习近平：《习近平谈治国理政》第一卷，外文出版社，2018，第386页。

宁主义。"①党的十八大以来，以习近平同志为核心的党中央立足新时代全面从严治党实践，积极推动马克思主义建党学说的创新发展，强调以坚持和发展党的全面领导为基本原则，以加强党的长期执政能力建设为根本主线，提出人民衷心拥护、勇于自我革命、朝气蓬勃等具体目标，在党的建设布局中扩充了政治建设、纪律建设两大模块，回应了增强党的长期执政能力的内在需求，突出了党的宗旨使命的时代意蕴，强化了党的政治属性和政治能力要求，为新时代新征程党的建设提供了具有鲜明中国特色的思想指引和理论遵循。

党的理论创新必须以实践为基础，以指导思想的创新发展为核心。实践具有客观实在性，实践创新是理论创新的动力源泉。人们在改造客观世界的实践活动中形成了揭示事物规律性的科学理论，这些理性认知又在指导实践的过程中不断更新、与时俱进。在实践基础上推进理论创新，以实践成效检验理论创新，实现理论创新和实践创新的良性互动，是马克思主义认识论的基本观点。随着实践基础和时代条件的变化，党的指导思想必然要与时俱进，敢于讲"老祖宗没有说过的话"②，及时回答新情况下出现的新问题。不过，党的理论创新固然不能一切以"老祖宗"的本本为要，但又不能粗暴地抛弃"老祖宗"的思想精髓，而要坚持马克思主义贯穿始终的立场、观点、方法，否则就会脱离马克思主义的科学轨道，最终走上改旗易帜的不归路。习近平强调："马克思主义就是我们共产党人的'真经'，'真经'没念好，总想着'西天取经'，就要贻误大事！"③新征程上推进党的理论创新，必须以"两个结合"为根本原则，坚持马克思主义中国化时代化的主线，在坚守马克思主义世界观和方法论的前提下讲新话、立新意、开新局。

党的十八大以来，习近平提出的"补钙论""道德基础论""同向发力论"等一系列重要论述论断是党的思想建设理论的重大创新。第一，"补钙论"将坚定理想信念作为党的思想建设的首要任务，强调理想信念是共产党人安身立命的根本，坚定理想信念是全面从严治党的关键。随着信息时代多元文化的交流交锋，党员的思想行为不可避免地受到影响，部分党员的马克思主义信仰、中国特色社会主义信念、共产主义理想发生动摇，不信马列拜鬼神，不信真理信金钱。这些否定和歪曲马克思主义的错误认知对党的思想基础和执政地位产生了不同程度的冲击，而其根源则在于党员干部理想信念的松动。推进全面从

---

① 邓小平：《邓小平文选》第三卷，人民出版社，1993，第291页。
② 邓小平：《邓小平文选》第三卷，人民出版社，1993，第91页。
③ 习近平：《在全国党校工作会议上的讲话》，《求是》2016年第9期，第3-13页。

严治党,永葆党的政治本色,必须筑牢共产党人的信仰基石,拧紧理想信念"总开关",引导"党员干部坚定理想信念、增强党性"①。第二,"道德基础论"将提高道德修养作为党的思想建设的基础工作,要求党员干部把提升道德修养作为必修课。党员是党的肌体细胞和组织基石,党员质量在相当程度上决定着党的建设水平和群众基础,党员的道德品质出现偏差必然影响党的先进性和纯洁性,破坏党的口碑和形象。"为政以德,譬如北辰",加强道德修养是共产党人的终身课题。党提出"德才兼备、以德为先"的干部选拔标准,要求党员干部以社会主义道德规范涵养精神世界、提高道德情操,以良好的道德修为保持自身清正廉洁,赢得群众支持信任。第三,"同向发力论"将思想建党和制度治党有机结合,提出党的思想建设制度化的明确要求。党中央出台《干部教育培训工作条例》《党政领导干部选拔任用工作条例》等法规制度,推进"两学一做"学习教育、"不忘初心、牢记使命"主题教育、党史学习教育常态化制度化,为坚持和推进思想建党提供了制度保障和载体平台。

党的思想建设没有休止符,党的思想建设理论创新没有完成时。"我们进行理论创新,就是要使我们党的基本理论在继承的基础上不断吸取新的实践经验、新的思想而向前发展。"②党的思想建设理论创新必须坚持与时俱进原则、贯穿问题导向,精确把握历史方位的变化、时代课题的要求、实践创新的特点,深入研究和回答具体历史时期思想建设面临的理论和实践问题,以创新的思想建设理论成果指导思想建设实践进展。随着世情、国情、党情、社情、民情的深刻变化,党的思想建设面临着扩大组织规模和保持团结统一、坚持意识形态一元化领导和维护文化生活多样性等一系列矛盾与考验,必须结合新征程上党的建设中心任务,积极创新思想建设的方式、载体、内容,有效应对多元文化的冲击,不断增强党的思想引领力,切实巩固党的执政基础和执政地位。

三、不断强化党的理论武装

没有先进的理论武装,党员的先锋模范作用就无法发挥,党的先进性和纯洁性就无法得到保障。从初步介绍俄国十月革命成果到深入学习贯彻习近平新时代中国特色社会主义思想,党始终以多种多样的宣传教育方式推动马克思主义中国化时代化最新成果入脑入心、见行见效,提高全党理论水平,保证党的

---

① 习近平:《习近平谈治国理政》第四卷,外文出版社,2022,第523页。
② 江泽民:《论"三个代表"》,中央文献出版社,2001,第48页。

思想统一。理论武装是党的思想建设的关键环节，强化理论武装是党始终保持旺盛战斗力和强大凝聚力的重要法宝。新时代新征程全面加强党的思想建设，就要以习近平新时代中国特色社会主义思想武装全党，"组织实施党的创新理论学习教育计划，建设马克思主义学习型政党"[①]。

推进集中教育常态化。以集中性教育和经常性教育相结合的方式，推动马克思主义中国化时代化理论成果入脑化行，是党的思想建设和党员干部教育的有效路径与重要经验。党的十八大以来，党中央连续开展了群众路线教育实践活动、"三严三实"专题教育、"两学一做"学习教育、"不忘初心、牢记使命"主题教育、党史学习教育、学习贯彻习近平新时代中国特色社会主义思想主题教育、党纪学习教育、深入贯彻中央八项规定精神学习教育等一系列集中教育活动，以县处级以上领导干部为重点教育对象，以马克思主义经典原著、党的重要文献、党的路线方针政策、党史国史、习近平系列重要讲话精神为主要学习内容，以中心组理论学习、各级各类干部教育培训、理论宣讲、网络学习为基本学习方式，整体提升了党员干部的思想理论水平，充分发挥了"关键少数"的示范引领作用，进一步筑牢了全体党员同党中央保持高度一致的思想自觉和行动自觉。新征程上加强党的思想建设，必须坚持以真理的光芒指引前行的方向，适时围绕马克思主义中国化时代化最新成果开展集中教育活动，深化全体党员对共产党执政规律、社会主义建设规律、人类社会发展规律的理性认识，使他们在深入系统学习党的创新理论的过程中自觉强化理论武装、不断推进理论创造。

完善理论武装机制。学习贯彻习近平新时代中国特色社会主义思想是当前和今后一段时期的政治任务，是用党的创新理论武装全党的关键所在。推进和强化党的创新理论武装工程，既需要党员干部的政治自觉和思想自觉，也需要发挥制度的刚性约束和保障作用。《关于新形势下党内政治生活的若干准则》《中国共产党支部工作条例（试行）》都提出了坚定理想信念的明确要求，为完善理论武装机制提供了党内法规条例。党必须围绕"谁来武装、武装什么、怎样武装"的逻辑过程，建立健全体现时代性、富有实效性的党员理论学习和考核制度。在干部教育方面，要建立定期轮训和专题培训制度，充分利用各级各类党校、行政学院、高校的资源优势开展初任培训、任职培训、专门业务培

---

① 习近平：《高举中国特色社会主义伟大旗帜　为全面建设社会主义现代化国家而团结奋斗——在中国共产党第二十次全国代表大会上的报告》，《人民日报》2022年10月26日第1版。

训和在职培训，保证培训内容的针对性，扩大培训对象的覆盖面，增强理论武装的时效性。在学习考核方面，要确立以知行合一为导向的考核制度，把运用党的创新理论指导实践情况作为检验党员学习效果的重要标准和基层党组织"三会一课"落实情况的重要参考，以此判断党组织的理论教育是否有效、党员的理论学习是否合格，促使党员将理论学习作为严肃的政治责任和工作态度，增强理论武装的实效性。

提升党员干部的党性修养。党性是共产党人立身、立业、立言、立德的基石，坚持党性党风党纪一起抓、提高党员党性觉悟是新征程上全面从严治党战略部署的重要内容。党性修养不会随党龄增长和职务晋升而增强，提高党性修养需要党员干部时刻牢记、毕生努力、常修常炼、常悟常进，无论顺境逆境都能坚贞不渝，经受住大浪淘沙的历练和考验。新征程上提升党员党性修养，必须以习近平新时代中国特色社会主义思想为引领，要求党员干部自觉"同党中央要求'对标'，拿党章党规'扫描'，用人民群众新期待'透视'，同先辈先烈、先进典型'对照'"[1]，坚定中国特色社会主义信念和共产主义理想，不断提高政治觉悟和认知能力，积极培养健康向上的共产主义道德觉悟。"一语不能践，万卷徒空虚"，提升党员党性修养决不能成为伦理学意义上的思想说教，而要注重在理论和实践相结合的过程中自省自为，引导党员干部在实践中深刻体会立党为公、执政为民的价值立场，将区分公私之利作为衡量党性强弱的试金石，着力锻造为公为民的党性意识。

加强党的宣传思想工作。宣传思想工作担负着"举旗帜、聚民心、育新人、兴文化、展形象"的重要任务，是共产党人保持思想先进性的重要途径。新征程上推进党的宣传思想工作，必须坚持党性和人民性相统一的原则，坚定维护党中央权威，坚持正确政治方向，面向群众积极宣传党的基本理论、路线、方针、政策，强化马克思主义在意识形态领域的指导地位，增进人民群众的思想共识，满足人民群众的精神需求；必须坚持打铁自身硬、善事先利器，加强党的理论武装队伍建设，以集中培训和个人自学等多种方式提高领导干部的理论素养，提升党的理论工作者和社会科学研究工作者的理论水平，使领导干部成为令人信服的行家里手，使广大科研工作者成为知行合一的理论战士；必须充分利用现代信息技术拓展宣传思想工作的推进渠道，依托"学习强国"

---

[1] 习近平：《在"不忘初心、牢记使命"主题教育总结大会上的讲话》，《求是》2020年第13期，第4-15页。

及微信等传播快、受众广的新媒体平台深入宣传党的创新理论，并在传播正能量、弘扬主旋律的同时，认真践履媒体管理责任，"严密防范和抑制网上攻击渗透行为，组织力量对错误思想观点进行批驳"①，及时清理网络负面信息，营造风清气正的网络宣传环境；必须持续推进马克思主义大众化，在宣传思想工作的广泛性和实效性上下功夫，围绕干部群众需求来创新语言表达和传播方式，以社会大众喜闻乐见的方式和语境开展思想宣传、理论教育，"把握好时、度、效，增强吸引力和感染力，让群众爱听爱看、产生共鸣"②，使群众更加生动地理解马克思主义的真谛，更加自觉地树牢马克思主义信仰，进一步坚定"四个自信"，增强历史主动。

四、始终确保全党思想统一

没有思想的统一，就没有步调的一致，党的事业就无法起步和推进。党的十二届二中全会将"统一思想"作为整党的首要任务，强调统一思想"就是进一步实现全党思想上政治上的高度一致，纠正一切违反四项基本原则、违反十一届三中全会以来党的路线的'左'的和右的错误倾向"③。确保全党思想统一是党的思想建设的逻辑归宿，是提升党的凝聚力、保证党的引领力的必然要求。但是，思想具有内隐性、复杂性，在利益诉求多样化、思想文化多元化的社会环境下，统一全党思想面临着不少挑战和困难，需要继承发扬党的思想政治工作优良传统，充分发挥党的组织工作优势，加强思想领导和理论指导，不断提升党的凝聚力和号召力，从容应对新征程上的新课题。

坚持实事求是的思想路线。能否确立并坚持一条正确的思想路线，是关系党的生存发展和党的事业成败的根本性问题。邓小平指出："我们共产党有一条，就是要把工作做好，必须先从思想上解决问题。"④自延安整风运动以来，解放思想、实事求是就成为党始终坚持的思想路线，为党从逆境中奋起、在曲折中前进提供了思想保障。新征程上加强党的思想建设、实现党的思想统一，必须自觉坚持解放思想、实事求是的思想路线，立足具体国情和时代特点创造性地发展运用马克思主义理论，将一切从实际出发作为根本出发点，将理论联

---

① 中共中央党史和文献研究院编《习近平关于网络强国论述摘编》，中央文献出版社，2021，第52页。
② 习近平：《习近平谈治国理政》第一卷，外文出版社，2018，第155页。
③ 中共中央文献研究室编《十二大以来重要文献选编》上，人民出版社，1986，第393页。
④ 邓小平：《邓小平文选》第一卷，人民出版社，1994，第184页。

系实际作为根本思想原则，坚持在实践中检验真理和发展真理。全体党员要铭记苏联共产党理论僵化、知行脱节的历史教训，将解放思想、与时俱进、求真务实的正确原则落实到党的建设具体工作中，坚持真理、积极求索，以创造性工作和创新性思维不断开拓党的思想建设新局面，使党的思想理论始终回应时代重大课题、满足自身建设需要，以全党思想统一推动党的建设高质量发展。

推进党内政治文化建设。红色精神是中国共产党人革命精神的象征和独树一帜的血脉标识，是党团结带领人民攻坚克难、创造辉煌的精神支柱和宝贵财富，是党内政治文化的底色和特色。习近平强调："用好红色资源，传承好红色基因，把红色江山世世代代传下去。"[①]红色精神发源于中华民族炽烈厚重的"尚红"情结，发轫于马克思主义者坚韧不拔的革命品格和久久为功的奋斗精神，发展于波澜壮阔的革命、建设、改革、复兴实践进程，具有深邃的理论渊源、深厚的文化底蕴、深沉的实践根基，承载着中国共产党人的宗旨意识和初心使命。在引领社会革命的百余年奋斗中，党锻造形成了一系列以伟大建党精神为源头的红色精神，如新民主主义革命时期的苏区精神、长征精神，社会主义革命和建设时期的"两弹一星"精神、铁人精神，改革开放新时期的特区精神、抗洪精神，新时代的脱贫攻坚精神等。事业发展永无止境，红色精神历久弥新。各级党组织要坚持以红色精神引领党内政治文化建设，以红色精神的价值向度和实践要求统一党员的思想和行动，弘扬光荣传统，传承红色基因，使党员在利益诱惑和风险考验面前永葆初心、永续使命。

巩固党对意识形态工作的领导。意识形态是党的思想建设的关键领域，建设具有强大凝聚力和引领力的社会主义意识形态是走好新长征路的重要保障。党的十八大以来，党同历史虚无主义等各种错误思潮进行坚决斗争，打赢了各种敌对势力发动的没有硝烟的思想战、舆论战，正是意识形态领域斗争在思想建设方面的具体体现。新征程上加强党的思想建设，必须始终坚持并全面强化党对意识形态工作的领导，提升宣传思想工作的精准性、覆盖面和影响力，凝聚全党的力量、智慧和共识，巩固马克思主义在意识形态领域的指导地位，增强对意识形态领域风险的防范意识，壮大社会主义主流意识形态阵地，为全面从严治党和治国理政创造良好的舆论环境，确保党始终保持青春活力、立于不败之地。

---

① 习近平：《用好红色资源，传承好红色基因，把红色江山世世代代传下去》，《求是》2021年第10期，第4-18页。

发挥基层党组织的能动作用和领导作用。思想政治教育是党的传家宝，是党的一切工作的生命线。党支部作为基层社会组织的领导核心，承担着党员教育管理的重要职责，要在发展党员、教育党员、管理党员和密切联系群众、回应群众诉求的过程中推动党的思想建设向纵深发展、向基层延伸，增加以"三会一课"为主体的支部组织生活的政治属性和理论厚度，提升党员的思想认知和理论水平，增强党组织的行动号召力和党员的思想凝聚力，保持党的思想统一，强化党的思想领导。党的各类活动都应该融入思想教育内容，既促进党员干部的思想认同和行动一致，也对广大群众进行党的价值观念、政治理念、理想目标教育，使群众认可和赞同党提出的政治主张、政治目标、政治策略，从而凝聚起全面推进党的建设新的伟大工程的强大力量。

第五章

当深根固柢：
组织建设是力量之源

"万物得其本者生，百事得其道者成。""马克思主义政党力量的凝聚和运用，在于科学的组织"①，重视组织建设、发挥组织优势是马克思主义政党的鲜明特点。中国共产党是拥有优良组织基因和独特组织优势的马克思主义政党，历来注重从净化组织、整顿组织、巩固组织的建设实践中获得源源不断的创造力、凝聚力、战斗力，为推进党的事业提供坚实的组织支撑。我们党的组织建设包括组织路线的确立、民主集中制的完善、组织体系的构建、党员干部队伍的培养、组织纪律的强化等多个方面，这些在党的建设总布局中具有固本培元的重要意义。党的政治建设、思想建设、作风建设、纪律建设、制度建设、反腐败斗争的举措能否落地、成效能否持久，直接依赖于党组织和党员队伍建设水平的高低。只有建立健全全面从严治党的组织体系，将党的各级组织锻造得坚强有力，"让组织体系的经脉气血畅通起来，让党支部强起来"②，才能将党的全面领导落实到治国理政各层面，才能将党的建设新的伟大工程不断推向新胜利。

第一节 组织建设是党的建设的重要基础

"求木之长者，必固其根本；欲流之远者，必浚其泉源。"无产阶级之所以在争夺政权的斗争中成为不可战胜的政治力量，就是因为"它根据马克思主义

---

① 习近平：《始终坚持和充分发挥党的独特优势》，《求是》2012年第15期，第3—7页。
② 习近平：《在中央和国家机关党的建设工作会议上的讲话》，《求是》2019年第21期，第4—13页。

原则形成的思想统一是用组织的物质统一来巩固的"①。组织是政党的细胞，政党的力量来自组织，拥有严密系统的组织体系"是马克思主义政党的优势所在、力量所在"②。组织建设是党的建设的重要基础和强基固本的重要工程，为党的政治建设、思想建设、作风建设、纪律建设、制度建设、反腐败斗争提供主体保障和工作抓手。党的十八大以来，以习近平同志为核心的党中央将组织建设作为全面从严治党的重要推力，提出了一系列加强组织建设的新理念、新要求、新举措，深化了对马克思主义政党组织建设的规律性认识，为新形势下推进党的组织建设提供了理论遵循和实践路径。

一、组织体系建设是组织建设的核心领域

"根深则本固，基美则上宁。"马克思主义政党只有建立科学严密、行动有力的组织体系，才能完成破坏旧世界、创造新世界的历史使命。恩格斯强调，工人阶级"只有把自身组织成为与有产阶级建立的一切旧政党不同的、相对立的政党，才能作为一个阶级来行动"③。我们党在领导革命、建设、改革、复兴的实践进程中，按照民主集中制的组织原则和领导制度，建立了中央、地方、基层三个有机衔接的组织层级，形成了上下贯通、严密有序的组织体系和步调一致、众志成城的组织力量，这是当今世界任何政党都无可比拟的组织优势。

党的中央组织是组织体系的最顶层，拥有最高领导权、决策权、监督权，包括党的全国代表大会及其选举产生的中央委员会和中央纪律检查委员会、中央委员会选举产生的中央政治局和中央政治局常务委员会、中央政治局常务委员会提名并由中央委员会通过的中央书记处、中央委员会决定的中央军事委员会。其中，全国代表大会和中央委员会是党的最高领导机关，中央政治局、中央政治局常委会是党的领导决策核心，中央纪律检查委员会是党的最高纪律检查机关，中央军事委员会是党的最高军事指挥与决策机构，中央书记处是中央政治局和中央政治局常务委员会的办事机构。党中央是党的组织体系的核心与灵魂，是坐镇中军帐的"帅"，拥有别黑白而定一尊的政治权威，制定党和国家事业发展的重大路线方针政策，统筹推进社会革命和自我革命，在坚持和发

---

① 列宁：《列宁选集》第一卷，人民出版社，1972，第510页。
② 习近平：《贯彻落实新时代党的组织路线，不断把党建设得更加坚强有力》，《求是》2020年第15期，第4—9页。
③ 马克思、恩格斯：《马克思恩格斯选集》第三卷，人民出版社，2012，第173页。

展中国特色社会主义伟大事业的历史进程中具有掌舵定航、协调各方的重大作用，是全党统一思想和意志、协调行动和部署的定盘星、指南针。加强党的组织体系建设，就要充分保障党中央在组织体系中的核心地位，增强各级组织和全体党员的"四个意识"，坚决响应中央号召，坚决执行中央决定，坚决维护中央权威，在思想、政治、行动各方面都同中央保持高度一致，将党中央集中统一领导落实到党的建设和治国理政各层面与全过程。中央和国家机关"在坚决维护党中央权威和集中统一领导上必须带好头、作表率"[1]，将组织原则和党性要求统一起来，坚持讲政治、担责任、强作风、出效率，将党中央的部署要求落实到本部门制定政策、规划任务、推进工作的具体实践中。

党的地方组织是组织体系的中间段，具有承上启下的重要功能，包括各省市县党的代表大会及其选举产生的委员会。各级地方组织的机构设置、职能分工、任期安排同中央和基层组织具有一致性、协调性，负责贯彻落实党中央和上级组织的决策部署，在本地区发挥总揽全局、协调各方的政治领导作用，担负把方向、管大局、作决策、保落实的领导职责，将党的主张转化为干部群众的思想共识和自觉行动，充分调动各方面力量干事创业，实现党的执政目标和纲领要求。地方组织要把坚持讲政治和发挥能动性统一起来，牢固树立大局观念和全局意识，坚决落实党中央的统一部署和上级组织的决策要求，在维护中央权威和组织原则的前提下创造性开展本部门本地区工作，坚决防止地方保护主义和部门利益倾向，决不能自立山头、自行其是、上有政策、下有对策，在落实党中央路线方针政策和决策部署上决不能打折、决不能走样、决不能变味。地方组织要认真践履全面从严治党主体责任，认真落实民主集中制原则，严格执行党的群众路线工作要求，打造政治过硬、团结有为的领导班子，营造风清气正、民主积极的政治生态，坚决克服消解党的领导、淡化党的建设、弱化管党力度的严峻问题，成为坚决完成中央部署、管理规范严格的坚强组织。

党的基层组织是组织体系的基础，是"党执政大厦的地基"和"党的肌体的'神经末梢'"[2]，包括企业、农村、机关、学校、医院、科研院所、街道社区、社会组织、解放军连队、其他基层单位设立的党组织。基层组织是党的组织体系的根基所在、活力所源、命脉所系，是党的全部凝聚力、战斗力、领导力的基础，是党在社会基层组织中的战斗堡垒，负责宣传党的路线方针政

---

[1] 中央和国家机关工委理论学习中心组：《以永远在路上的清醒和坚定推动中央和国家机关党的建设走在前作表率》，《人民日报》2022年12月26日第10版。

[2] 习近平：《论坚持党对一切工作的领导》，中央文献出版社，2019，第260页。

策，执行党中央和上级组织的决策部署，承担党员教育、管理、监督、服务等职能，以及本部门本单位本区域的一些其他任务。尽管基层组织是党的组织体系中的细胞，但并不一定是最低层级的党组织，还可以根据党员人数和工作需要，设置基层委员会、总支部委员会、支部委员会以及相应的职能部门。"党的工作最坚实的力量支撑在基层，经济社会发展和民生最突出的矛盾和问题也在基层。"[1]基层组织是将党的理论和要求转化为实践和行动的"最后一公里"，党的一切决策部署都需要基层组织具体落实推动，党群纽带关系也需要基层组织连接维护。"欲筑室者，先治其基。"加强党的组织体系建设，就要将统筹推进各级各类基层组织建设作为全面从严治党的固本之举、长久之计，坚持分类指导，突出政治功能，优化组织设置，扩大组织覆盖，不断完善运行机制和管理体制，使基层组织强起来、动起来，将组织、宣传、凝聚、服务群众的职能落到实处，充分显现群众工作优势和政治领导效能。

二、干部队伍建设是组织建设的关键任务

"育才造士，为国之本。"党员干部是推进党和国家事业的中坚力量，是发挥党的领导优势、实现党的历史使命的决定性因素。列宁指出："任何一个阶级，如果不推举出自己的善于组织运动和领导运动的政治领袖和先进代表，就不可能取得统治地位。"[2]能不能培养和选任优秀干部，在相当程度上决定着一个政党的命运和力量。党员干部承载着党之所托、国之所望、民之所盼，建立一支政治合格、业务精熟、行为世范的党员干部队伍是党的组织建设的重心所在。

建设高素质干部队伍是党和国家事业持续发展的关键因素。第一，党员干部是党的事业的骨干，担负着中国特色社会主义的领导、组织、管理职能。党员干部必须在中国化时代化马克思主义的指导下，科学制定并积极宣传党的路线、方针、政策，向社会大众讲好党的故事、讲透党的主张，将党的奋斗目标和工作部署转化为全体党员和广大群众的思想共识与行动自觉，以一定的机构和方式凝聚全党全国人民干事创业的团结伟力，落实落细党的基本路线和各项方针、政策、决议，积极组织社会生产、维护社会秩序、改善公共服务、推进社会改革，推动中国特色社会主义伟大事业高质量发展。第二，党员干部是人民群众的公仆，是联系群众的桥梁和纽带。党员干部必须始终保持全心全意为

---

[1] 中共中央文献研究室编《习近平关于全面从严治党论述摘编》，中央文献出版社，2016，第138页。

[2] 列宁：《列宁全集》第四卷，人民出版社，1984，第336页。

人民服务的公仆意识，始终铭记实现好、维护好、发展好人民群众根本利益的本命天职，代表党的意志和人民利益行使权力，坚决抵制各种利益诱惑和官僚主义作风，坚持党的群众观点，积极回应群众诉求，在任何时刻、任何环境下都"与人民心心相印、与人民同甘共苦、与人民团结奋斗"①。第三，党员干部是社会公众的表率，是具有坚定理想信念、拥有优异工作业绩、担负组织管理职能的公职人员。党员干部代表着党的形象，必须发挥好作为社会标杆的示范效应和导向作用，在全社会积极树立脚踏实地、务实清廉的良好干部作风，以扎扎实实的工作成绩和朴实亲民的干部形象赢得群众信任，引领广大群众知党情、听党话、跟党走。

坚持党管干部是干部队伍建设的根本原则。用人权是至为关键的领导权，没有用人权就无法保证党的全面领导和长期执政。党管干部是党的领导权在组织和人事工作上的具体体现，旨在按照党的意志和人民意愿为党和人民事业的赓续发展选人用人，将各级党组织和国家机关的领导权牢牢掌握在忠诚可靠、干净担当的干部手中。只有加强干部培育、选任、管理等各项工作，把好政治关口，严格用人标准，从细培养锻炼，从严监督管理，才能教育引导干部正确行使权力、锻炼过硬本领，成为推动党和人民事业赓续发展的排头兵。一是要健全干部管理责任制，压紧压实各级党组织的干部管理主体责任和监察部门的监督责任，对违规用人、管理虚化、监督弱化等问题严肃追究党组织、领导班子主要负责人、相关具体负责人的责任。二是要优化干部管理方式，严格按照《党政领导干部选拔任用工作条例》《干部选拔任用工作监督检查和责任追究办法》等制度规范用人管事，在干部选任和管理工作中坚持群众路线、充分发扬民主，扩大民主推荐和民主评议的范围，准确了解干部的工作表现和日常情况，确保"选出来的干部组织放心、群众满意、干部服气"②。三是要提升党管干部实效，坚持求真原则和结果导向，坚决整治文山会海的官僚主义、形式主义问题，立足实际为基层减负，放眼长远让干部"充电"，保证干部的民主参与渠道和话语表达权利，营造又有集中又有民主的良好工作环境，充分激发干部谋事干事的主动性和创造性。

坚持好干部标准是干部队伍建设的核心要求。干部标准是关系干部队伍的素养能力与党的执政基础的核心问题，是建设高素质干部队伍必须明确的首要

---

① 习近平：《在第十三届全国人民代表大会第一次会议上的讲话》，《求是》2020年第10期，第4—11页。

② 中共中央党校党章党规教研室编《十八大以来常用党内法规》，人民出版社，2019，第185页。

问题。党的性质和使命决定了好干部标准必须从严从高，但高标准、严要求并不是静态的恒定规范，而是一种历史的、具体的衡量尺度。进入新时代，"好干部要做到信念坚定、为民服务、勤政务实、敢于担当、清正廉洁"[①]。所谓信念坚定，就是干部要将马克思主义真理信仰作为自己的思想底色，将社会主义和共产主义理想信念作为自己的政治灵魂，不论面对惊涛骇浪还是走上阳光大道，都要始终如一地坚守共产党人的精神基线和价值追求，坚定"四个自信"，把握历史主动。所谓为民服务，就是干部要把谋求民生福祉、推进民族复兴、推动人类大同作为自己的根本使命，把立党为公、执政为民作为自己的行为准则，科学把握时代潮流，积极听取群众呼声，走进群众办实事，深入基层谋发展，千方百计提高群众的获得感、幸福感、安全感。所谓勤政务实，就是干部要继续保持谦虚谨慎、艰苦奋斗的精神意志，发扬脚踏实地、埋头苦干的优良作风，坚持按照社会经济发展规律办事，积极研究事关改革发展稳定全局的重大问题，深入研究群众生产生活中的急难愁盼问题，将贯彻新发展理念作为提升工作实效的必由之路，努力创造人民满意的业绩。所谓敢于担当，就是干部要坚持政治原则、赓续初心使命，面对风险考验无所畏惧、冲锋在前，面对复杂形势挺身而出、积极作为，能够正视问题、敢于攻坚克难，以"千斤重担我先挑"的担当意识和"得罪千百人、不负十四亿"的使命情怀将党和人民事业不断推向新的胜利。所谓清正廉洁，就是干部要在党章党规和宪法法律范围之内行使权力，坚决不碰纪律底线，始终对标道德高线，铸炼"百毒不侵之身"，永葆清廉政治本色，做到"清清白白为官、干干净净做事、老老实实做人"[②]。

三、集聚优秀人才是组织建设的战略使命

"致安之本，唯在得人。"人才强国是全面推进中国式现代化的重要支撑，人才工作是党的组织建设的重要内容。推动党和人民事业的接续发展，实现中华民族伟大复兴的梦想追求，需要一大批拥有较高能力和素质的劳动者，需要党集聚四方英才而用之。习近平强调："我们要锚定2035年跻身创新型国家前

[①] 习近平：《习近平谈治国理政》第一卷，外文出版社，2018，第412页。
[②] 习近平：《在"不忘初心、牢记使命"主题教育工作会议上的讲话》，《求是》2019年第13期，第4—13页。

列、建成人才强国的远景目标,下大气力全方位培养、引进、用好人才。"①各级党组织要深刻认知人才的地位和作用,科学把握新时代的人才素养要求,将党管人才原则落实到人才强国战略实施全过程。

人才是具有战略意义的第一资源,人才工作是兴党强国的基础工程。其一,人才资源为推进中国式现代化提供充分保障。社会主义现代化建设是一项浩大繁复的世纪工程,需要制度、管理、资金、技术、人才等各方面条件支持,但"最重要的是知识和人才"②。不论是发挥制度优势、优化管理流程,还是应用先进技术、统筹规划资金,都需要人来具体落实,其最终效果都同人的素质和能力息息相关。实现社会主义现代化建设2035年远景目标和第二个百年奋斗目标,必须充分发挥人才智力优势,造就一支具有卓越国际视野、良好人文情怀、优异专业技能的高素质人才队伍。其二,人才资源为提升国家竞争能力提供坚实支撑。在经济全球化不可逆转和新一轮科技革命如火如荼的时代背景下,商品、资本、技术等各种有形无形的资源跨国流动,全球治理体系经历着深刻的变革和调整,这一切导致国与国之间的综合国力竞争越发激烈。不论是经济水平、军事力量等国家硬实力,还是文化影响、国际形象等国家软实力,终究都取决于人才实力。"人才资源作为经济社会发展第一资源的特征和作用更加明显,人才竞争已经成为综合国力竞争的核心。"③人才是影响国家实力的最大变量,也是世界各国的竞争焦点。只有以有力的人才政策培养人才、吸引人才,夯实党执政兴国的人才根基,才能使当代中国在激烈的国际竞争中立于不败之地。其三,人才资源为实现创新发展提供强大动能。创新是世界各国实现现代化的普遍经验,是新发展理念的首要要求。高素质人才是实现创新发展的主力军,推动创新发展需要充分的人力资源支持。习近平强调:"必须坚持科技是第一生产力、人才是第一资源、创新是第一动力,深入实施科教兴国战略、人才强国战略、创新驱动发展战略。"④只有加强人才队伍建设,拥有

---

① 习近平:《深入实施新时代人才强国战略 加快建设世界重要人才中心和创新高地》,《求是》2021年第24期,第4-15页。
② 中共中央文献研究室编《邓小平思想年编(一九七五——一九九七)》,中央文献出版社,2011,第540页。
③ 习近平:《在欧美同学会成立100周年庆祝大会上的讲话》,《人民日报》2013年10月22日第2版。
④ 习近平:《高举中国特色社会主义伟大旗帜 为全面建设社会主义现代化国家而团结奋斗——在中国共产党第二十次全国代表大会上的报告》,《人民日报》2022年10月26日第1版。

一支信念坚定、锐意进取的创新型人才大军,将人力资源红利变成人才队伍优势,才能推动理论、制度、科技、文化等各领域的持续创新和不断发展。

人才概念是一个变动的历史范畴,新时代人才必须满足四项基本要求。一是厚植家国情怀。"爱国,是人世间最深层、最持久的情感,是一个人立德之源、立功之本。"①爱国主义是中华民族亘古相传的价值准则,是社会主义核心价值观的基本要求,几千年来持续影响着每一个中华儿女的思想认知和行为抉择。在人民当家作主的新中国,爱国主义是爱党、爱国、爱社会主义的辩证统一,是将党领导的社会主义中国作为心之所属、思之所倚、情之所寄、魂之所归。当代人才必须拥有崇高的使命感和责任感,将坚持和发展中国特色社会主义、推进中华民族伟大复兴作为立身之本、立业之基。二是坚持守正创新。守正与创新是不变与应变、继承与超越的辩证统一,坚持守正才能保持初心不忘、守定目标航向;坚持创新才能突破固有藩篱、引领时代潮流。人才必须始终坚持马克思主义的指导和党的领导,巍然不动站稳中华民族和中华文化立场,守好中国式现代化的本源和方向,并结合时代条件和社会环境的变化,以扬弃原则和创新思维在相应领域进行持续深入的理论研究、实践探索,以历史主动精神将创新成果写在中国大地上。三是树立奋斗精神。艰苦奋斗是一个民族永葆自强不息底气、一个国家创造惊天动地成就的基本条件,是人才发掘自我价值、实现社会价值的必然要求。"天上不会掉馅饼,努力奋斗才能梦想成真。"②不论是完成某项具体工作,还是奋进民族复兴征程,都要面对不少困难挑战,都要进行锲而不舍的艰辛奋斗。人才必须自觉担负社会主义现代化建设重任,深刻认识前进道路上可以预测和难以预测的风险考验,以艰难困苦、玉汝于成的决心意志劈波斩浪、奋勇前行,交出一份党和人民满意的成绩单。四是具有天下胸怀。大工业的发展将世界连成整体,经济全球化的推进和新科技革命的发展让人类成为休戚与共的命运共同体。"中国的发展离不开世界,世界的繁荣也需要中国。"③人才必须将世界百年变局和民族复兴全局贯通起来,将民族情怀和国际精神统一起来,增加知识储备,了解国际形势,关注人类未来,从世界历史视域和人类命运共同体视角担大任、做大事、成大业。

坚持党管人才是集聚五湖四海优秀人才的根本原则,是中国特色人才制度的显著优势。党管人才不是由党组织包揽人才工作的一应具体事务,而是按照

---

① 习近平:《在北京大学师生座谈会上的讲话》,《人民日报》2018年5月3日第2版。
②《国家主席习近平发表二〇一七年新年贺词》,《人民日报》2017年1月1日第1版。
③ 习近平:《在庆祝改革开放40周年大会上的讲话》,《人民日报》2018年12月19日第2版。

社会运行规律和人才成长特点，发挥党的政治、思想、组织等各项优势，制定人才工作政策，创新人才管理机制，盘活各类人才资源，推进人才强国建设，保证红色江山永续传递。一是"加强对人才的政治引领"[①]，增加人才对党和人民事业的政治认同、思想认同、情感认同。按照德才兼备原则把牢人才引进的政治标准，深入考察人才的政治素养，将对党和中国特色社会主义的认同作为政治检验的第一关口。加强人才教育培训工作，引导人才正确理解党的基本知识和路线、方针、政策，自觉将个人理想融入全面推进中华民族伟大复兴的历史洪流之中。系牢人才的情感纽带，广泛宣传社会各领域优秀人才的先进事迹，积极开展人才表彰评选活动，营造尊重人才、见贤思齐的社会氛围，突显人才的榜样示范作用。二是加强人才工作的宏观管理，着力解决事关长远的关键问题。人才是一种特殊的人力资源，不能用微观化、具体化的行政管理思维和干部选任方式管理人才，而要注重市场配置人才资源的基础地位和决定作用，构建适合社会主义市场经济体制要求的人才管理体制，解放人才、用活人才，保障人才配置的宏观合理性和微观有效性。三是制定科学高效的人才政策，激发人才的创造动力和干事热情。建立健全人才引进、培养、教育、管理、评价、激励等一整套制度体系，使人才政策同市场体制接轨、同时代要求契合，保证人才政策的科学性、规范性，提高人才政策的连续性、执行力，创造人尽其才、才尽其用的良好政策环境。四是建立高效运行的人才工作格局，推进联系和服务人才工作。人才工作是涉及多部门、多领域的系统工程，必须完善"党委统一领导，组织部门牵头抓总，职能部门各司其职、密切配合，社会力量广泛参与的人才工作格局"[②]，从而统筹各方力量、汇聚联动合力。各级党委要严格落实人才工作主体责任，建立领导干部联系服务人才工作机制，帮助人才解决实际问题，得到人才的信任和认同，充分发挥人才的聪明才智。

四、严格用人标准是组织建设的重要原则

"为政之要，惟在得人。"规范选人标准、明确用人导向，是党的组织建设必须回答的首要问题。新时代党的组织路线将德才兼备、以德为先、任人唯贤作为干部选任和人才工作的方法遵循，既是对选干用人客观规律的深刻把握，也是对古今中外用人经验的凝练总结。其中，德才兼备强调品德和能力缺一不

[①] 习近平：《在全国组织工作会议上的讲话》，人民出版社，2018，第25页。
[②] 习近平：《深入实施新时代人才强国战略　加快建设世界重要人才中心和创新高地》，《求是》2021年第24期，第4-15页。

可，有才无德则近乎小人而会造成党和国家事业的颠覆危险，有德无才则近乎愚人而会导致党和国家事业陷入停滞，德才兼备才能保证党和国家事业始终沿着正确方向赓续推进；以德为先强调在德才兼备情况下必须坚持"德是首要、是方向"①，以明大德、守公德、严私德来彰显爱民之心、昭示正义之力、展现政气之清，使才用得其所、尽展所长；任人唯贤强调选人用人必须优中选优、突出质量，坚决排除论资排辈、平衡照顾、隐性台阶等不正倾向，做到"广开进贤之路，坚持事业为上，以事择人、人岗相适"②。

选人用人必须突出德才标准。国无德不兴，人无德不立，政治品德、职业道德、家庭美德、社会公德是选人用人最根本的考核依据，而政治品德则是最重要的德行要求。各级党组织要将政治生命线意识贯穿于干部选任和人才工作全过程，从政治立场、政治态度、政治方向、政治信仰等多个方面考察干部和人才的政治品德，将是否忠于党和人民的事业、是否筑牢共产主义远大理想和中国特色社会主义共同理想、是否坚定"四个意识"和"四个自信"、是否坚持"两个维护"和党中央集中统一领导、是否全面贯彻执行党的路线方针政策作为选人用人的第一标准。无论一个人能力多么突出、业绩多么优秀，只要政治审查不过关，就要果断一票否决，特别要高度警惕"修身不真修、信仰不真信，很会伪装，喜欢表演作秀"③的两面分子，在选人用人上消弭政治隐患、防范政治灾变。"我们党既要政治过硬，也要本领高强。"④各级党组织在突出品德要求、坚持以德为先的基础上，还要强调干部和人才的本领要求，将拥有扎实专业技能、过硬业务能力的优秀干部用起来，将具有真才实学、富有创新能力的优秀人才引进来。

选人用人必须坚持公正公开。用人以公，方得贤才；秉持公心，方能聚才。"公正用人是我们党立党为公、执政为民在组织路线上的体现，应该成为我们选人用人的根本要求。"⑤各级党组织要以对党、国家、人民高度负责的态

---

① 习近平：《青年要自觉践行社会主义核心价值观》，《人民日报》2014年5月5日第2版。
② 《切实贯彻落实新时代党的组织路线　全党努力把党建设得更加坚强有力》，《人民日报》2018年7月5日第1版。
③ 习近平：《在第十八届中央纪律检查委员会第六次全体会议上的讲话》，《人民日报》2016年5月3日第2版。
④ 习近平：《在党的十九届一中全会上的讲话》，《求是》2018年第1期，第3-8页。
⑤ 习近平：《努力造就一支忠诚干净担当的高素质干部队伍》，《求是》2019年第2期，第4-10页。

度,坚持选贤尚能、任人唯贤,确保过程公开、结果公正,实事求是考察干部、引进人才,按照程序选任干部、使用人才,实现人岗相适、人事相宜,保证选用的干部和人才始终适应党和国家事业的发展要求。选人用人归根到底是为了中国特色社会主义事业的赓续发展、中华民族复兴伟业的持续推进,必须坚决反对任人唯亲、用人唯利的不正之风,坚决克服带病提拔、程序空转的严重问题,决不能以领导者的个人好恶亲疏来衡量干部、取舍人才,决不能将职务升迁、职级晋升作为私相授受的个人资源,要让所有干部和人才都能心无旁骛地全身谋事、无所顾忌地全心履职。

选人用人必须坚持视野开阔。"胜败兴亡之分,不得不归咎于人事也。"各级党组织要将本单位本部门的用人需要和中华民族伟大复兴的使命要求结合起来,以"为天地立心,为生民立命,为往圣继绝学,为万世开太平"的恢宏视野和崇高使命选人用人,"以更高的站位、更宽的视野发现人才、使用人才、配置人才"①,将在脱贫攻坚、疫情防控等重大斗争中脱颖而出的优秀干部和人才选出来、用起来,让政治理论成熟而实践历练不足的年轻干部到党和人民需要的地方经受锻炼、增长才干,盘活干部人才队伍资源,形成新老搭配、结构合理的干部队伍和人才梯队。习近平指出:"我们的党政领导干部都应该成为复合型干部,不管在什么岗位工作都要具备基本的知识体系。"②各级党组织要积极引进和培养各领域各方面的专业人才,加强干部队伍专业化能力建设,与时俱进地优化干部队伍的知识结构、能力结构、专业结构,做到基础性知识全面掌握、专业性知识精通娴熟。

第二节 党的组织建设不断纵深推进

"水积而鱼聚,木茂而鸟集。"从毛泽东提出夺取革命胜利"必须依靠自己政治路线的正确和组织上的巩固"③到习近平强调"党的全面领导、党的全部工作要靠党的坚强组织体系去实现"④,我们党坚持按照马克思主义建党原则

---

① 习近平:《努力造就一支忠诚干净担当的高素质干部队伍》,《求是》2019年第2期,第4-10页。
②《习近平李克强栗战书赵乐际分别参加全国人大会议一些代表团审议》,《人民日报》2018年3月11日第1版。
③ 毛泽东:《毛泽东选集》第一卷,人民出版社,1991,第303页。
④ 习近平:《论坚持党对一切工作的领导》,中央文献出版社,2019,第259页。

推进组织建设,形成了"如身使臂,如臂使指,叱咤变化,无有留难"的严密组织体系和强大组织力量,保证党的各方面建设整体推进和党的事业持续发展。党的十八大以来,党的组织建设呈现出党员人数稳定增加、党员结构不断优化、组织体系更加严密、基层组织和党员作用日益突显的发展趋势,为党和国家事业的发展提供了坚实的组织基础。

一、组织建设使党保持旺盛生机

我们党是具有高度组织性和纪律性的马克思主义政党,主动自觉地围绕革命、建设、改革各个历史时期的时代主题与中心任务,驰而不息推进组织建设,久久为功强化组织基础,使广大党员干部成为充满生机活力的组织细胞,使基层党组织成为坚不可摧的战斗堡垒。党能实现行动有力、事业永续,离不开严密而坚强的组织体系支撑。

新民主主义革命时期,党围绕反帝反封建的革命任务,不断扩大组织基础、优化组织体系、提升组织能力。一是提出群众性、全国性政党的建设目标。1921年,党的一大强调"把工农劳动者和士兵组织起来"[①],实现废除资本所有制、建立无产阶级专政的奋斗目标。1922年,党的二大提出群众路线的革命方法,要求"组成一个大的'群众党'"[②],使党的一切运动深入群众。1935年,瓦窑堡会议否定了党员发展问题上的"唯成分论"和组织工作中的关门主义倾向,强调"一切愿意为着共产党的主张而奋斗的人,不问他们的阶级出身如何,都可以加入共产党"[③]。全民族抗战开始后,党中央提出大规模发展党组织和党员,建立党的各地领导机关,使党从过去的苏区党成为新形势下的全国党。到1938年底,全党人数从1937年的4万多增加到50多万,我们党已经成为拥有广泛群众基础、具有重大政治影响的全国性大党。二是确立民主集中制原则。二大党章规定了党员条件、组织设置、纪律要求,提出了全党服从中央、少数服从多数的"两个服从"要求,体现了民主集中制精神。党的五大授权中央政治局会议通过党章修正案,明确提出将民主集中制作为党的指导原则。党的六届六中全会上,毛泽东提出民主集中制的"四个服从"原则:

---

① 中共中央组织部、中共中央党史研究室、中央档案馆编《中国共产党组织史资料》第八卷,中共党史出版社,2000,第1页。
② 中共中央文献研究室、中央档案馆编《建党以来重要文献选编(一九二一——一九四九)》第一册,中央文献出版社,2011,第162页。
③ 中共中央书记处编《六大以来——党内秘密文件》上,人民出版社,1981,第744页。

"在这里,几个基本原则是不容忽视的:(一)个人服从组织;(二)少数服从多数;(三)下级服从上级;(四)全党服从中央。"①解放战争时期,党中央建立请示报告制度、加强党委集体领导,要求地方组织定期向中央作报告,强调"党委制是保证集体领导、防止个人包办的党的重要制度"②,一切重要问题都要交由党委会充分讨论。三是加强党的组织体系建设。党建立初期,逐步建立了中央局、中央执行委员会、中央监察委员会等领导机构,形成了一套以加强中央对地方领导和监督为核心的组织体系。土地革命战争时期,党在苏区普遍建立党支部作为联系党群关系的纽带,在红军班排设立党小组、连上设立党支部、营团设立党委。全民族抗战时期,党提高中央政治局、中央书记处的地位,在地方党委中设立常委,强调坚持党的一元化领导,确保全党服从中央。解放战争时期,党不但对农村根据地的支部组织进行大力整顿,还在已解放城市公开建党,重点吸收工人党员,大力培育工人干部。

社会主义革命和建设时期,党对全国执政条件下马克思主义执政党的组织建设问题进行了积极探索。一是健全党的组织体系。新中国成立伊始,党中央着手在中央人民政府内部设立党委和党组,保证党成为人民民主专政国家的领导核心。随着社会主义改造的推进,党中央着力加强基层组织建设,开始"在一切大的和中等的私营企业的工人、店员中建立党的支部"③,在农村、工矿企业、高等学校、科研院所、文艺团体都设立基层党组织,从而形成了纵向到底、横向到边的组织体系。二是建立纪律检查和监督机构。1949年11月,党中央决定建立各级纪律检查委员会,作为党委的一个职能部门而"被动地受理党员违犯党纪的案件"④。1955年3月,以新成立的监察委员会取代过去的纪律检查委员会,各级监察委员会接受上级监委和同级党委的双重领导,对党组织和党员进行常态化监督,处理党员违纪违法问题。三是强化党员干部队伍的教育管理。随着解放战争的不断推进,党员人数也在不断增加,到1949年底全党人数已从七大时的121万增加到450多万。1950年5月,党中央提出严格审查、稳步前进的党员发展方针,决定在三年内分步骤完成整党。各地党组织普

---

① 中共中央文献研究室、中央档案馆编《建党以来重要文献选编(一九二一——一九四九)》第十五册,中央文献出版社,2011,第645页。
② 毛泽东:《毛泽东选集》第四卷,人民出版社,1991,第1340页。
③ 中共中央文献研究室编《毛泽东文集》第六卷,人民出版社,1993,第201页。
④ 中共中央组织部、中共中央党史研究室、中央档案馆编《中国共产党组织史资料》第九卷,中共党史出版社,2000,第91页。

遍将整党同"三反""五反""新三反"运动结合起来，将32.8万人清出或劝离党组织。党还着手建立以各级党校为核心的党内教育体系，经过几年努力，使干部队伍初步摆脱了新中国成立之初文盲、半文盲占大多数的状况，有力提升了干部队伍的整体素养。四是加强民主集中制建设。党的七届四中全会强调严格遵守民主集中是维护党的团结的重要保证，党员干部必须严格遵守集体领导原则。党的八大强调以党内监督、群众监督、民主人士监督等多种方式对党组织和党员进行严格监督，充分发扬党内民主，反对个人崇拜，维护党的团结和统一。1962年1月，毛泽东在七千人大会上阐释了民主集中制的精髓，强调"在集中正确意见的基础上，做到统一认识，统一政策，统一计划，统一指挥，统一行动，叫做集中统一"①。同年10月召开的组织工作会议，肯定民主集中制是"党和国家的根本制度，是保证党和国家永不变质的根本制度，要永远坚持这个制度，把它传给子孙后代"②。

改革开放和社会主义现代化建设新时期，随着党的思想路线、政治路线、组织路线的拨乱反正，党的组织建设进入新阶段。一是加强干部队伍建设，确保党和国家事业后继有人。党的十一届三中全会以后，党将培养中国特色社会主义事业接班人和建设者作为组织建设的重要任务，强调"解决组织路线问题，最大的问题，也是最难、最迫切的问题，是选好接班人"③，提出"革命化、年轻化、知识化、专业化"的干部队伍建设目标，着手改革党和国家领导制度，设立中央顾问委员会，确立干部离退休制度。党的十五大以后，党出台了《党政领导干部选拔任用工作条例》等一系列涉及领导干部选拔、考核、交流和党政领导班子建设问题的法规制度，推动领导干部选拔工作向制度化、规范化、程序化方向迈进。二是紧跟形势变化，加强党的基层组织建设。1989年政治风波发生后，党认真清查清理了这起事件中的重点人和重点事，对部分单位进行党员重新登记，将一批一线工作的优秀分子发展入党，加强高校、企业、农村的基层党组织建设，普遍开展党员评议工作。1997年1月，党中央作出"搞好国有企业不仅是重大的经济问题，而且是重大的政治问题"④的重要判断，要求在国有企业建立健全必要的党委政治核心地位保障机制。党的十六

---

① 中共中央文献研究室编《毛泽东文集》第八卷，人民出版社，1999，第294页。
② 中共中央组织部、中共中央党史研究室、中央档案馆编《中国共产党组织史资料》第九卷，中共党史出版社，2000，第921页。
③ 邓小平：《邓小平文选》第二卷，人民出版社，1994，第192页。
④ 中共中央文献研究室编《十四大以来重要文献选编》下，人民出版社，1999，第2233页。

大后，党加大了对非公有制企业、社会中介组织、社会团体中党组织的建设力度，推动街道社区党组织"把工作重点从注重创收进一步转移到搞好社区管理和服务上来"①。三是健全民主集中制，完善党内监督机制。党的十二大对党的领导体制进行改革，决定设立中央委员会总书记，分别成立中央和省级顾问委员会。党的十四大以后，党中央颁布《中国共产党地方组织选举工作条例》《中国共产党党员权利保障条例》，为发扬党内民主、保障党员权利、加强干部监督提供了制度保障。党的十七大规定党的各级代表大会代表实行任期制，党的十七届四中全会将"民主、公开、竞争、择优"作为干部人事制度改革的价值导向，充分体现了党的民主集中制建设成果。

二、新时代组织建设取得新成就

党的十八大以来，以习近平同志为核心的党中央深化对马克思主义政党组织建设规律的认识，聚焦党的建设质量和组织原则，锐意推进党的组织机构改革，不断创新党的组织设置方式，积极建设高效运行的组织体系，着力巩固和发挥党的组织优势，使党的组织建设要素进一步完善、组织建设体系进一步优化，使党的组织建设发生了历史性变革、取得了历史性成就，进一步释放了党的组织活力和组织效能。

党的全面领导和党中央集中统一领导得到进一步巩固与加强。党的领导不但体现在理论创新、路线方针政策、执政能力和执政水平上，还"体现在党的严密组织体系和强大组织能力上"②。加强党对组织体系的领导是将党的全面领导落实落细的根本保证，是把党的领导落实到治国理政各领域各方面各环节的组织保障。2018年7月，习近平在全国组织工作会议上首次提出新时代党的组织路线："全面贯彻新时代中国特色社会主义思想，以组织体系建设为重点，着力培养忠诚干净担当的高素质干部，着力集聚爱国奉献的各方面优秀人才，坚持德才兼备、以德为先、任人唯贤，为坚持和加强党的全面领导、坚持和发展中国特色社会主义提供坚强组织保证。"③为了贯彻落实新时代党的组织路

---

① 中共中央文献研究室编《十六大以来重要文献选编》中，人民出版社，2005，第369页。
② 中共中央文献研究室编《十八大以来重要文献选编》上，中央文献出版社，2014，第766页。
③ 中共中央党史和文献研究院编《十九大以来重要文献选编》上，中央文献出版社，2019，第559-560页。

线，党的十九届三中全会要求"强化党的组织在同级组织中的领导地位"①，党的十九届四中全会强调"健全各级党委（党组）工作制度，确保党在各种组织中发挥领导作用"②，党的二十大作出"增强党组织政治功能和组织功能"③的战略部署。新时代以来，党中央出台的一系列重要文件和各项制度规定都将坚持和加强党的全面领导摆在突出位置，都将维护党中央权威和集中统一领导作为根本原则。《中国共产党党组工作条例》对党组工作的制度化和规范化进行了系统设计，《中国共产党地方委员会工作条例》进一步明确了地方党委在全面从严治党中的政治责任，《中国共产党工作机关条例（试行）》对党组织的机构设置、运行机制、工作方式等问题作出明确规定，《中国共产党重大事项请示报告条例》和《深化党和国家机构改革方案》共同推动了党和国家机构职能体系的科学化、系统化和高效化建设。党逐步健全了对国家机关、企事业单位、社会团体的全面领导制度，统筹推进了"两面（城市和农村）、两线（国企和高校）、两新（新经济组织和新社会组织）"六个领域的基层党组织建设，实现了党的领导全面覆盖、纵深推进。

党员质量不断提高，党员结构持续优化。党的力量取决于党员队伍的质量，把好发展党员的入口和管理党员的出口是党的组织建设的源头性工程。党中央出台《关于加强新形势下发展党员和管理党员工作的意见》《中国共产党发展党员工作细则》，以控制总量为重点，以优化结构为关键，以提高质量为核心，以发挥作用为目的，为发展党员工作提供了严格程序和纪律规范，使新时代党员队伍结构不断优化。一是年轻党员数量不断上升。中央组织部发布的《中国共产党党内统计公报》显示，截至2023年12月，40岁及以下党员共有3447.2万名，占党员总数的34.8%。"80后""90后"党员数量已超过党员总数的三分之一，不少人在党的各级组织和国家政权机关担任领导职务，成为推进党的建设新的伟大工程的充沛活力、保证党的事业薪火相传的重要动力④。二是党员队伍的文化素养不断提高。随着教育强国、科技强国、人才强国、文化

---

① 中共中央党史和文献研究院编《十九大以来重要文献选编》上，中央文献出版社，2019，第259页。

② 《中国共产党第十九届中央委员会第四次全体会议文件汇编》，人民出版社，2019，第25页。

③ 习近平：《高举中国特色社会主义伟大旗帜　为全面建设社会主义现代化国家而团结奋斗——在中国共产党第二十次全国代表大会上的报告》，《人民日报》2022年10月26日第1版。

④ 臧秀玲：《新时代党的组织建设的新趋势》，《人民论坛》2021年第27期，第86-89页。

强国等重大战略的深入实施,普通教育和高等教育都得到快速发展,全社会越来越重视人的知识基础和文化素养。已经工作的党员结合实践中出现的新问题、新要求,积极学习党的创新理论,钻研相关业务知识,提高学历层次、理论水平和服务群众的能力。大学生入党人数逐年递增,为党的事业赓续发展提供了高质量人才储备力量。目前,具有大专及以上学历的党员有5578.6万,已经占到党员总数的56.2%。三是女性党员和少数民族党员的比重不断提升。同新中国成立之初的党员队伍结构相比,女性党员占比从11.9%增加到30.4%,总量达到3018.5万;少数民族党员占比从2.5%增加到7.7%,总量达到759.2万,实现全国55个少数民族全覆盖。在义务教育、女性就业、边疆治理、民族宗教事务等关系国家长治久安的重要领域,女性党员和少数民族党员发挥着重要作用、做出了独特贡献。四是党的阶级基础和群众基础不断壮大。到2023年底,工人和农牧渔民占党员总数的33%,企事业单位、社会组织中的专业技术人员占党员总数的16%,企事业单位、社会组织中的管理人员占党员总数的12%,充分说明党的执政基础更加巩固、利益代表更加广泛。

基层党组织的组织引领更有力度,政治功能更加突出。基层党组织是党的组织体系的"神经末梢",是贯彻落实党的一切工作的"最后一公里"。不论是打赢"防范化解重大风险、精准脱贫、污染防治"三大攻坚战,还是推进国家治理体系和治理能力现代化,都离不开基层党组织的支撑。新时代十多年来,党中央全面推进企业、农村、机关、学校、科研院所、街道社区、社会组织中基层党组织建设,重新激活了基层党组织的组织力、战斗力,使其成为"宣传党的主张、贯彻党的决定、领导基层治理、团结动员群众、推动改革发展的坚强战斗堡垒"[①]。一是有力提升了基层党组织的组织力。党中央出台《中国共产党支部工作条例(试行)》,贯彻落实党的一切工作到支部的重要原则,推进党支部建设规范化、标准化。基层党组织强化政治功能定位,创新党建思路和工作方法,优化党组织机构设置,有效提升了自身的政治领导力、组织覆盖率、群众凝聚力、社会号召力、发展推动力、自我革新力。基层党组织成为紧密联系群众的坚实纽带,基层党建在本单位本部门各项工作中发挥着"领头羊"的重要作用。二是统筹推进各领域基层党组织建设。党立足基层党组织建设规律和设置特点,坚持统筹兼顾和分类指导相统一、标准动作和个性特色相

[①] 中共中央党史和文献研究院编《十九大以来重要文献选编》上,中央文献出版社,2019,第557页。

结合，夯实农村基层党组织建设，改进国有企业党组织建设，推动城市基层党建工作创新发展，加强党和国家机关以及事业单位基层党组织建设，推进非公有制经济组织和社会组织中党组织建设，推动了各领域基层党组织的全面进步、全面过硬。截至2023年12月，事业单位中基层党组织有99.7万个，企业中基层党组织有160万个，社会组织中基层党组织有18.3万个[①]。三是全面提升基层党组织建设实效。基层党建工作队伍建设持续加强，形成了一支数量充足、结构合理、素质较高、专兼职相结合的基层党务工作者队伍。基层党建方式和方法不断改进，以新兴媒介为代表的互联网信息技术得到广泛运用，"互联网+党建"、大数据分析研判已经成为党员教育和管理的有效路径。

干部队伍更加坚强，干部管理更加规范。党将从严选任、从严管理作为干部队伍建设的出发点，提出管理全面、标准严格、环节衔接、措施配套、责任分明的基本要求，强调"以更宽的视野和更大的气魄广开进贤之路，把那些政治坚定、有真才实学、实绩突出、群众公认的干部及时发现出来、合理使用起来"[②]，着力培养忠诚干净担当的高素质专业化干部队伍。新时代以来，党中央出台《2014—2018年全国党政领导班子建设规划纲要》《2019—2023年全国党政领导班子建设规划纲要》，落实新时代党的组织路线，全面加强领导班子建设；出台《关于防止干部"带病提拔"的意见》，落实从严管理干部的要求，坚决将政治品质、道德品行、作风表现、廉洁自律等方面存在问题的干部拒之门外；出台《党政领导干部选拔任用工作条例》，构建了科学规范的党政领导干部选拔任用制度；出台《关于进一步激励广大干部新时代新担当新作为的意见》，建立激励机制和容错纠错机制，选派干部到改革发展稳定、扶贫脱贫攻坚一线进行思想淬炼和实践历练，全方位提高干部的理论水平和工作能力。

三、党的组织建设面临新的考验

"千丈之堤，以蝼蚁之穴溃；百尺之室，以突隙之烟焚。"党的十八大以来，党中央高度重视并不断加强组织建设，在组织体系、党员队伍、基层组织、干部队伍等方面取得历史性成就。但是，在党员队伍建设和基层组织建设的一些具体落实环节上，仍然存在一些看似微小而危害严重的"蚁穴"，影响着党的组织力、引领力、凝聚力，使党的组织建设面临着更加复杂的环境和更

---

① 中共中央组织部：《中国共产党党内统计公报》，《人民日报》2024年7月1日第4版。
② 习近平：《始终坚持和充分发挥党的独特优势》，《求是》2012年第15期，第3—7页。

加艰巨的任务。

党员队伍建设存在教育短板问题。新时代以来，党员队伍的数量不断增加、质量不断提高、学历构成明显优化，但在市场经济环境和新兴媒介冲击下，部分党员仍然存在着不容忽视的思想认识问题。全媒体时代的"学习强国""学习公社"等网络平台和线上教育为党员学习教育提供了极其便利的路径和异常丰富的资源，但在一定程度上带来信息碎片化、知识娱乐化等网络文化倾向，造成党员学习教育的严肃性和规范性减弱、系统性和深刻性不足，影响着党员的政治观念、理想信念、组织意识。一些党员坚持个人中心，平素自由散漫，缺乏应有的集体意识、组织观念，忽视对世界、国家、民族、人生、价值等宏大命题的思考与体认，不能正确看待和处理个人意愿与集体意志、个人自由与组织要求、个人利益与公共利益之间的辩证关系。一些党员缺乏主动学习意识，把思想政治理论学习当作硬性工作任务，只是在组织要求和督促下被动式学习，导致学习活动走过场、走流程，对党章党规的理解生硬而僵化，不能将党的创新理论同工作实际、社会实践联系起来。针对党员学习教育存在的短板问题，各级党组织必须以严格的组织纪律和规范的组织生活营造浓厚的学习氛围，以科学有效的教育管理强化理论引导和思想熏陶，使党员"不断提升人文素养和精神境界，去庸俗、远低俗、不媚俗，做到修身慎行、怀德自重、清廉自守"[①]，永葆共产党人的初心使命和政治本色。

基层党组织建设存在软弱涣散问题。新时代以来，基层党组织的数量不断增加、功能不断健全，但在一些领域仍然存在适应性不足、功能性弱化的问题。一是新兴领域基层党组织的适应性需要加强。市场经济的发展催生了一批创业园区、商业小镇、众创空间，这些新兴产业的选址往往远离城市核心功能区，而新兴产业的党员又普遍年轻、思想活跃、流动性大，这就导致稳定的党组织难以建立，党建活动经费和组织工作经验都比较缺乏，党组织设置赶不上新兴产业的发展要求，在一些规模偏小、效益欠佳的"两新"组织中基层党建的功能作用难以发挥。如何契合新兴产业的行业特点因地制宜地设置党组织，充分发挥这些领域青年党员的创造性、积极性，是一个需要继续进行理论和实践探索的问题。二是少数基层党组织的内部功能有所弱化。一些基层党组织政治功能弱化，将贯彻落实党的路线方针政策和党中央决策部署片面理解为照本

[①]《全面贯彻落实党的十八届六中全会精神　增强全面从严治党系统性创造性实效性》，《人民日报》2017年1月7日第1版。

宣科的文件精神传达，忽视政治监督、群众动员等政治和组织职责，甚至认为政治功能无关痛痒，一味追求经济效益和政绩，乃至于利用政治功能谋求单位或部门私利。一些基层党组织内部机制运行不畅，各个部门自说自话、各自为政，无法发挥党组织的整体功能，难以形成攻坚克难的组织合力。如何提高基层党组织的干部政治素养，构建体现政治功能要求的制度规范，推进民主集中制的规范执行，提升组织内部的凝聚力、协同力，这是基层党组织建设的重要课题。三是一些基层党组织的社会治理功能发挥不足。部分基层党组织对自身定位和作用认识不清，不能有效利用现有组织资源，不能凝聚广大群众和社会组织形成社会治理合力，未能成为基层社会治理体系的领导核心。如何加强和优化基层党组织建设，"使各类基层组织按需设置、按职履责、有人办事、有章理事，既种好自留地、管好责任田，又唱好群英会、打好合力牌"①，这是基层党组织建设需要着力解决的问题。

　　干部队伍建设存在党性不足、能力欠缺、选任不当的问题。一些领导干部党性意识淡薄、组织观念弱化，执行政策不讲政治纪律、政治规矩，物质化倾向比较突出，严重影响组织建设成效，甚至可能造成组织建设航向偏离的严重后果。一些党员干部能力素养欠缺、担当意识不足，遇到问题瞻前顾后，开展工作拈轻怕重，政策执行效果大打折扣，甚至选择性地执行中央部署和上级安排。一些部门选拔考核干部存在失真失公情况，一切唯政绩论、唯经济论，大量选拔重经济增长而轻社会效益的干部。一些单位注重面子工程、形式主义，把投票数据作为干部考评的最主要标准，助长了拉关系、搞团伙的不良风气和贿选、陪选的恶劣现象，破坏了干部选任的公平正义，导致一些高分低能的干部进入主要领导岗位。在衡阳破坏选举案、辽宁拉票贿选案中，一些党员和公职人员公然行贿受贿，人为地控制选举结果，这不仅暴露了基层选举中的监管漏洞，也揭示了干部队伍建设存在的严重问题。因此，必须与时俱进地深化干部制度改革、规范干部选任机制，着力"形成能者上、优者奖、庸者下、劣者汰的正确导向"②，不断增强干部队伍的党性修养和干事能力，使他们"在经风雨、见世面中长才干、壮筋骨，练就担当作为的硬脊梁、铁肩膀、真

---

① 《习近平在贵州调研时强调：看清形势适应趋势发挥优势　善于运用辩证思维谋划发展》，《人民日报》2015年6月19日第1版。
② 习近平：《贯彻落实新时代党的组织路线，不断把党建设得更加坚强有力》，《求是》2020年第15期，第4—9页。

本事"①。

四、加强党的组织建设的新动向

"世异则事异,事异则备变。"只有根据形势变化制定有针对性的政策、采取有力的行动,才能达到预期目标。党的十八大以来,以习近平同志为核心的党中央针对党的组织建设面临的新形势、新任务,从战略思维、重点思维、创新思维、辩证思维等角度提出了加强党的组织建设的方法指引,明确了新时代党的组织建设的新动向。

坚持战略思维,把握全局、谋划长远,增强原则性、系统性、预见性、创造性。一是正确认识党的组织建设的重要地位。党的组织建设是党凝聚力量、保持团结的关键支撑,党组织是"党全部工作顺利推进、落实生效的坚实基础"②。无产阶级在夺取政权的斗争中"除了组织,没有别的武器"③,党组织有力量是中国红色政权得以存在和发展的重要条件。进入新时代,党明确提出党的力量在于组织,将组织建设放在党的建设新的伟大工程的关键位置,纳入实现民族复兴的战略全局之中。二是深刻认识党的组织建设的根本目的。党的组织建设服务于党的政治路线,旨在"坚持和加强党的全面领导,为推进中国特色社会主义事业提供坚强保证"④。新时代加强党的组织建设,就要通过组织教育、制度建构、选干用人等一整套"组合拳",提高全党的思想认识和组织意识,完善以民主集中制为核心的组织制度体系,将党中央集中统一领导和党的全面领导制度化、法律化,更加高效地汇集八方英才,更加有力地化解风险矛盾,形成锚定目标、团结奋斗的强大力量。三是全面认识党的组织建设的时代条件。新时代中国日益走近世界舞台中央,成为国际社会负责任的大国,要求党组织具有宏阔的国际视野,树立良好的国际形象,拥有必要的全球治理能力。新征程上"四大考验"和"四种危险"的长期存在、确定性和不确定性风险挑战的与日俱增,要求党组织拥有笃行不息的战略定力和攻坚克难的领导能力。新一轮科技革命的蓬勃发展和互联网技术的普遍应用,要求党组织积极

---

① 习近平:《在"不忘初心、牢记使命"主题教育总结大会上的讲话》,《求是》2020年第13期,第4—15页。
② 中共中央文献研究室编《十七大以来重要文献选编》中,中央文献出版社,2011,第265页。
③ 列宁:《列宁选集》第一卷,人民出版社,2012,第526页。
④ 习近平:《贯彻落实新时代党的组织路线,不断把党建设得更加坚强有力》,《求是》2020年第15期,第4—9页。

变革组织运行方式，依托信息技术提高组织建设的智能化、智慧化水平。

坚持重点思维，突出重点、抓住关键，充分彰显党的组织优势。一是以提升组织力为中心，抓好基层党组织建设。基层党组织"是确保党的路线方针政策和决策部署贯彻落实的基础"①，是决定党的战斗力的重要变量。组织力作为一种凝聚组织内部各要素而形成的整体合力，是基层党组织的生命所系、动能所在。加强基层党组织建设，就要以提升组织力为重点内容，突出党组织的政治功能，增强党组织的政治领导力、思想引领力、群众组织力、社会号召力，将党组织打造成宣传贯彻党的政策主张的坚强战斗堡垒。二是以领导干部为关键，夯实党的组织队伍。干部队伍是组织建设的人才基础，必须打造一支"忠实贯彻新时代中国特色社会主义思想、符合新时期好干部标准、忠诚干净担当、数量充足、充满活力"②的高素质专业化干部队伍，形成"素质培养、知事识人、选拔任用、从严管理、正向激励"的干部队伍建设体系。党组织要坚持"信念坚定、为民服务、勤政务实、敢于担当、清正廉洁"③的好干部标准，严格培养和选任好干部，及时发现并合理使用好干部，使党的组织建设拥有坚如磐石的钢铁队伍支持。三是以组织体系为重点，加强党的组织路线建设。组织路线是组织工作的根本原则和总体方针，对于"坚持党的领导、加强党的建设、做好党的组织工作具有十分重要的意义"④。新时代党的组织路线以组织体系建设为重点，要求"健全党的组织体系，整顿软弱涣散党组织，不断增强各级党组织的创造力、凝聚力、战斗力"⑤。新时代以来，既强调作为"最初一公里"的党的中央组织建设，又抓好作为"中间段"的地方党委建设，还夯实作为"最后一公里"的基层党组织建设，党的组织体系建设全面推进，党的组织优势充分彰显。

坚持创新思维，突破常规，与时俱进，在改革创新中不断开创工作新局面。一是以问题导向推动党的组织建设创新发展。解决问题是创新的出发点，问题导向是习近平新时代中国特色社会主义思想贯穿始终的方法论要求。推进

---

① 习近平：《论坚持党对一切工作的领导》，中央文献出版社，2019，第200页。
② 《切实贯彻落实新时代党的组织路线　全党努力把党建设得更加坚强有力》，《人民日报》2018年7月5日第1版。
③ 习近平：《习近平谈治国理政》第一卷，外文出版社，2018，第412页。
④ 《切实贯彻落实新时代党的组织路线　全党努力把党建设得更加坚强有力》，《人民日报》2018年7月5日第1版。
⑤ 习近平：《牢记初心使命，推进自我革命》，《求是》2019年第15期，第4—9页。

党的组织建设理论和实践创新，必须聚焦问题、剖析问题、解决问题，牢牢"抓住影响和制约组织工作科学发展的突出问题，下大功夫研究，下大气力破解，推动组织工作在攻坚克难中创新发展"①。党的组织建设既存在思想不纯、政治不纯、组织不纯、作风不纯等老问题，也面临社会转型和体制机制变革带来的新情况新考验，以及形式主义、官僚主义、好人主义、慵懒散漫等一系列新问题。只有瞄准问题进行创新，将发现并解决问题作为创新的动力，才能将党的组织建设不断推进。二是以理论创新推动组织建设创新发展。科学理论为组织建设提供思想原则和实践遵循，"加强党的组织建设，既要'造形'，更要'铸魂'"②。习近平深刻阐释了新时代党的组织路线，明确提出将增强组织力作为解决基层党组织弱化、虚化、边缘化问题的破局要素，系统回答了"什么是好干部、怎样成长为好干部、怎样把好干部用起来"等一系列重大问题，为党的组织建设更好地体现时代性、把握规律性、富有创造性提供了科学指南。三是以新兴媒介推动党的组织建设创新发展。随着信息技术的发展和互联网应用的普及，新兴媒介已然成为党的组织建设的重要载体，重塑着党的组织发展形态。党的组织工作要随着网络发展而不断推进，"探索加强新兴业态和互联网党建工作"③，利用云计算、大数据优化组织资源配置，运用"学习强国"、习近平系列重要讲话数据库等网络平台精准推进组织教育管理，借助数据算法实时掌握组织建设的状况和特点，增加对数字时代党的组织建设的规律性认识和前瞻性把控，提升党的组织建设的智慧化水平和不同层级党组织的协同治理能力。

坚持辩证思维，通盘考量、全面规划，运用系统观念分析和解决问题。一是实现党的组织建设各环节各要素的统筹联动。党的组织建设是由一系列排列有序的层级和紧密关联的要素构成的统一整体，在横向层面包括组织目标、组织成员、组织机构、组织制度、组织文化等诸多要素，在纵向层面包括中央组织、地方组织、基层组织等不同层级，每一要素和层级都直接影响着组织建设的整体效能。加强党的组织建设，必须深刻把握各要素的作用方式和地位影响，不断完善"包括组织设置、组织生活、组织运行、组织管理、组织监督等

---

① 中共中央文献研究室编《十八大以来重要文献选编》上，中央文献出版社，2014，第354页。
② 习近平：《贯彻落实新时代党的组织路线，不断把党建设得更加坚强有力》，《求是》2020年第15期，第4-9页。
③ 习近平：《在全国组织工作会议上的讲话》，人民出版社，2018，第14页。

在内的完整组织制度体系"①，实现各组织层级的有效衔接、相互协同，以严密的组织体系充分发挥党的组织力量。二是实现党的组织建设同其他建设的有机融通。新时代党的建设"5+2"总体布局是一个统一整体，政治建设、思想建设、组织建设、作风建设、纪律建设、制度建设、反腐败斗争互为支持。加强党的组织建设，必须以政治建设举纲、思想建设铸魂、作风建设正行、纪律建设定标，强化组织意识，严格组织程序，完善组织制度。三是实现党员自身发展同党的组织建设相辅相成。党员是党组织的鲜活细胞，党员素质决定着党的组织建设质量。"党的事业，人民的事业，是靠千千万万党员的忠诚奉献而不断铸就的。"②只有将"关键少数"的引领作用同"绝大多数"的支撑作用相结合，才能全面发挥党员队伍的先锋模范作用，真正夯实党的组织建设根基。加强党的组织建设，必须坚持组织推动和个人主动相统一，既发挥党组织的教育管理监督职能，又调动党员干部的思想主动性和行为自觉性，使党员干部队伍在思想淬炼、政治历练、实践锻炼、专业训练中不断提升素质能力。

第三节 把党建设得更加坚强有力

基础不牢则地动山摇，基础稳固则事业进步。习近平指出："党的力量来自组织，组织能使力量倍增。"③组织严密是党的光荣传统和独特优势，组织建设是党的事业胜利推进的重要保证。新征程上加强党的组织建设，就要深刻把握党的组织建设的新动向，贯彻落实新时代党的组织路线，把抓基层强基础作为固本之举，把全面从严治党要求落实到每位党员，打造堪当重任的高质量干部队伍，实行更加积极有效的人才政策，将全党建设得更加坚强有力。

一、推动基层党组织全面进步

党的组织体系终端在基层，党的全部工作和战斗力量的支撑在基层。党的基层组织广泛分布于全国各行各业，是"确保党的路线方针政策和决策部署贯

---

① 习近平：《贯彻落实新时代党的组织路线，不断把党建设得更加坚强有力》，《求是》2020年第15期，第4—9页。
② 习近平：《在纪念刘华清同志诞辰100周年座谈会上的讲话》，《人民日报》2016年9月29日第2版。
③ 习近平：《习近平谈治国理政》第一卷，外文出版社，2018，第395页。

彻落实的基础"①,担负着落实治国理政任务、贯彻全面从严治党要求、引领基层社会治理的重大任务。"上面千条线、下面一根针,必须夯实基层"②,以统筹兼顾、分类推进的原则创新基层组织的工作方式,实现各领域基层党组织建设质量的全面提升、全面过硬。

提升基层党组织的组织力。组织力涵盖内外两个层面的能力,是党组织的内部生命力和外部影响力的集中体现,于内而言是一种依托党的理论优势和制度体系来凝聚党员干部的内聚力,于外而言是一种依托党组织的职能地位和群众路线来整合各类组织与广大群众的领导力。一是要提升政治领导力,加强基层党组织对基层社会各领域的政治引领,形成党组织统筹负责、各类组织和广大群众积极协同的基层治理体系,将党的领导优势转化为引领党员群众和各类组织全面推进社会经济各项事业的实际举措。二是要提升组织覆盖力,全面推进农村、企业、机关、社区、事业单位的党建工作,增强新业态新领域党组织的号召力,保证组织体系的严密完善和组织生活的规范健全,实现各领域党的组织全覆盖。三是要提升群众凝聚力,充分运用网络媒体增强动员群众、服务群众的能力,继续保持密切联系群众的传统优势,以坚强有力的组织领导带领群众众志成城、干事创业,始终赢得群众支持和信任。四是要提升发展推动力,坚持围绕大局抓党建、抓好党建促发展,贯彻落实党中央决策部署和上级组织工作安排,在推动经济社会发展、推进本领域中心工作中发挥积极作用。五是要提升自我革新力,坚持问题导向,发扬党内民主,严肃党内生活,严格执行自我革命制度规范,从严落实管党治党要求,使党组织保持肌体健康、永葆生机活力。

创新基层党组织的设置和活动方式。针对工业化、城镇化、市场化、信息化带来的新变化,基层党组织建设必须"探索加强新兴业态和互联网党建工作"③,在新环境下创造性传承"支部建在连上"的光荣传统。例如,确立区域化党建、行业性统建的组织设置思路,打造村村联建、企企联建、联合党建、楼宇党建等创新模式,依托楼宇商会、中心市场、特色小镇、众创空间等建立区域性党组织,依托龙头企业、产业园区、行业协会建立枢纽型党组织,全面消除基层党组织建设的盲点区域和空白地带,确保党的基层组织网络纵向

---

① 习近平:《论坚持党对一切工作的领导》,中央文献出版社,2019,第200页。
②《习近平李克强栗战书赵乐际分别参加全国人大会议一些代表团审议》,《人民日报》2018年3月11日第1版。
③ 习近平:《论坚持党对一切工作的领导》,中央文献出版社,2019,第261页。

到底、横向到边。基层党组织要牢牢坚持"三会一课"基本制度，紧紧围绕中心工作开展理论学习和组织教育，将党建工作和业务工作、理论学习和业务学习统一起来，突出政治学习和党性锻炼，增加党员同群众的互动，增进党员对社会的认知，让党员在学习中增加见识、增长才干、提升党性。随着互联网技术的突飞猛进，基层党组织要善于运用网络技术突破党的建设时空限制，将各级各类党建信息平台互联互通，依托微博、微信等新兴媒介打造智慧党建平台，依托大数据分析将服务下沉到每个网格，将网格党建落到实处，形成线下与线上相结合、现实世界与网络空间相联通的全覆盖党建体系。

精心选育基层党组织带头人。火车跑得快，全靠车头带，基层党组织带头人队伍的建设质量直接关系着党组织战斗堡垒作用的发挥程度。遴选培养基层党组织带头人必须突出政治标准、拓展选人渠道，将基层社会各领域的优秀共产党员纳入基层党支部书记后备库，"培养选拔有干劲、会干事、作风正派、办事公道的人担任支部书记"[1]。针对基层党组织带头人队伍存在的知识不够、能力不足的"本领恐慌"问题，必须开展常态化、强有力、有针对性的教育培训，以党的政策理论培训、党务工作能力培训、党规党纪培训为主要内容，分层分类轮训全体党支部书记，引导他们深入学习党的创新理论、支部工作的基本方法，提高理论水平和党性意识，深化法治观念和思想境界，提升做好支部工作和履行管党治党责任的能力素养，增强运用科学理论解决实际问题的本领能力，形成一支"具有一定的政策理论水平、组织协调能力和群众工作本领"[2]的高素质专业化基层党组织带头人队伍。与此同时，要加强对基层党组织带头人的管理监督，以谈心谈话、指导工作、听取汇报、监督检查等多样化方式强化日常管理，以规范化开展的支部民主评议强化监督考核，以依法实施的党务公开和事务公开强化廉政监督，以健全的选任退出机制畅通党组织带头人的"入口"和"出口"，确保不合格的基层党组织带头人及时"退出"，使全体基层党组织带头人在党规国法框架内履职用权。

二、加强党员队伍的教育管理

党员教育管理是党的组织建设的经常性工作，是提高党员队伍质量、保证组织坚强有力的重要途径。各级党组织要按照《中国共产党党员教育管理工作

---

[1] 中共中央党史和文献研究院编《习近平关于"三农"工作论述摘编》，中央文献出版社，2019，第194页。

[2]《中国共产党支部工作条例（试行）》，人民出版社，2018，第21页。

条例》的规定和要求,"严格党员日常教育和管理,使广大党员平常时候看得出来、关键时刻站得出来、危急关头豁得出来,充分发挥先锋模范作用"①。

加强日常教育,提升党员素养。党员日常教育是一项长期性政治工作,具体涵盖以下七个方面的内容:一是开展党的政治理论教育和创新理论学习,深入学习马克思主义中国化时代化的理论成果;二是加强政治训练和党内政治生活锻炼,增强政治意识,提高政治能力;三是强化党章党规党纪教育和宪法法律法规教育,增强法治意识和规矩意识;四是开展党的宗旨教育,树牢全心全意为人民服务的宗旨意识,坚持以人民为中心的发展思想;五是推进革命传统教育,认真学习"四史",传承红色血脉;六是实施形势政策教育,正确把握世情国情党情,把思想和行动统一到党的路线方针政策上来;七是融入知识技能教育,掌握业务知识和科技知识,提高工作技能和服务本领。开展党员日常教育,要坚持领导带头、分类推进、突出党性、服务大局,充分发挥党员领导干部抓教育的领导效能和带头学习的示范效应,将教育内容的规范性和教育方式的灵活性统一起来,因地制宜地探索适合不同领域基层党组织的差异化教育模式,把提升党性、讲求实效摆在突出位置,着力提升党员的理论水平和政治素养,推动党员将学习教育成效转化为贯彻落实党中央路线方针政策和决策部署的有为行动。党员日常教育不能简单地追求教育模式的整齐划一,而要在增强针对性和有效性上下功夫,创新教育方式方法,把集中教育和经常教育、传统载体和信息平台、统一动作和个性举措统一起来,既以全党集中开展的主题教育解决突出问题,又以党组织日常开展的学习教育活动提供长久涵养,既要用好"三会一课"、主题党日、民主评议、组织生活会、谈心谈话、学习轮训等常规教育动作,又要建立党员教育管理信息系统、党员远程教育网络、数字教育平台,形成线上线下相衔接的党性教育体系,将促进党和国家中心工作的实际效能作为检验党员教育质量的根本标准。

加强党员管理,增强队伍力量。一支缺乏严格管理的队伍,无论多么庞大,都只是一盘散沙。做好新形势下党员管理工作,必须从以下四个方面提高管理科学化水平。一是规范化开展党内组织生活。基层党组织要严格按照党章规定和《中国共产党党员教育管理工作条例》要求,有序开展各项党内组织生活,增进党员之间的交流与了解,掌握党员的思想状况与发展需要,在潜移默化的日常管理中塑造党员的政治观念、坚定党员的党性意识。党员领导干部以

---

① 中共中央文献研究室编《十八大以来重要文献选编》上,中央文献出版社,2014,第351页。

普通党员身份参加基层党支部组织生活,有利于他们增强干群联系、不忘初心使命、防止腐蚀变质。二是做好党籍停止工作和组织关系管理事宜。与时俱进发展党员固然重要,但完善不合格党员退出机制同样刻不容缓。党章规定:"党员有退党的自由。党员要求退党,应当经支部大会讨论后宣布除名,并报上级党组织备案。"①对于革命意志匮乏、理想信念动摇、无视党员义务的党员,在经教育抢救后仍不改正的,就要及时劝退或直接除名。党员必须自觉保持党性意识,无正当理由而连续6个月不参加组织生活、不缴纳党费、不接受组织安排的工作,就视为自行脱党而予以除名,出国超过5年或失联超过半年则停止党籍工作。三是创新党员发挥先锋作用的方式。坚持示范引领和实践养成相统一,设立党员示范岗、党员责任区,引导党员对标身边的榜样,把本职工作做好做实。坚持组织引导和自行开展相结合,鼓励党员积极参加志愿服务活动,在联系群众、组织群众中提高服务群众的工作能力,密切党群干群关系。坚持严管和厚爱相统一,完善党内激励关怀帮扶机制,在工作、学习、生活各方面帮助和关心党员,为他们创造成长进步的条件。四是加强流动党员管理。流动党员的工作岗位、居住地域变动频繁,同所在党组织的联系比较松散,甚至游离于组织之外,这就需要流动党员、流出地党组织、流入地党组织三者协力,破解流动党员管理难题。流出地党组织要保持同流动党员的经常联系,依托信息技术做好教育培训、管理服务;流入地党组织要协助管理流动党员,就近吸收流动党员参加组织生活;流动党员要提高党性意识,主动保持同所属党组织的联系,并向流入地党组织报备情况。

加强党员监督,规范党员行为。党组织要通过严格组织生活、听取群众意见、检查党员工作等方式,监督党员遵章守规、遵纪守法、参加组织生活、履行党员义务的情况,督促他们在学习、工作、生活各方面自觉发挥先锋模范作用,成为一名合格共产党员。对于监督中发现的不合格党员,要视其具体情况及时进行组织处置。针对存在思想、纪律、作风、工作等方面苗头性倾向性问题的党员,党组织负责人要及时进行提醒谈话;针对不参加组织生活、不按时缴纳党费、不经常同组织保持联系的党员,党组织要以适当方式进行批评教育;针对不履行党员义务但迷途知返、知错愿改的党员,党组织要作出限期改正处置;针对存在政治信仰动摇、思想蜕化变质等情况的党员,党组织要劝其退党或予以除名。对于监督中发现的违纪违法党员,则要按照党纪国法予以处理。

---

①《中国共产党章程》,人民出版社,2022,第17页。

三、完善干部培养和选任体系

党的干部是党和国家事业的中坚力量，推进党的建设新的伟大工程需要高素质干部队伍支撑。各级党组织必须贯彻落实新时代党的组织路线，抓好干部培育、选拔、管理、使用等四个环节，建立健全素质培养、知事识人、选拔任用、从严管理、正向激励等五大体系，才能真正做好新时代党的干部工作，将忠诚干净担当的高素质干部选出来、用起来。

建立健全干部素质培养体系。素质培养是贯穿于干部育管选用全过程的基础性工作，提升干部素质需要党组织精心谋划、用心培育，引导干部健康成长、全面发展。一是重视源头培养。"青少年阶段是人生的'拔节孕穗期'"[1]，是心智逐渐健全、思维最为活跃、最需引导栽培的关键时期。未来治国理政的干部队伍都要从青少年中成长产生，干部培养的起点必须延伸到青少年阶段，全力以赴抓好青少年教育，"关注关心青少年成长，为他们成长成才、施展才华创造良好条件"[2]，使干部在青少年阶段就筑牢信仰之基、培养良好情操。二是坚持跟踪培养。干部素质培养是动态发展的过程，必须随着党的事业的推进而调整跟进。党组织要实时掌握干部的成长发展动态，着重了解他们的思想动向和疑惑困难，以针对性举措固根基、补短板、强弱项、提能力，帮助干部解决瓶颈问题，做到健康发展。三是保持全程培养。党的事业没有止境，干部素质培养是一项"活到老，学到老"的终身事业。只有打造接续性、系统化的干部素质培养体系，将政治意识培养、能力素质提升、知识结构改善贯穿于干部培养全过程，才能使干部的思想和能力始终紧跟时代发展步伐、适应党的事业发展要求。

建立健全干部知事识人体系。考核是判断干部素质能力、督促干部担当作为的基本方式，构建科学高效的考核识人机制是干部队伍建设的必然要求。一是重视日常考核。注意干部的日常学习、工作和生活表现，经常化、多渠道了解干部的思想品性和行为动态，通过小事见微知著，通过大事观德识才，特别是观察干部在急难险重任务和事态中的表现情况。二是坚持分类考核。坚决避免"一刀切""一锅煮"的考核方式，坚持科学分类、精准考核，对不同发展水平、不同主体动能的地区设计差异化的考核要求，为不同领导岗位、不同领

---

[1] 习近平：《思政课是落实立德树人根本任务的关键课程》，《求是》2020年第17期，第4-16页。
[2]《代表广大青年赢得广大青年依靠广大青年 让广大青年敢于有梦勇于追梦勤于圆梦》，《人民日报》2018年7月3日第1版。

导职级的领导干部制定有区分的考核标准，增强考核内容的全面性，提高考核方式的科学性，提升识人用人的精准度。三是加强近距离考核。深入干部之中了解干部、贴近干部工作考察干部，注意从干部的岗位业绩、群众口碑、同事关系入手，全方位了解他们的价值立场、工作能力、群众基础、处世方式，将考核结果作为干部选用晋升、表彰奖励的重要依据，激励干部认真履职、踏实有为。

建立健全干部选拔任用体系。选拔任用是干部工作的中心环节，培养和考核干部的目的就在于发现并提拔组织放心、群众满意、同事服气的合格干部。一是要坚持德才兼备、以德为先的选人标准。"选什么人就是风向标，就有什么样的干部作风，乃至就有什么样的党风。"①选拔干部要坚持好干部标准，将政治品德放在第一位，首先观察干部的政治立场、政治能力、政治自律、政治担当是否过硬、能否靠得住，切实把好政治关口，坚决杜绝"带病提拔"。二是坚持五湖四海、任人唯贤的选人路径。立足党和国家事业发展全局，坚持干部队伍选用一盘棋，以宏阔的视野从各方面各领域的优秀人才中选拔干部，从党政机关、国有企业、高等院校、科研机构等各条战线的干部队伍中择优选强，使经历过基层一线实践磨砺、应对过重大风险考验的优秀干部各尽其能、各得其所，盘活人才资源和干部队伍。三是坚持事业为上、人岗相适的用人原则。坚持公正用人、以事择人，根据事业发展需要、岗位设置特点选配干部，保证所用之人愿干事、能成事，坚决防止因亲疏远近、个人好恶而将岗位职务私相授受、降格以求。

建立健全干部从严管理体系。从严治党必然要求从严治吏、从严管干，党组织必须将干部的思想动态和行为表现、业务工作和社交生活、八小时之内约束和八小时之外监督统一起来，实现对干部的全方位管理。一是要管好思想动向。组织干部深入学习贯彻习近平新时代中国特色社会主义思想，坚定理想信念，增强"四个自信"，做到"两个维护"，始终同党中央保持思想一致。二是要管好业务工作。建立针对性、科学化的考评机制，督促干部实心谋事、踏实干事，勇于直面矛盾、克服困难，善于发现问题、解决问题，不断推进工作创新、创造优良业绩，在本职岗位上交出群众满意的答卷。三是要管好工作作风。坚决抵制"四风"问题和官僚主义行为，牢固坚持党的群众观点和群众路线，推动党员干部赓续发扬理论联系实际、批评和自我批评的优良作风，按照

---

① 习近平：《习近平谈治国理政》第一卷，外文出版社，2018，第418页。

"三个务必"要求深入群众、干事创业。四是要管好纪律要求。在党章党规党纪教育管理上下功夫，坚持民主集中制原则，严格党内生活，严明组织纪律，完善监督机制，使党内监督、群众监督、舆论监督相统一，使苗头性、倾向性问题得到及时处理，使一把手在制度笼子里履职用权，使干部队伍时刻感受到纪律警钟，使干部选用风气清爽宜人。

建立健全干部正向激励体系。"善用人者，必使有材者竭其力，有识者竭其谋。"党组织要坚持激励和约束并重、严管和厚爱结合，按照"三个区分开来"原则建立健全干部担当作为激励机制。一是坚持重实干重实绩的用人导向，将工作是否推进、群众是否认可作为干部选任的根本依据，将敢不敢扛事、肯不肯干事、能不能成事作为干部奖惩的重要标准，大胆选用勇于任事、善于作为、敢于担当、成效突出的干部，坚决遏止庸政、懒政、怠政干部的上升空间。二是构建容错纠错机制，克服能力不足而"不能为"、动力不足而"不想为"、担当不足而"不敢为"的"为官不为"问题，为敢抓敢管、先行先试而出现失误、遭到非议的干部提供制度保障，"保护那些作风正派又敢作为、锐意进取的干部，最大限度调动广大干部的积极性、主动性、创造性"[1]。三是建立干部成长发展保障机制，从思想认识、事业发展、身体健康各方面热忱关心干部，帮助他们解决学习、工作、生活中的实际困难，将干部的岗位业绩同绩效奖励、职务调整、职称晋升相挂钩，将物质奖励和精神奖励相结合，为奋战在基层一线的干部提供必要的倾斜性待遇和支持性政策。

四、实施积极有效的人才政策

国以才立，政以才治，业以才兴。人才是推进中国式现代化、实现民族复兴的战略资源，人才政策是关乎党和国家事业持续发展的关键要素。党和国家只有"实施更加积极、更加开放、更加有效的人才政策"[2]，集聚四海八方英才，调动一切积极因素，营造爱才敬才用才之风，才能保证党在新时代治国理政的各项战略举措付诸实践、取得实效。

树立积极健康的人才意识。只有从思想上重视人才、珍爱人才，拥有"识

---

[1] 习近平：《习近平谈治国理政》第二卷，外文出版社，2017，第225页。
[2] 习近平：《高举中国特色社会主义伟大旗帜　为全面建设社会主义现代化国家而团结奋斗——在中国共产党第二十次全国代表大会上的报告》，《人民日报》2022年10月26日第1版。

才的慧眼、爱才的诚意、用才的胆识、容才的雅量、聚才的良方"①，才能广开进贤之路、集聚四海英才。一是保持爱才之诚。深刻认识到人才是治国理政的第一资源、党和国家事业发展的重要根基，从知识改变命运、人才决胜未来的战略高度，加大人才引进力度，加快人才体制改革，为人才发挥聪明才智搭建广阔平台，为人才成长和发展创造有利条件。二是具备识才之能。正确界定人才的定义和特点，认识到拥有超常知识、非凡技能的能人都是人才，在人才工作中既要重视学识渊博、成果丰硕的专家学者，也要留意身怀绝技、剑走偏锋的奇才异士。特别是在互联网领域，不少人才"是怪才、奇才，他们往往不走一般套路，有很多奇思妙想"②。三是具有用才之明。坚持宏阔的人才视域和科学的用人标准，既包容人才的个性差异，又制定严格的用人规范，在理论和实践创新中发现人才、锻炼人才，将有真才实干、能担当作为的人才选拔到重要岗位，保证才岗相称、德位相配、各展其长、人尽其能。四是怀有容才之量。创新创业是前无古人、后无来者的创造性活动，曲折顿挫在所难免。必须充分把握创新创业的意义和难度，鼓励人才而不埋汰人才，包容失败而不秋后算账，推动形成"鼓励大胆创新、勇于创新、包容创新的良好氛围，既要重视成功，更要宽容失败"③。

实施人才优先发展战略。进入新世纪，党中央根据国内外形势的变化和经济社会发展的需要，将人才资源作为国家和民族长远发展大计，将人才竞争作为综合国力竞争的核心要素，积极构建"人才资源优先开发、人才结构优先调整、人才投资优先保证、人才制度优先创新"④的战略布局。党的二十大强调完善人才战略布局，"建设规模宏大、结构合理、素质优良的人才队伍"⑤。新时代实施人才优先发展战略，就要从党和国家事业发展大局出发做好人才工作顶层设计，确保国家重大战略、产业布局、人才发展同频共振、互相支持，使人才队伍的规模和质量适应社会经济发展要求，为实现高质量发展提供智力支持。人才是驱动发展的核心因素和最为活跃的生产要素，必须优化人才资源开

---

① 习近平：《习近平谈治国理政》第三卷，外文出版社，2020，第50页。
② 习近平：《论党的宣传思想工作》，中共中央文献出版社，2020，第209页。
③ 习近平：《习近平谈治国理政》第一卷，外文出版社，2018，第128页。
④ 《国家中长期人才发展规划纲要（2010—2020年）》，人民出版社，2010，第4页。
⑤ 习近平：《高举中国特色社会主义伟大旗帜　为全面建设社会主义现代化国家而团结奋斗——在中国共产党第二十次全国代表大会上的报告》，《人民日报》2022年10月26日第1版。

发、培养和流动机制，突出"高精尖缺"的人才队伍建设导向，集聚数量充沛的高层次行业领军人才和高素质技术技能人才，按照事业需要和市场规则引导人才在高校、企业、城乡、科研机构之间有序流动。人才投资是一种具有战略意义和长远效益的基础性投资，需要构建保证人才成长的财政体制，出台促使人才发展的政策制度，以政府财政拨款、企业资金投入、社会基金支持等三方合力的方式，创造人才孵育和发展的健全投资机制和良好社会环境。

不断优化人才引进政策。"海纳百川，有容乃大。"如果没有源源不断的创新人才支持，党和国家事业就无法形成生生不息的前进动力。引进人才是党和国家优化人才队伍结构、合理配置人才资源的重要方式，积极、开放、有效的人才引进政策是"集四海之气，借八方之力，聚天下英才而用之"[①]的重要保障。一是精准引进急需紧缺人才。随着新一轮科技革命的兴起，科技创新已经成为新时代高质量发展的最大动能。只有坚持"高精尖缺"导向、聚焦人才短板领域，引进一批具有突出专业技能和宽广国际视野的高素质科技人才与管理人员，攻关核心技术，创新传统技术，保持基础研究的前瞻性，实现原创成果的新突破，才能长久保持社会经济事业高质量发展的竞争优势。二是树立柔性引才理念。传统的引才工作程序烦琐、过程复杂，涉及地域变迁、岗位变化、职级变动等诸多因素，影响人才流动的积极性和即时性。为此，必须更新引才理念和机制，突破地域、编制、职级等刚性条件的束缚，以合作引才、项目招人、兼职特聘等多种方式引进人才，让国外高端人才可以离岸参加工作，让国内尖端人才可以兼职开展创新，做到不拘一格使用人才、实事求是用好人才。三是完善引才配套政策。引进人才必须充分了解人才工作环境、优化人才服务机制，设立一站式服务窗口、服务热线，解决人才在工作、生活方面的困难和诉求，特别是充分保障人才的工作时间、研究平台、仪器设备、福利待遇、住房医疗，确保人才引得来、留得住、尽其力、建其功。

全面推进重大人才工程。开创一流事业需要一流人才，一流事业又为一流人才提供用武之地。党组织和政府部门必须严格履行人才发展规划责任，科学制定重大人才工程推进方案，明确各种类型人才工程的阶段目标和工作要求，增加对"高精尖缺"人才引进和人才优先发展的财政支持力度，加强对人才工程的过程监督和效果评估，提高人才工程的质量和效益。从国家层面来看，要突出高端引领，统筹规划创新人才推进计划、青年英才开发计划、海外高层次

[①] 习近平：《在全国组织工作会议上的讲话》，人民出版社，2018，第25页。

人才引进计划、专业技术人才知识更新计划，大力推进"千人计划""万人计划"等重大人才工程，依托国家重大科研项目、重点学科建设、重点研究基地集聚人才，做到"用事业吸引高端人才"[①]，统合国内外高质量人才资源。从地方层面来看，各单位要按照人才强国战略要求，结合具体工作实施纵横交错、各有特色的重大人才工程，为人才提供施展才华、创新创业的良好平台，以人才工程的"梧桐树"引来事业所需的"金凤凰"。同时，要以完备的人才发展体制为实施重大人才工程提供必要保障，与时俱进地建立健全人才引进、培养、评价、激励各项机制，既用事业留住一流人才，也用事业滋育人才成长。

---

① 中共中央文献研究室编《习近平关于科技创新论述摘编》，中央文献出版社，2016，第122页。

第六章

气正好扬帆：
作风建设需久久为功

"其身正，不令而行；其身不正，虽令不从。"作风是一个政党的组织和成员在各种活动中表现出来的比较稳定的态度和行为，体现着政党的性质、宗旨、纲领、路线，映射着政党的自我形象。政党作风关乎人心向背，人们总是根据政党作风折射的政党形象决定自己对党的态度和情感。中国共产党的作风是党的性质宗旨、初心使命、理想信念、纲领路线在各级组织和党员队伍的思想与行动中的外在呈现，是一种积极向上的思维方式和奋发拼搏的精神状态。习近平指出："我们党团结带领人民取得了革命、建设、改革的伟大成就，很重要的一条就是我们党在长期实践中培育并坚持了一整套光荣传统和优良作风。"①百余年奋斗中，党一直大力提倡发扬优良作风，坚决反对和纠正不良之风，将优良作风作为立党立国、执政兴国的坚实支撑和重要法宝。党的十八大以来，以习近平同志为核心的党中央深化对马克思主义执政党作风建设的规律性认识，赋予作风建设新的时代内涵，为新形势下加强和改进党的作风建设提供了实践指南。

第一节 作风建设是党的建设的重要组成部分

"祸患常积于忽微，而智勇多困于所溺。"以未雨绸缪、防微杜渐的政治意识高度重视并有效开展作风建设，是我们党推进自我革命、巩固执政地位的内在要求。党的作风是党的创造力、凝聚力、战斗力的重要内容，包括思想作

---

① 《立志做党光荣传统和优良作风的忠实传人　在新时代新征程中奋勇争先建功立业》，《人民日报》2021年3月2日第1版。

风、学习作风、工作作风、领导作风、生活作风等五个方面,"关系人心向背,关系党的生死存亡"①。作风建设是党的优良传统和突出优势,塑造了我们党人民公仆、时代先锋、民族脊梁的光辉形象。

一、思想作风是作风建设的首要问题

党的思想作风是党组织和党员在思想观念和思维方式上表现出来的倾向与特点,是全党思想理论素养、信仰信念信心、认识问题方式的综合体现,是党的世界观、权力观、事业观的直接反映。思想作风建设是作风建设的基础性工程,旨在以思想教育引导各级组织和全体党员肃清错误思想路线的干扰,维护和坚持解放思想、实事求是、与时俱进、求真务实的正确思想路线。

"私义行则乱,公义行则治。"思想作风映照着党的价值立场,关系着党的事业成败。人们在认识和改造世界的实践过程中,逐渐生成关于世界、人生、价值、权力、事业、生活的不同认知和追求,经过长期积淀而形成世界观、人生观、价值观、权力观、事业观、生活观。无论这些思想观念正确与否,一经形成就会深刻影响人们的认识态度和思想方法,作为一种具有稳定性、基础性、先导性的思想要素支配人们的实践行动。思想是源,行为是流,正确的思想观念能够推动形成正确的价值追求和行为范式,错误的思想观念则会造成错误的价值取向与盲动异动。欲要正行,必先清源,加强思想作风建设的首要任务就是坚持和强化正确的思想观念,以为人民服务的宗旨意识锻造党的思维方式和行为作风。为人民服务是一代代中国共产党人驰而不息推进社会革命的根本出发点,是共产党人世界观、人生观、价值观、事业观、道德观的价值内核,是党的所有优良作风的思想之源。从毛泽东反复强调"依靠民众则一切困难能够克服,任何强敌能够战胜,离开民众则将一事无成"②,要求党员干部保持普通劳动者姿态"而不是骑在人民头上的老爷"③,到习近平要求全党同志"撸起袖子加油干、风雨无阻向前行"④,不断满足人民群众的美好生活追

---

① 中共中央纪律检查委员会、中共中央文献研究室编《习近平关于党风廉政建设和反腐败斗争论述摘编》,中央方正出版社、中央文献出版社,2015,第8页。
② 《毛泽东军事文集》第二卷,军事科学出版社、中央文献出版社,1993,第381页。
③ 中共中央文献研究室编《建国以来重要文献选编》第十九册,中央文献出版社,1998,第68页。
④ 习近平:《高举中国特色社会主义伟大旗帜 为全面建设社会主义现代化国家而团结奋斗——在中国共产党第二十次全国代表大会上的报告》,《人民日报》2022年10月26日第1版。

求,为人民服务的精神信念始终是培养造就中国共产党人忠于党、忠于人民优良作风的不竭养料。为人民服务是党的一切工作的目的指向和根本归宿,从根本上规定了党的思想路线和思想作风的内涵与性质。

思想作风建设的核心要求是坚持实事求是。回顾百余年党史,党的一切理论都是马克思主义和中国具体实际、中华优秀传统文化相结合的产物,实事求是是党的一切工作的思想方法和思想路线。只有坚持实事求是思想路线,党才能制定出符合客观实际、顺应历史规律、满足人民意愿的正确路线方针政策,一旦背离实事求是思想路线就会使党和人民的事业遭遇挫折、遭受损失。建党早期,党缺乏对中国实际国情的深入认知,曾经教条式套用俄国十月革命模式,将大城市作为革命主攻方向,结果南昌起义、秋收起义、广州起义接连失败。毛泽东深入农村和群众当中开展调查研究,强调"马克思主义的'本本'是要学习的,但是必须同我国的实际情况相结合"①,写出《星星之火,可以燎原》《反对本本主义》等不朽著作,探索开创了农村包围城市、武装夺取政权的革命新道路。党的六届六中全会上,毛泽东明确指出:"共产党员应是实事求是的模范,又是具有远见卓识的模范。因为只有实事求是,才能完成确定的任务;只有远见卓识,才能不失前进的方向。"②党的十一届三中全会重新确立了解放思想、实事求是的思想路线,作出把党的工作重心转移到经济建设上来和实行改革开放的战略决策,开辟了与众不同的中国特色社会主义道路。习近平将是否坚持实事求是提升到党性是否坚强的高度,强调"坚持一切从实际出发,是我们想问题、作决策、办事情的出发点和落脚点"③,提出深入实际了解事物、正确把握基本国情、站在人民立场上坚持真理和修正错误、不断推进理论创新等重要要求。显然,不论是实现民族解放还是推进民族复兴,都必须坚持实事求是的科学态度,"'自以为是'和'好为人师'那样狂妄的态度是决不能解决问题的"④。

加强党的思想作风建设,根本指向是坚定信念信仰信心。马克思主义以历史为空间、以实践为基点观察和解决问题,科学揭示了世界运动变化的基本规律和人类社会发展演进的必然趋势。共产党人的马克思主义信仰建立在科学基石之上,共产党人的共产主义理想建立在"两个必然"的真理论断之上,共产

---

① 毛泽东:《毛泽东选集》第一卷,人民出版社,1991,第111-112页。
② 毛泽东:《毛泽东选集》第二卷,人民出版社,1991,第522-523页。
③ 习近平:《努力成为可堪大用能担重任的栋梁之才》,《求是》2022年第3期,第4-15页。
④ 毛泽东:《毛泽东选集》第二卷,人民出版社,1991,第663页。

党人的中国特色社会主义自信建立在为人民谋利益、为人类谋解放的价值基础之上。"身之主宰便是心",心有所信、情有所归,就会万苦千难、舍命不渝。李大钊在绞刑架上慨然表示:"不能因为你们今天绞死了我,就绞死了伟大的共产主义。……我们深信,共产主义在世界、在中国,必然要得到光荣的胜利。"① "马克思主义政党不是因利益而结成的政党,而是以共同理想信念而组织起来的政党"②,马克思主义信仰和共产主义理想是共产党人的思想灵魂和立身之本,是我们党砥砺奋斗、开辟未来的精神旗帜。

信念不牢,山崩地摇。理想信念荡然无存,是苏联和东欧共产党丧失政权的重要原因。习近平指出:"现实生活中,一些党员、干部出这样那样的问题,说到底是信仰迷茫、精神迷失。"③ 只有筑牢思想根基、补足精神之钙,共产党人才能坚定信念信仰信心,面对任何风吹雨打、艰险考验,都能处变不惊、不动如山。以马克思主义武装全党是党的思想作风建设的重要任务,是贯彻落实党的思想路线的必然要求。全党必须深入学习贯彻习近平新时代中国特色社会主义思想,坚持读原著、学原文、悟原理,做到学思用贯通、知信行统一,铸就以马克思主义世界观和方法论为根基的良好思想作风,从而深刻认识、充分掌握、坚决捍卫马克思主义真理信仰,以理想信念之光指引前行之路。

二、学习作风是作风建设的重要范畴

党的学习作风是党组织和党员学习的风气风格与方式方法,是党风的重要内容。十月革命以后,我们党的先驱们在学习研究马克思列宁主义的过程中提出了学风概念,将理论联系实际作为始终倡导的马克思主义学风。加强和改进党的学风建设,就是要"学习掌握认识和实践辩证关系的原理,坚持实践第一的观点"④,以科学态度对待和学习马克思主义,把政治理论学习同改造主观世界相结合,不断提高全党的马克思主义理论水平和解决实际问题能力。

"事必有法,然后可成。""学风问题是领导机关、全体干部、全体党员的思想方法问题,是我们对待马克思列宁主义的态度问题,是全党同志的工作态

---

① 《李大钊传》编写组:《李大钊传》,人民出版社,1979,第220-221页。
② 习近平:《推进党的建设新的伟大工程要一以贯之》,《求是》2019年第19期,第4-15页。
③ 中共中央文献研究室编《十八大以来重要文献选编》上,中央文献出版社,2014,第80-81页。
④ 习近平:《辩证唯物主义是中国共产党人的世界观和方法论》,《求是》2019年第1期,第4-8页。

度问题"①，是关系党的事业兴衰成败的重大政治问题。不论是思想理论的与时俱进、理想信念的执守笃行，还是伟大工程和伟大事业的赓续推进，都需要科学严谨的学习作风来支撑。事实上，什么时候党能坚持理论与实际相结合的学风，党的事业就能无往不前，党的建设就能胜利推进；什么时候党内主观主义抬头、理论脱离实际，党的事业就会遭受挫折，党的建设就会混乱无章。王明对马克思主义暴力革命理论和俄国十月革命模式的僵硬运用，造成了罔顾实际国情的教条主义学风，导致了土地革命战争时期中央苏区反"围剿"作战的失败。学习作风直接影响到伟大社会革命和党的自我革命能否持续推进，关系着党的初心使命能否成功实现。只有在理论联系实际中深入学习马克思主义基本原理和马克思主义中国化时代化理论成果，才能正确获取信息、有效拓展知识、不断活跃思维、激发创新活力，才能将学习成果转化为理论创新和实践创新的强大动能、分析问题和解决问题的实际能力、增强党性修养和陶冶道德情操的自觉行动。正是在理论联系实际的学习过程中，党开创了中国式现代化道路，塑造了党员干部正确的世界观、人生观、价值观、荣辱观、权力观、地位观、利益观。共产党人必须有自觉的学习意识，将学习作为不可推卸的政治责任，在学习中提高素养、提高品位，通过学习赢得主动、赢得优势、赢得未来。

学风建设的主旨是"坚持理论联系实际的马克思主义学风，坚持问题导向"②。马克思、恩格斯始终强调以发展的眼光对待马克思主义，坚决反对不顾具体历史条件、生搬硬套地运用自己的理论学说，提醒人们"必须考虑到各国的制度、风俗和传统"③。我们党始终坚持理论联系实际的马克思主义学风，将正确认识世情、深刻把握国情、科学研判党情作为不可或缺的学习要素，"真正搞懂面临的时代课题，深刻把握世界历史的脉络和走向"④，不断推进马克思主义基本原理同中国具体实际、中华优秀传统文化相结合，以中国化时代化的马克思主义指导中国革命、建设、改革和复兴实践。党在坚持和推进"两个结合"的过程中，既将人类一切优秀文明成果作为博观约取的精神食粮，又将现实国情作为理论创新的根本所在，使自己的理论成果既有马克思主义的科学特性又有中华文化的民族特征，既属于中华民族也属于人类社会，从而创造

---

① 毛泽东：《毛泽东选集》第三卷，人民出版社，1991，第813页。
② 习近平：《在全国党校工作会议上的讲话》，《求是》2016年第9期，第3—13页。
③ 马克思、恩格斯：《马克思恩格斯全集》第十八卷，人民出版社，1964，第179页。
④ 习近平：《习近平谈治国理政》第二卷，外文出版社，2017，第66页。

了举世瞩目的中国奇迹,形成了独树一帜的中国道路,为世界提供了具有普遍借鉴意义的中国智慧和中国方案。只有加强学习型政党建设,将"全党变成一个大学校"①,让全党都进入研究学问、学习到底的"无期大学",深入学习马克思主义理论和科学文化知识,发扬创新精神,大兴调研之风,坚决反对主观主义、形式主义,才能使党根据时代变化和实践进展而不断解决新矛盾、及时回应新诉求,以优秀的实绩和强大的民心巩固长期执政地位,领导中国式现代化行稳致远。

学风建设的目的是在马克思主义指导下改造主客观世界。主动学习、善于学习,是一种对党和人民事业高度负责的政治态度。推进"我们的斗争需要马克思主义"②,共产党人必须立足具体环境和时代特点学深用好马克思主义,实现主观世界和客观世界的共同改造。一是要领会理论真谛,在真、深、信、善、行上下功夫。真是立足中国独特的文化传统、历史命运、党情国情、社会问题,谋划发展方略,采取实践行动;深是深刻理解党的创新理论的基本立场、观点、精神、方法,掌握其间贯穿始终的世界观和方法论;信是真学真信马克思主义,以马克思主义信仰浇灌自己的思想灵魂、指引自己的奋斗方向;善是善于在理论联系实际的过程中总结经验、守正创新,既不文过饰非,也不志满气骄;行是坚持知行合一,为指导实践而学,以学习推进实践,在实践中创新和发展理论。"哲学家们只是用不同的方式解释世界,而问题在于改变世界。"③共产党人学习马克思主义绝不仅仅是分析问题、认识世界,更是要解决问题、改造世界,是要将马克思主义转化为指引实践的真理力量,不断提升改革创新、科学发展的能力本领。二是要悟透学理哲理。学习马克思主义及其中国化时代化的理论成果,必须从是什么、为什么、怎么看、如何办等纵横贯通的视角理解其思想精髓,掌握其间政治逻辑、学术表达、生活话语的相互交集和融通转化,正确认知由贯穿始终的逻辑起点、理论原点、概念范畴、核心观点组成的知识体系。在学懂学精的基础上,还要进一步弄通悟深,从党史、新中国史、改革开放史、社会主义发展史的历史逻辑中融会贯通,从伟大斗争、伟大工程、伟大事业、伟大梦想的实践进展中融会贯通,从中华文化和马克思主义生生不息、发展创新的理论逻辑中融会贯通,科学把握和真正理解马克思主义发展史上一脉相承的理论成果,增强政治自觉和理论自信。三是要坚持学

---

① 中共中央文献研究室编《毛泽东文集》第二卷,人民出版社,1993,第185页。
② 毛泽东:《毛泽东选集》第一卷,人民出版社,1991,第111页。
③ 马克思、恩格斯:《马克思恩格斯选集》第一卷,人民出版社,2012,第140页。

以致用。邓小平强调："世界上的事情都是干出来的，不干，半点马克思主义都没有。"①学风建设的落脚点在于实干和干实，在于以科学理论指导实践。始终坚持"我们不说，谁说？我们不干，谁干"②的实干精神，突出问题导向、目标导向、效果导向、需求导向，贯彻落实党的路线方针政策和各项决策部署，带领人民创造中国革命、建设、改革、复兴的辉煌成就，正是共产党人理论联系实际优良学风的生动体现。

三、领导作风是作风建设的关键方面

党的领导作风是党的领导机构和领导干部在领导活动中表现出来的相对稳定的工作态度和行事风格，是世界观和方法论、党性和党风的集中体现。领导作风是一定社会历史条件的产物，同党的领导形象、领导性质息息相关，关系着领导活动的效果和执政地位的稳固。坚持民主集中制原则，发扬批评和自我批评的优良传统，是党的领导作风建设的核心内容。

"上不正，下参差。"邓小平指出："党是整个社会的表率，党的各级领导同志又是全党的表率。"③领导干部是社会的标杆和群众的榜样，他们的一举一动、一言一行都会成为亲属、朋友、同事、群众学习的模范，他们的领导作风直接影响社会风气和执政基础。党风正则民风淳、国家宁，作风好则群众信、事业顺。良好的领导作风能够明确行动目标、畅通信息渠道、协调人际关系、铸造团队合力，增强组织凝聚力和队伍战斗力，发挥引领前进的旗帜作用和无声命令的榜样力量，形成"桃李不言，下自成蹊"的感染力和影响力，产生推动社会风气好转的强大动能。中央苏区能够取得移风易俗运动的巨大成功，实现社会风气焕然一新，一个重要原因在于广大干部肯负责任、能起表率作用。"他们是革命战争的良好的组织者和领导者，他们又是群众生活的良好的组织者和领导者"④，发挥了"苏区干部好作风，自带干粮去办公；日着草鞋干革命，夜走山路访贫农"⑤的榜样作用。新中国成立初期，国民经济能够迅速恢复，社会风气令人念念难忘，离不开老一辈革命家身体力行、以上率下的示范

---

① 中共中央文献研究室编《十六大以来重要文献选编》下,中央文献出版社,2008,第874页。
② 中共中央党史和文献研究院、中央档案馆编《中国共产党重要文献汇编（一九二一年七月——一九二一年十二月）》第一卷,人民出版社,2022,第137页。
③ 邓小平：《邓小平文选》第二卷,人民出版社,1994,第177页。
④ 毛泽东：《毛泽东选集》第一卷,人民出版社,1991,第140页。
⑤ 习近平：《论中国共产党历史》,中央文献出版社,2021,第254页。

作用。党的十八大以来，党风政风社风发生根本好转，与以习近平同志为核心的党中央率先垂范、以身作则密不可分。反之，不正的领导作风则会造成组织内部四分五裂、尔虞我诈，成为助长社会歪风邪气和滋长各种丑恶现象的催化剂，成为销蚀人民群众信任和情感、摧毁党和国家事业的"溃堤蚁穴"。党的领导机关和领导干部的领导作风，是群众形成对党印象、确定自己政治态度的重要依据。能否保持"三个务必"的优良作风，是我们党能否得到群众的信任和拥护、能否巩固长期执政地位的根本因素。只有坚持和发扬良好的领导作风，彻底清除文山会海、本位政策等各种形式主义、官僚主义作风，才能有效扩充党的执政资源，提高党的长期执政能力。

领导作风建设的重点是坚持和完善民主集中制。毛泽东强调："只有靠集体的政治经验和集体的智慧，才能保证党和国家的正确领导，保证党的队伍的不可动摇的团结一致。"① 民主集中制是马克思主义政党的根本组织原则，是党保持团结统一、保证决策科学、推进自我革命的重要法宝，是最大限度激发全党创造活力、坚决维护党中央权威和集中统一领导、充分发扬党内民主、有效防止分散主义的最合理最高效的领导制度。民主集中制下的民主指领导班子成员之间、党员和组织之间、党员和干部之间都能充分表达自己的意愿和主张，党的各级领导机关都由党员或党的代表大会选举产生，党的领导机关在规定时间向党员大会或党员代表大会报告工作，党组织的决策体现党员的意愿和意志。民主集中制下的集中表现为"四个服从"，即党员个人服从党的组织、少数服从多数、下级组织服从上级组织、全党各个组织和全体党员服从党的全国代表大会和中央委员会。经过一定程序和一定范围的民主讨论而集思广益形成的党内决议和决定具有至高权威性，全党都要按照决议和决定来统一思想与行动，下级组织或党员个人若有意见可以逐级向上反映，但在作出决定的机关未作修改之前，任何组织和个人必须无条件服从和执行，不得作出违反决议和决定的言论与行为，否则即以违反党的政治纪律论处。坚持和完善民主集中制，必须建立健全贯彻执行民主集中制的制度体系，将坚持民主集中制作为党内政治生活准则的严格要求，将落实民主集中制情况作为考核领导班子的重要指标，充分发挥领导干部带头执行决议、维护纪律、增进团结的示范作用，以此"维护党和国家权威、维护全党全国团结统一"②，牢牢坚持和加强党的全面领

---

① 中共中央文献研究室编《毛泽东著作专题摘编》下,中央文献出版社,2003,第2036页。
② 习近平:《毫不动摇坚持和加强党的全面领导》,《求是》2021年第18期,第4—15页。

导,确保社会主义现代化建设始终沿着正确航向胜利推进,确保党和人民事业始终沿着社会主义、共产主义的信仰灯塔赓续推进。

加强领导作风建设需要采取多种措施,当务之急是处理好三个方面的问题。一是实现民主和集中的有机统一。在民主和集中的矛盾运动过程中,集中的一方往往居于上位,民主的一方通常居于下位。一般而言,下级组织和党员总是希望上级组织和领导干部眼光向下、体顾下情,更多地倾听自己的意见甚至采纳自己的主张,并在诉求未能实现时可能给上级组织和领导干部扣上专断霸道的帽子;上级组织和领导干部则希望下级组织和党员顾全大局、服从安排,坚决执行自己的决策和部署,并可能将提出异议的下级组织和党员斥为骄傲自满、不讲政治。民主的一方总是希望更多地发扬民主自由,使自己的意见得到充分尊重,而集中的一方总是希望更多地强调统一意志,使自己的决策得到有效执行。协调民主与集中的关系,实际上就是处理好领导和被领导的关系,实现集体领导和个人分工负责的有机结合,确保"任何组织和个人在任何情况下都不允许以任何理由违反"①这一领导制度,对重大问题实行集体领导、民主集中、个别酝酿、会议决定。二是坚决反对官僚主义。官僚主义是领导作风建设的顽疾固瘤,是我们党历次整党整风运动的整治对象。如果不能战胜官僚主义,"势必严重削弱党员干部队伍的战斗力,势必损害党同人民群众的血肉联系"②。克服官僚主义是治国理政的重要内容,是一项艰巨复杂的长期任务,既要消除历史时期封建文化滋生的专制思想和权力观念,又要克服长期执政环境下领导干部志得意满的官僚意识和专断作风。三是坚持刹住形式主义歪风。华而不实的文山会海、欺上瞒下的弄虚作假、骄奢淫逸的为官不为,都是形式主义作风的典型表现,严重破坏党的威信和形象。整治形式主义问题,必须坚持实事求是纠错正风、立足实际细化指标,做到查纠不漏一人、问题不漏一个、标准不降一格、责任不松一毫,将群众是否满意作为根本导向,形成求实、务实、落实的领导风尚。

四、工作作风是作风建设的核心内容

党的工作作风是党组织和党员在各项工作中体现出来的行为特点,是贯穿于全部工作过程的一贯风格。保持党同人民群众的血肉联系,是党的工作作风

---

① 《关于新形势下党内政治生活的若干准则》,法律出版社,2016,第23页。
② 中共中央文献研究室编《十六大以来重要文献选编》上,中央文献出版社,2005,第728页。

建设的核心问题。加强和改进工作作风建设，就要坚持党的群众观点和群众路线，始终面向群众、依靠群众，同人民群众想在一起、干在一起，真正做到权为民用、情为民系、利为民谋。

"些小吾曹州县吏，一枝一叶总关情。"工作作风是观察党群干群关系的晴雨表，直接影响着群众对党的情感和态度。1940年3月，南洋华侨领袖陈嘉庚回国考察，甫一抵渝便受到国民党当局的隆重款待，蒋介石还特批8万元专门接待费。但是，衣着鲜亮、挥金如土的国民党官员和衣衫褴褛、困顿不堪的穷苦百姓形成鲜明反差，让陈嘉庚对国难期间国民党政府的表现深感失望。同年6月，他又造访延安，受到当地干部群众的热情欢迎。毛泽东用自种蔬菜和邻居大娘所赠母鸡烹制的两菜一汤"盛大"晚餐盛情接待，这让他倍感亲切。目睹了重庆国民党官员的纸醉金迷、铺张浪费和延安共产党人的群众本位、平实作风，陈嘉庚认为共产党人"上下刻苦耐劳，努力求进步精神，是值得称赞的"[①]，断言"中国的希望在延安"[②]。美国驻华大使司徒雷登承认，国民党官员贪污公款、相互倾轧，将个人私利置于国家利益之上，而"共产党人是没有私人财产的，官员和普通人生活在一起，过着俭朴的生活，勤奋努力，纪律严明"[③]。工作作风显于细微之处、关乎国之大者、影响政权兴亡，国民党政府的倒台、东欧剧变和苏联解体的发生都是执政者领导作风和工作作风败坏的直接结果。一个执政党及其成员心中有百姓、与群众同甘共苦，才能赢得群众的信任和支持，若凌驾于群众之上甚至残民以自肥，必然导致群众的疏远与反抗。习近平指出："工作作风上的问题绝对不是小事，如果不坚决纠正不良风气，任其发展下去，就会像一座无形的墙把我们党和人民群众隔开，我们党就会失去根基、失去血脉、失去力量。"[④]党的十八大以前，群体性事件频繁发生，甚至出现冲击党政机关、阻断交通要道、破坏公共设施等严重情况[⑤]，这同一些地方党组织和党员干部的工作作风不正有直接关系。工作作风不正，必然害党祸国殃民。全党必须深刻汲取历史教训，经常对照反思、躬身自问，

[①] 陈志凌主编《中共党史人物传》第十卷，人民日报出版社、中央文献出版社，2001，第506页。
[②] 金城：《延安交际处回忆录》，中国青年出版社，1985，第148页。
[③] [美]司徒雷登：《在华五十年：从传教士到大使——司徒雷登回忆录》，陈丽颖译，东方出版中心，2012，第166页。
[④] 习近平：《习近平谈治国理政》第一卷，外文出版社，2018，第387页。
[⑤] 韩志明：《从"粗糙的摆平"到"精致的治理"——群体性事件的衰变及其治理转型》，《政治学研究》2020年第5期，第91-100、127-128页。

"倾听人民心声,汲取人民智慧"①,传承和锻造优良工作作风。

工作作风建设的核心内容是保持党和群众同心同向的血肉联系。不论是在腥风血雨的革命战争年代,还是在日新月异的和平建设时期,党都将密切联系群众作为自己的生命之本和力量之源,将"江山就是人民,人民就是江山"的群众立场、群众路线作为全党最根本的工作作风要求。毛泽东将群众比作"铜墙铁壁",强调"从群众中集中起来又到群众中坚持下去,以形成正确的领导意见"②是党的基本领导方法,保持党内团结、党和人民的团结是战胜艰难环境的无价之宝。在党的七大上,毛泽东系统总结了二十四年革命经验,指出"共产党人的一切言论行动,必须以合乎最广大人民群众的最大利益,为最广大人民群众所拥护为最高标准"③。从党的七大将群众路线概括为党的优良作风起,党的历次全国代表大会上的政治报告和修订党章,无不告诫全体党员要保持同人民群众的血肉联系,严防出现脱离群众的危险,并将此作为党员的必备条件。邓小平将马克思主义群众观视为党的传家宝,强调"党只有紧紧地依靠群众,密切地联系群众,随时听取群众的呼声,了解群众的情绪,代表群众的利益,才能形成强大的力量,顺利地完成自己的各项任务"④。党的十八大以来,习近平将处理好党与群众的关系视为党的根本政治命题,强调"密切党群、干群关系,保持同人民群众的血肉联系,始终是我们党立于不败之地的根基"⑤。经过百余年理论凝练和实践探索,一切为了人民群众、一切向人民群众负责、相信群众自己解放自己、向人民群众学习、把党的正确主张变为群众的自觉行动,成为我们党密切联系群众工作作风的基本要求。

保持党与群众的血肉联系,必须解决好政治站位和价值立场问题。马克思主义政党是实现人民利益的政治工具,立党为公、执政为民是我们党的根本立场和价值准则。毛泽东指出:"我们的党员在中国人口中当然只占很小的一部分,只有当这一小部分人反映大多数人的意见,并为他们的利益而工作时,党和人民的关系才是健康的。"⑥百余年奋斗中,党坚持从人民利益出发规范行为

---

① 习近平:《在庆祝中华人民共和国成立65周年招待会上的讲话》,《人民日报》2014年10月1日第2版。
② 毛泽东:《毛泽东选集》第三卷,人民出版社,1991,第900页。
③ 毛泽东:《毛泽东选集》第三卷,人民出版社,1991,第1096页。
④ 邓小平:《邓小平文选》第二卷,人民出版社,1994,第342页。
⑤ 习近平:《习近平谈治国理政》第一卷,外文出版社,2018,第15页。
⑥ 中共中央文献研究室编《毛泽东文集》第三卷,人民出版社,1996,第186-187页。

标准、态度标准、言论标准，将满足人民各种需要作为价值追求、目标导向、根本宗旨，以脱离群众作为常态化的危机意识、忧患意识、焦虑意识，把从群众中来到群众中去作为任何时候都必须牢固坚持的工作方法、思维方法、决策方法，由此解决了我是谁、我为谁、我靠谁的根本问题，培养锻造了党同群众水乳交融、生死与共的优良工作作风。毫不动摇地坚持以人民为中心的政治立场，自觉摆正同人民群众的关系，将人民呼声作为第一信号，将人民需求作为第一要务，将为民谋利作为第一追求，将人民支持作为第一资源，已然成为我们党与时俱进的理论品格和自觉笃行的价值准则。站在新的历史起点上，党必须正确把握新时代社会主要矛盾的运动特点，立身不忘做人之本、为政不移公仆之心、用权不谋一己之私，把推进全体人民共同富裕作为践行人民至上价值立场、密切党群血肉联系的基本要求，确保"这个富，是共同的富，这个强，是共同的强，大家都有份"①，推动全体人民共同富裕取得更为明显的实质性进展。

五、生活作风是作风建设的常态课题

党的生活作风是党员在日常生活中形成的一以贯之的生活态度和行为模式，是党员思想素质、道德观念、文化修养、行为方式的综合展示，是世界观、人生观、价值观、权力观、地位观、金钱观的综合反映，同党的思想作风、学习作风、工作作风、领导作风一同构成党的整体形象。加强党的生活作风建设，就是要规范和塑造全党在日常生活中的交往模式与态度行为。

"凿井者，起于三寸之坎，以就万仞之深。"生活作风是共产党人政治生涯的"第一粒扣子"，具有导向定位的重要意义，首扣系错往往扣扣皆错，起步失误便会百步皆误。习近平指出："如果领导干部生活作风上不检点、不正派，在道德情操上打开了缺口，出现了滑坡，那就很难做到清正廉洁，很难对社会风气起到正面引导和促进作用。"②一个个日常生活中看似无足轻重的作风滑坡和思想松动，往往会经过积年累月的量变沉淀而演变成灾难性质变，造成政治方向、思想标向、情感走向、价值取向的全面堕落，最终陷入脱离群众、违法乱纪的罪恶深渊。对于执政者而言，生活作风问题是一种特殊的政治问题，日常生活中的一言一行都是政治品格和思想道德的外在表现，关乎政治立场、政

---

① 中共中央文献研究室编《毛泽东文集》第六卷，人民出版社，1999，第495页。
② 习近平：《之江新语》，浙江人民出版社，2007，第261页。

治方向、政权命运、国家兴亡。古罗马贵族阶层腐化奢靡的生活风气是庞大帝国颓废衰落的重要因素,魏晋门阀士族豪奢放纵的生活追求直接造成了清谈避世的社会风气,满洲权贵骄奢淫逸的生活品位同样是清王朝由盛而衰的重要原因。无论社会如何发展、风云如何变幻,我们党始终要求全党以勤俭节约修身立志、以艰苦奋斗开创伟业、以崇高风范树立航标。毛泽东等老一辈共产党人不但倡导厉行节约、反对浪费、艰苦奋斗、勤俭建国,而且身体力行、率先垂范,树立了艰苦朴素、勤俭节约的光辉典范[1]。在第二个百年"赶考"之路上,全党仍要将良好的生活作风作为凝聚人心、长期执政的重要法宝,彰显党员领导干部乐民之乐、忧民之忧的人格魅力,树立我们党"先天下之忧而忧,后天下之乐而乐"的光辉形象,增强党的吸引力、感召力、凝聚力、战斗力。

生活作风建设的重点是保持艰苦奋斗的作风和意志。艰苦奋斗是一种生活准则、价值理念、精神力量,"是每一个共产党员,每一个革命家的作风"[2],浸染着中华民族数千年来自力更生、改造世界的精神因子,体现着共产党人不屈不挠推进人类解放历史进程的使命担当。从毛泽东将艰苦奋斗作为解放区的显著特色、纳入"两个务必"要求之中,到习近平要求全党重温党中央在"进京赶考"前订立的"六条规定"、将"艰苦奋斗"纳入"三个务必"要求之中,由自强不息的精神状态和节俭朴素的质朴作风所构成的艰苦奋斗光荣传统一直是共产党人的高尚灵魂和鲜明标识。万里长征、大生产运动、抗美援朝、两弹一星、大庆精神、红旗渠奇迹、塞罕坝故事、载人航天工程、脱贫攻坚成就,无一不是共产党人不矜不伐、艰苦奋斗的历史见证。正是由于党领导人民发扬艰苦奋斗精神,才在"三座大山"的沉重压迫下建立了人民当家作主的新中国,才在帝国主义封锁条件下和一穷二白基础上取得了社会主义建设的辉煌成就,才在苏联和东欧国家红旗倒地、国际共产主义运动遭受重大挫折的背景下创造了中国特色社会主义的巨大奇迹,才在建成全面小康社会的基础上开启了社会主义现代化国家建设新征程。"锲而舍之,朽木不折;锲而不舍,金石可镂。"新时代物质生活资料的丰富、党风政风社风的根本好转,绝不是放弃艰苦奋斗、勤俭节约的理由,而是赓续传统、接续拼搏的基础。天上不会掉馅饼,中国式现代化面临着极其复杂的内外环境和十分紧迫的目标任务,需要全党赓续发扬艰苦奋斗、勤劳勇敢的精神意志和传统作风,以继续"赶考"的自

---

[1] 曹前发:《学习毛泽东勤俭节约的思想与风范》,《求是》2013年第12期,第25—27页。
[2] 中共中央文献研究室编《毛泽东著作专题摘编》下,中央文献出版社,2003,第2132—2133页。

觉向第二个百年奋斗目标勇毅奋进。

加强党的生活作风建设，必须坚决防戒骄奢淫逸。一个长期执政的政党，最大的危险便是骄奢淫逸、脱离群众。骄是骄纵自满，奢是奢侈无度，淫是纵欲放纵，逸是贪图安逸。"滋生骄逸之端，必践危亡之地。"骄奢淫逸既是一种无限制追逐物质欲望的生活行为，也是一种极度颓废空虚的生活态度，会让一个人成为没有心智的"行尸走肉"，会让一个政党和政权陷入"其兴也勃焉，其亡也忽焉"的历史循环。毛泽东总结了我们党骄傲自满造成的严重后果，明确要求"全党同志对于这几次骄傲，几次错误，都要引为鉴戒"①，强调党员干部必须汲取李自成大顺军因沉沦享乐而导致败亡的历史教训，在"进京赶考"之路上"我们决不当李自成，我们都希望考个好成绩"②。纵观党的百余年作风建设史，无论是中央苏区反腐风暴揪出的谢步升、熊仙璧，陕甘宁边区处决的黄克功、肖玉璧，还是新中国成立之初查处的刘青山、张子善，以及党的十八大以来落马的一众"老虎""苍蝇"，全都带有程度不等的骄奢淫逸生活恶习。骄奢淫逸是祸国殃民之根，是从延安整风运动到深入贯彻中央八项规定精神学习教育的所有整党整风运动的整治对象。我们党打江山、守江山，归根到底是为了守人民之心、谋人民之福，无论任何时候都不能出现骄奢淫逸的生活作风，无论走得多远都必须保持谦虚谨慎的"赶考"自觉。

第二节 作风建设是从严治党的长期任务

"行之苟有恒，久久自芬芳。"党的作风是党的形象的外化，注重作风建设是我们党区别于其他政党的一大特征。习近平指出："我们党作为马克思主义执政党，不但要有强大的真理力量，而且要有强大的人格力量。真理力量集中体现为我们党的正确理论，人格力量集中体现为我们党的优良作风。"③回望百余年行程，党积极顺应时代潮流、把握人民要求，不断加强和推进作风建设，以优良的作风凝聚党心、军心、民心，创造了持续发展、不断胜利的大党传奇，塑造了朝气蓬勃、奋斗不息的气质形象。

---

① 毛泽东：《毛泽东选集》第三卷，人民出版社，1991，第948页。
② 中共中央文献研究室编《毛泽东年谱（一八九三——一九四九）》（修订本）下卷，中央文献出版社，2013，第470页。
③ 中共中央文献研究室编《习近平关于全面从严治党论述摘编》，中央文献出版社，2016，第157页。

一、作风建设不断走向深入

党的作风建设从来都不是纸上谈兵、虚张声势，而是真抓实干、永无止境的自我革新。经过革命、建设、改革时期正本清源、持之以恒的不懈努力，党的作风建设从"形式"走向"实质"、从"星火"走向"燎原"、从"历史"走向"未来"，成为支撑党的事业蓬勃发展的独特政治优势[①]。

新民主主义革命时期，党的作风建设在不断探索中走向成熟，形成了三大优良作风。五四运动以后，建党先驱们在推动马克思主义与中国工人运动相结合的过程中，便已结合长辛店工人运动实践深刻总结出"在忠实于工人运动的人与工人之间建立友好关系"[②]的重要经验。党的一大强调组织领导工人运动，党的二大详细分析近代中国社会各阶层的状况，党的三大确立国共合作的统一战线策略、检视党的中央委员会和党员个人存在的问题，党的四大提出无产阶级革命领导权和农民同盟军思想，这些决策和安排都体现了党走向群众、依靠群众的态度观念，反映了党自我剖析、积极应对的自我批评作风。土地革命战争时期，党深刻认识到农民问题是中国革命的中心问题，提出"党的工作方式，应该采取群众路线，党的活动应该紧靠着群众，党的口号应该是群众的要求，党的策略应该取得群众的了解与执行"[③]，坚持以维护农民权益的土地革命路线和方法推翻国民党反动统治。党的六大指出党的中心工作是群众工作，党面临的"最主要的危险倾向就是盲动主义和命令主义，他们都是使党脱离群众的"[④]。全民族抗战时期，党的扩大的六届六中全会确立了理论联系实际的作风，毛泽东强调"使马克思主义在中国具体化，使之在其每一表现中带着必须有的中国的特性"[⑤]。经过延安整风运动对学风、党风、文风的深入整顿，毛泽东在党的七大上将理论和实践相结合、和人民群众紧密联系在一起、自我批评概括为党的三大作风，这标志着党的作风建设指导思想的成熟。解放战争

[①] 沈建波：《中国共产党作风建设的历史经验及现实镜鉴》，《湖北社会科学》2020年第12期，第5—11页。

[②] 中共中央党史和文献研究院、中央档案馆编《中国共产党重要文献汇编（一九二一年七月——一九二一年十二月）》第一卷，人民出版社，2022，第13页。

[③] 中共中央文献研究室、中央档案馆编《建党以来重要文献选编（一九二一——一九四九）》第七册，中央文献出版社，2011，第251页。

[④] 瞿秋白：《瞿秋白选集》，人民出版社，1985，第432页。

[⑤] 毛泽东：《毛泽东选集》第二卷，人民出版社，1991，第534页。

时期,党在人民军队中开展了以"三查"(查阶级、查工作、查斗志)为主要内容的整军运动,在解放区党组织开展了以"三整"(整顿组织、整顿思想、整顿作风)为主要内容的整党运动,以批评和自我批评相结合的方式着力解决党员队伍思想不纯、作风不纯、成分不纯的问题。

　　社会主义革命和建设时期,党在全面执政的条件下先后开展四次全党整风运动,对作风建设问题进行了新的探索。新中国成立之初,党中央深刻认识到作风建设对于巩固执政地位的重要意义,强调"如果我们的思想作风不对头,让官僚主义、命令主义的政治微生物将我们腐蚀"①,党就会失去人民的拥戴,党的事业就会失败。1950年5月至年底的全党整风运动,着重整顿了各级领导机关和干部的作风,有效克服了骄傲自满情绪、官僚主义和强迫命令作风。1951年底至1952年10月的"三反""五反"运动,整顿了党的组织,加强了党员教育,进一步改进了党的作风,密切了党与群众的关系。党的八大突出作风建设的重要地位,强调"党的工作中的群众路线,具有极深刻的理论意义和实际意义"②,要求全党坚持群众路线传统、贯彻执行集体领导和党内民主原则、克服官僚主义和宗派主义。1957年党中央开展以正确处理人民内部矛盾为主题的整风运动,以大鸣大放的方式解决党内矛盾和领导者同群众之间的矛盾,力图"经过整风,把我们党艰苦奋斗的传统好好发扬起来"③,但后来的反右派斗争扩大化,对正常的党群关系造成了一些负面影响。"大跃进"运动中,毛泽东针对一些干部急躁冒进、脱离实际的作风,明确提出"不要图虚名而招实祸"④,要求全党恢复实事求是的精神、大兴调研之风,在摸清真实情况的基础上开展工作。1963年至1966年,党中央深入开展社会主义教育运动,在县以上机关和企事业单位突出"五反"(反对贪污盗窃、反对投机倒把、反对铺张浪费、反对分散主义、反对官僚主义),在农村强调"四清"(清理账目、清理仓库、清理财物、清理工分)。"这次社会主义教育运动,实际上,也是一次群众性的整党运动"⑤,对于纠正干部强迫命令、欺压群众的作风具有积极作

---

① 中央档案馆、中共中央文献研究室编《中共中央文件选集(1949年10月—1966年5月)》第三册,人民出版社,2013,第99页。
② 邓小平:《邓小平文选》第一卷,人民出版社,1994,第217页。
③ 中共中央文献编辑委员会编《毛泽东著作选读》下册,人民出版社,1986,第799页。
④ 中共中央文献研究室编《毛泽东文集》第八卷,人民出版社,1999,第237页。
⑤ 中共中央文献研究室编《建国以来重要文献选编》第十七册,中央文献出版社,1997,第413页。

用，但由于混淆了敌我和人民内部两类不同性质的矛盾而使一些干部和群众遭到打击。"文化大革命"期间，极"左"路线影响下党的工作存在着脱离群众、脱离实际的现象，党的作风建设遭到严重破坏。

改革开放和社会主义现代化建设新时期，党的作风建设实现了拨乱反正和创新发展。1978年党的十一届三中全会以后，党中央着力塑造以实事求是和群众路线为重点的优良作风。一是恢复"文革"时期遭到严重破坏的党内民主和人民民主，坚决反对个人专断独行和压制打击，要求实事求是地开展批评和自我批评。邓小平针对理论和文艺工作提出的不扣帽子、不打棍子、不抓辫子的"三不主义"方针，成为党内和人民内部政治生活的基本原则。二是高度重视党员的表率作用，以良好的党风引领形成风清气正的社会风气。邓小平严厉批评了党员干部特别是高级干部脱离群众的"特殊化"现象，要求党员干部以身作则，"恢复和发扬党的艰苦朴素、密切联系群众的优良传统"①，增强同人民群众的血肉联系。三是推动全面整党，加强党同群众的密切联系。从1983年10月起，党中央用三年时间对党的作风和组织进行全面整顿，纠正各种不当行为，反对官僚主义作风，实现了党风的根本好转。1989年党的十三届四中全会以后，党中央强调"把提高党的执政能力同党的作风建设结合起来"②，全面加强思想作风、学习作风、工作作风、领导作风、生活作风建设。1998年至2000年的"三讲"教育提升了全党的马克思主义理论素养，将全心全意为人民服务确立为共产党人的最大正气，推动了党的优良作风的赓续发扬。2001年9月，党的十五届六中全会提出"八个坚持、八个反对"的明确要求，号召全党坚持解放思想、实事求是，坚持理论联系实际，坚持密切联系群众，坚持民主集中制，坚持党的纪律，坚持艰苦奋斗，坚持清正廉洁，坚持任人唯贤，丰富和发展了党的作风建设的内涵。2004年9月，党的十六届四中全会从科学执政、民主执政、依法执政的角度提出了作风建设的新任务。2007年1月，胡锦涛提出领导干部要在工作中大力倡导"八个方面的良好风气"，即勤奋好学、学以致用，心系群众、服务人民，真抓实干、务求实效，艰苦奋斗、勤俭节约，顾全大局、令行禁止，发扬民主、团结共事，秉公用权、廉洁从政，生活正派、情趣健康。2009年9月，党的十七届四中全会从提高党的建设科学化水平的角度，强调"把加强党性修养作为优良作风养成的重要基础和动

---

① 邓小平：《邓小平文选》第二卷，人民出版社，1994，第217页。
② 中共中央文献研究室编《十六大以来重要文献选编》上，中央文献出版社，2005，第610页。

力"①，大兴密切联系群众之风、求真务实之风、艰苦奋斗之风、批评和自我批评之风。

二、作风建设实现根本好转

高度重视并不断加强作风建设，是长期执政的马克思主义政党的优良传统。党的十八大以来，以习近平同志为核心的党中央将党的作风建设提升到关系党的形象、关系人心向背、关系党和国家生死存亡的高度，采取一系列创新举措加强和推进作风建设，"刹住了一些过去被认为不可能刹住的歪风，纠治了一些多年未除的顽瘴痼疾，党风政风和社会风气为之一新"②，巩固了党长期执政的政治基础和群众基础。

以刹住"四风"为首要任务，进一步密切党群关系。党和人民群众的关系问题是作风建设的核心问题，保持党同人民群众的血肉联系是作风建设的根本目标。党强化集中教育，出台八项规定及其实施细则，坚决整治群众反映强烈的"四风"问题，推动党风政风和社会风气的整体优化。一是持续开展集中教育。先后开展党的群众路线教育实践活动、"三严三实"专题教育、"两学一做"学习教育、"不忘初心、牢记使命"主题教育、党史学习教育、学习贯彻习近平新时代中国特色社会主义思想主题教育、党纪学习教育、深入贯彻中央八项规定精神学习教育，虽然这些教育活动的主题和重点各不相同，但都包含着作风建设的内容和要求，有效提高了全体党员的党性修养。二是持之以恒整治"四风"。形式主义、官僚主义、享乐主义、奢靡之风的"四风"问题具有长期性、复杂性、顽固性、反复性，整治"四风"是一项基础性长期性工作。党把力戒形式主义、官僚主义放在整治"四风"的突出位置，叫停文山会海、减轻基层负担，坚决纠正工作重"痕"不重"绩"、留"迹"不留"心"等突出问题，不断密切党群干群关系。习近平在每年的中央委员会全体会议、中央纪律检查委员会全体会议、中央经济工作会议等重要场合都对纪律和作风问题提出明确要求，对出席会议、考察调研、出国访问等有关方案亲自过问、严格把关。三是出台中央八项规定及其实施细则。2012年12月，中央政治局审议通过《十八届中央政治局关于改进工作作风、密切联系群众的八项规定》，明确了调查研究、会议活动、文件简报、出访活动、警卫工作、新闻报道、文

---

① 中共中央文献研究室编《十七大以来重要文献选编》中，中央文献出版社，2011，第159页。
② 《中共中央关于党的百年奋斗重大成就和历史经验的决议》，《人民日报》2021年11月17日第1版。

稿发表、勤俭节约等八个方面的作风规范。2017年10月，中央政治局审议通过《中共中央政治局贯彻落实中央八项规定的实施细则》。截至2022年4月底，全国纪检监察机关共查处违反中央八项规定精神问题72.3万起，给予党纪政务处分64.4万人。自2013年9月起，中央纪委连续公布全国查处违反中央八项规定精神问题的月报数据，使八项规定成为加强党的作风建设的金色名片。2022年，国家统计局社情民意电话调查结果显示，对党中央带头贯彻执行中央八项规定精神情况表示满意、对总体成效表示肯定的比例分别为98.2%、95.7%[①]。

以党风廉政建设为核心内容，实现党内政治生态明显好转。良好政治生态是涵养党的优良作风的重要土壤，是全面从严治党的重要保障。党坚持"打虎""拍蝇""猎狐"并举，严惩基层"微腐败"，推动党内政治生态显著改善。一是严肃党内政治生活。"党要管党，首先要从党内政治生活管起；从严治党，首先要从党内政治生活严起。"[②]党将严肃党内政治生活作为锤炼党员干部党性和作风的重要路径，出台《关于新形势下党内政治生活的若干准则》，大力纠治软弱涣散、纪律淡薄、民主不够、集中乏力等突出问题，要求全党以批评和自我批评相结合的方式深入查摆问题、坚决整改落实，促使党内政治生活焕发新气象。二是严明党的纪律规矩。党将严明纪律规矩作为阻断不正之风、遏制腐败毒瘤的治本之举，坚决将权力关进制度笼子，健全党内法规体系，规范权力运行机制，加强监督执纪力度，深化反腐败教育宣传，强化不敢腐的社会氛围，构建不能腐的防范机制，完善不想腐的自律机制，开拓了党风廉政建设的新局面。截至2024年6月，全党现行有效党内法规共有3936部，党的十八大以来新制定修订的党内法规占比超过70%[③]。三是严惩群众身边的不正之风。严厉查处重点领域的严重违法乱纪行为和基层干部吃拿卡要的作风问题，大力惩处涉黑腐败的党员干部，坚决维护群众切身利益。党的十九大以来，紧盯教育、医疗、养老、社会保障等民生领域，实施扶贫领域"腐败和作风问题"专项治理，坚决惩治虚报冒领、挥霍浪费、吃拿卡要、优亲厚友等"微腐败"[④]，着力打通党员干部联系和服务群众的"最后一公里"，极大转变了干部作风、

---

① 张垚：《徙木立信更需久久为功》，《旗帜》2023年第3期，第94页。
② 习近平：《在庆祝中国共产党成立95周年大会上的讲话》，《求是》2021年第8期，第4-20页。
③ 张劲：《持之以恒推进依规治党——新时代党内法规制度建设》，《党建》2024年第6期，第26-29页。
④ 徐令义：《加强扶贫领域腐败和作风问题专项治理》，《行政管理改革》2018年第9期，第14-18页。

改善了党群关系,进一步夯实巩固了党的执政基础。

以制度建设为主要抓手,推动作风建设制度化规范化常态化。党的作风建设必须从教育和制度两个层面双管齐下,以各种形式的思想政治教育和一整套行之有效的制度机制来解决党员干部作风方面存在的突出问题,将作风建设的要求上升为制度、细化为规则、转化为日常,将作风建设抓常、抓细、抓长。一是深化作风建设体制机制改革。坚持严管与厚爱、约束与激励相结合,建立健全干部激励机制、容错纠错机制、责任追究机制,全面准确地评价党员干部的工作业绩。把公众参与、专家论证、风险评估、集体讨论作为重大决策的必备流程,确保各项决策程序正当、过程公开、结果公正、责任明确,从而以刚性的制度规定和严格的制度执行堵塞滋生不正之风的漏洞①。二是建立健全作风建设制度体系。新时代党的作风建设坚持破立并举、纪法衔接,出台廉洁自律准则、党内监督条例、巡视工作条例、纪律处分条例、问责条例等一系列基础性党内法规,制定《党政机关厉行节约反对浪费条例》《关于全面推进公务用车制度改革的指导意见》等大量党内规范性文件,为纠正"四风"问题、加强作风建设提供坚强纪律保障,形成了以转作风、改作风为重点的制度体系。三是完善领导干部考核与监督问责体系。推动政绩考核方式改革,摒弃一味追求经济数据、唯GDP论英雄的片面做法,将民生福祉、社会和谐、生态效益纳入考核指标体系,重点考察领导干部履行管党治党政治责任、落实中央决策部署的绩效情况,促使领导干部重视并抓实作风建设。制定和修订监督问责的党内法规,推进巡视和派驻全覆盖,构建党委(党组)全面监督、纪律检查机关专责监督、党的工作部门职能监督、党的基层组织日常监督、党员民主监督组成的"五位一体"党内监督体系,形成党内监督和问责纠偏的强大合力,实现了作风制度建设的持续加强、不断深化。

三、作风建设必须警钟长鸣

十多年正风肃纪、激浊扬清,十多年风清气正、乾坤生辉。新时代十多年来,党以优良的作风赢得了党心民心,树立起永葆蓬勃朝气的人民公仆、时代先锋、民族脊梁的伟大形象。但是,作风问题具有反复性和顽固性,作风建设不可能一劳永逸。习近平指出:"这正如人治病一样,病治了以后,进入恢

---

① 唐皇凤:《作风建设永远在路上——党的十八大以来作风建设成就》,《中国党政干部论坛》2022年第5期,第28-32页。

复期,如果条件具备,潜伏于身体内的病原体就可能再度繁殖,进而使病症再度发作或反复发作。"①不良作风的顽固性和易变性,不正之风和腐败问题的交织渗透,使得作风建设的形势依然复杂。

思想作风不端的问题不容小觑。思想作风建设的核心问题是筑牢理想信念基石,贯彻落实解放思想、实事求是的思想路线。当前,一些党员的党性意识淡化,核心意识和看齐意识不强,对党的政治纪律和政治规矩视若无睹,不按规定参加组织生活、履行党员义务,甚至公开发表同党中央精神不一致的言论;一些党员的宗旨意识蜕化,将部门利益和个人利益置于党和人民利益之上,本位主义、山头主义的思想倾向十分明显,"或无视群众期盼、或不敢应对诉求,在群众面前处于失语状态"②,在行为处事上损公而肥私、假公而济私;一些党员的理想信念不够坚定,认为实现共产主义道阻且长、遥遥无期,抵挡不住资产阶级拜金主义腐朽观念的侵蚀和市场经济条件下各种各样"糖衣炮弹"的攻击,乱行于灯红酒绿,忘心于美色金钱,守不住共产党人的初心,跨不过新长征路上的"娄山关""腊子口";一些党员的价值追求虚化,或是将西方资产阶级民主自由视为放之四海而皆准的"普世价值",或是热衷于烧香礼佛、风水堪舆的封建迷信活动,对民生问题和百姓诉求漠不关心。不论是政治意识淡薄、精神世界空虚,还是理想信念动摇、价值观念扭曲,都同思想作风不正有着直接联系,都需要在抓常抓细抓长的思想作风建设中解决问题。

理论脱离实际的主观主义学风必须警惕。学风建设的核心问题是坚持理论联系实际、主观符合客观,做到学思用贯通、知信行统一。当前,一些党员的学习态度消极被动,或是因业务工作繁忙而耽于政治学习,或是把政治学习作为应对检查的需要,学而不思、学用脱节,学习过程蜻蜓点水、浅尝辄止,学习效果一知半解、不知所以然,解决实际问题的能力不强,面对新情况新问题往往手足无措乃至惊慌失措;一些党员的学习模式生硬固化,拘泥于旧办法旧经验,不能结合时代特点拓展学习方式、丰富学习内容,学习主动性、创造性大打折扣,学习能力跟不上时代发展和实践进展;一些党员的学习活动华而不实,喜欢在检查评比、出场讲话、上镜露脸上下力气,挖空心思编造经验,故弄玄虚制造典型,但不在做好本职工作、提高服务能力上下功夫,没有把理论学习"往深里走、往实里走、往心里走,把自己摆进去、把职责摆进去、把工

---

① 中共中央文献研究室编《习近平关于全面从严治党论述摘编》,中央文献出版社,2016,第163页。

② 习近平:《习近平谈治国理政》第三卷,外文出版社,2020,第508页。

作摆进去"①，造成学习内容空对空、学习与实践两张皮。学风渗透于工作和生活的方方面面，不但影响着党员个体的进步和发展，还折射出党组织的整体形象。被动式学习、僵硬化学习、过场式学习本质上是理论脱离实际的主观主义、教条主义、形式主义学风，是缺乏问题导向和创新意识的非马克思主义学风。

官僚主义领导作风存在不同表现形式。领导作风建设的核心问题是贯彻落实民主集中制原则，克服官僚主义倾向。当前，落实民主集中制存在着集中不够和民主不够两种现象。在集中不够方面，主要表现为一些部门的领导班子讨论问题难以形成决议，或是形成决议却难以执行。一些班子的"一把手"优柔寡断，缺乏统筹全局的决断能力和凝聚人心的领导能力，班子成员各行其是、各自为政，争夺利益，计较权位大小，造成班子议事困难、矛盾丛生，即便形成决议也无法真正落实。在民主不够方面，主要表现为一些部门的主要领导独断专行，"一切事情，第一书记一个人说了就算数"②。一些领导班子的"一把手"专横跋扈，不是将自己视为民主集中制的"班长"，而是把自己变成我行我素的"霸王"，容不得反对意见，听不进不同声音，把民主议事当成过场和形式，把部门变成针插不入、水泼不进的"独立王国"，这种家长制作风、一言堂做派造成班子成员完全按照"一把手"脸色行事，以程序民主掩盖了事实上的个人专断。不论是正确集中不够，还是民主发扬不足，都属于官僚主义领导作风问题，需要推动各级领导干部自觉担当领导责任和示范责任，发挥好作风建设的"领头雁"作用。

形式主义工作作风在一定范围内长期存在。工作作风建设的核心问题是密切党群干群关系，遏制脱离群众的形式主义倾向。当前，一些干部的公仆观念淡薄、官本位意识浓厚，随着职务升迁而对群众的感情日益冷淡、同群众的距离不断拉大，总是以高高在上的组织者、领导者自居，不愿俯下身子访基层、深入一线察民情，不关心群众冷暖疾苦，不贴近群众问需问计，组织和领导群众多，满足群众需求和利益少；一些干部的避事心理明显、服务态度冷硬，满足于少办事少担责、不干事不担责的"太平官"，不求工作出彩，但求平稳无过，开展工作拈轻怕重、消极怠慢，处理事情拖沓推诿、效能低下，遇到问题轻描淡写、避重就轻，为官不为的懒政怠政作风十分明显；一些干部的工作作

---

① 习近平：《坚持用马克思主义及其中国化创新理论武装全党》，《求是》2021年第22期，第4-17页。
② 中共中央文献编辑委员会编《毛泽东著作选读》下册，人民出版社，1986，第820页。

风虚浮、服务观念淡薄,一切以领导是否满意为工作风向标,将上级指示作为绝对服从的金科玉律,将服务群众作为可有可无的装潢表饰,只有一些联系群众的原则性制度而缺乏贯彻落实的针对性举措,在联系群众上弄虚作假,在调查研究上走马观花,在文山会海中消磨时日,不知民事民情,不解民意民忧。这些知行不一、花拳绣腿、弄虚作假的形式主义问题具有多样性、变异性,必须全面检视、靶向纠治,"从讲政治的高度来审视,从思想和利益根源上来破解"①。

奢靡主义和享乐之风表现出隐形变异的新动向。生活作风建设的核心问题是培养健康的生活情趣和高尚的精神追求,抵制享乐主义和奢靡之风的腐蚀,保持艰苦奋斗、清正廉洁的生活品位。当前,一些地方和领域的享乐主义、奢靡之风出现隐形变异的新样式,具体表现在三个方面。一是由"明"转"暗"。公款吃喝的地点选择更加隐秘,从吃喝玩乐一应俱全的高档酒店转向富丽堂皇的私人会所、内部食堂、培训中心;公款旅游披上公务活动的合理"外衣",借助检查开会、调研考察、培训教育等名目进行变相旅游的情形屡见不鲜;违规占房、用房超配问题更加隐蔽,一些打着接待间、资料室旗号的办公用房实际上成为领导干部个人的"自留地"。二是由"公"变"私"。一些党员干部利用职权千方百计转嫁违规费用或个人开支,要求自己分管范围内的企业为各种私人开销买单,承担迎来送往,负责一应接待,将企业变成自己随心所欲的"后花园"。三是化"整"为"零"。缩小吃喝宴饮的参与范围和人数,对发票金额和名目进行技术性处理,将大额发票改成多张小额发票"暗度陈仓"、违规报销。"奢靡之始,危亡之渐。"深挖细查生活作风方面的隐形变异问题,发扬艰苦奋斗、勤俭节约的优良传统,始终是作风建设的重要任务。

四、作风建设发条不可松懈

光荣传统和优良作风是我们党百余年奋斗积淀的光辉财富和制胜法宝,凝结着共产党人的理想信念和宗旨意识,矗立起披坚执锐、争当表率的精神灯塔,汇聚起万众一心、排山倒海的磅礴力量。新时代新征程上推进作风建设,必须在破除顽瘴痼疾上持续发力,以解决问题为导向,以科学方法为引领,不断增强系统性、针对性。

---

① 中共中央党史和文献研究院编《习近平关于防范风险挑战、应对突发事件论述摘编》,中央文献出版社,2020,第136页。

突出对党忠诚，培养自觉自律的赤诚者。党的十八大以来，"两个维护"成为广大干部群众的思想共识和行动自觉，但"四个意识"不强的情况依然存在，阳奉阴违的"两面派""两面人"和伪忠诚现象时有出现。"对党忠诚，是共产党人首要的政治品质"①，千千万万共产党人的赤胆忠诚是我们党由小而大、由弱而强的制胜密码。对党忠诚，就要表里如一、知行合一，任何时候任何情况都不改其心、不移其志、不毁其节，以先辈英烈为镜、以反面典型为戒，不断补足精神之钙、夯实信仰之基、把稳思想之舵，以坚定的理想信念涵养对党的赤子情感和拳拳忠心。在新的历史起点上，党员干部要以奋发有为的责任担当和引领潮流的实际行动诠释政治忠诚，坚持理论学习、业务工作、党的建设同向发力，深刻领会习近平新时代中国特色社会主义思想的"六个必须坚持"，不断提高政治判断力、政治领悟力、政治执行力，不断提升履职尽责的实际工作能力，以时不我待、只争朝夕的拼搏精神深入改造主观世界，以艰苦奋斗、久久为功的钉钉子精神全面推进各领域作风建设，将歪风邪气洗涤一空，让敢于斗争、担当实干的正能量不断弘扬。

坚持求真务实，培养知行合一的实干者。新环境必然孕育新理论，新理论势必引领新时代。当前，一些党员干部学习党的创新理论不深不透、流于表面，没有把理论学习同实际工作有效结合，面临着"新办法不会用，老办法不管用，硬办法不敢用，软办法不顶用"②的"本领赤字"。面对学习方式的新变化和学习内容的新要求，党员干部要在理论联系实际上下真功，做到"点""线""面"相贯通。一是拓展学无止境"知识面"，以"学不可以已"的求索精神常学常新、日新日进，不断丰富知识储备、提升理论深度，保证自己的知识结构、思维方式、理论水平、能力素养适应时代发展和事业进展；二是画好学以致用"连接线"，辩证把握"学"与"用"的统一关系，既以党的创新理论指导工作实践，又在工作实践当中推进理论创新，不断提升"学"的效果和"用"的能力；三是找准实事求是"落脚点"，确保自己的思想和行动适应新形势、契合新任务、满足新要求，更好地推进工作，维护群众利益。

守定人民立场，培养锲而不舍的为民者。随着多元文化的冲击和生活环境的变化，一些党员干部的宗旨意识发生蜕化、价值立场发生变化，逐渐堕落成精致利己的"官太爷"，同群众拉开距离、脱离联系，将亲密无间的党群干群

---

① 《立志做党光荣传统和优良作风的忠实传人　在新时代新征程中奋勇争先建功立业》，《人民日报》2021年3月2日第1版。
② 习近平：《习近平谈治国理政》第一卷，外文出版社，2018，第403页。

关系变成不可逾越的官民等级。新征程上党员干部贯彻党的群众路线，必须首先解决"我是谁、为了谁、依靠谁"的问题，坚持把人民群众放在心中最高位置，不断锤炼"我将无我，不负人民"的精神境界。共产党人没有任何超越于法律之外、凌驾于群众之上的特权，没有任何不同于人民群众根本利益的私利私求。党的干部必须是人民的公仆、百姓的亲人、群众的楷模，永怀人民至上的赤子之心，坚持问政于民、问需于民、问计于民，把群众的所思所盼作为制定决策、开展工作的基本依据，在真情相待、实干担当中做到与民同心，在思想同频、情感共融中做到与民同向，在万众一心、奋进逐梦中做到与民同行，让党心民心始终同频共振，让群众路线始终熠熠生辉。

用好批评武器，培养优良传统的承继者。"观于明镜，则疵瑕不滞于躯；听于直言，则过行不累乎身。"自我批评是马克思主义政党强身祛病、保持肌体健康的锐利武器，是否进行认真的自我批评"是我们和其他政党互相区别的显著的标志之一"①。部分党员干部在开展批评与自我批评时存在思想偏差和行动误区，担心自我批评影响个人形象、批评上级危及自身职位、批评同级破坏人际关系、批评下级失去群众基础，这就导致批评与自我批评这一重要工具失去锋芒，出现"生锈""钝化"现象，影响了党组织有效化解内部矛盾与解决问题的能力。习近平指出："我们共产党人开展自我批评，根本动力来自党性，来自对党和人民事业高度负责的精神。"②开展批评和自我批评是应对"四大危险"、整治"四风"问题的有力武器，是严肃党内政治生活的重要手段。党员干部要增强开展自我批评的勇气和党性，涵养接受批评的胸襟和气度，以"一日三省"的自我批评和诚恳坦率的相互批评增强党内政治生活的政治性、时代性、原则性、战斗性，使党内政治生活充满严肃认真、是非分明、积极向上的强大正气。

发扬斗争精神，培养起而能行的拼搏者。历尽风雨，终见彩虹；踏破荆棘，必有繁花。中华民族正处在走向复兴的关键时期，错综复杂的国内外环境和艰巨繁重的改革任务对管党治党、治国理政提出了前所未有的严峻考验。只有坚持敢于斗争、善于斗争，形成一股遇强更强、愈挫愈勇、迎难而上、克难而胜的精气神，才能坚定信心闯关夺隘、战胜挑战走向辉煌。新形势下的斗争是全方位多层次的斗争，具有长期性、复杂性、艰巨性。党员干部必须修好斗

---

① 毛泽东：《毛泽东选集》第三卷，人民出版社，1991，第1096页。
② 《立志做党光荣传统和优良作风的忠实传人　在新时代新征程中奋勇争先建功立业》，《人民日报》2021年3月2日第1版。

争这门"必修课",保持"明知山有虎,偏向虎山行"的昂扬精神和斗争姿态,直面矛盾、图新图强,勇于涉险滩、闯激流,敢于啃骨头、打硬仗,勇立潮头、奋勇搏击,在进行伟大斗争的过程中经受实践考验、增长斗争才干、磨砺精神意志、增强政治定力、提高工作能力、调动社会合力,推动各项工作取得实效。伟大斗争体现在从战时到平时的各环节各领域,需要每一名党员干部增强斗争意识,锤炼斗争本领,把握大势大局,分清轻重缓急,抓住主要矛盾,科学排兵布阵,牢牢掌握建设社会主义现代化国家新征程上的斗争主动权。

矢志艰苦奋斗,培养复兴征程的追梦者。经过"敢教日月换新天"的长期奋斗,中华民族伟大复兴已经进入不可逆转的历史进程,面临的风险挑战和难关考验更加复杂。习近平指出:"在实现中华民族伟大复兴的新征程上,必然会有艰巨繁重的任务,必然会有艰难险阻甚至惊涛骇浪,特别需要我们发扬艰苦奋斗精神。"[1]新时代的艰苦奋斗具有与时俱进的崭新意蕴,要求培育积极健康的生活情趣,涵养清正廉洁的政治文化,抵制奢靡享乐的不正之风,摒弃傲慢自负、妄自尊大的傲骄之气和贪图享乐、意志脆弱的弱娇之气,一步一个脚印把前无古人的伟大事业推向前进。艰苦奋斗、俭以修身的价值意蕴永不过时,党员干部必须铭记"历览前贤国与家,成由勤俭破由奢"的历史教训,保持"千淘万漉虽辛苦,吹尽狂沙始到金"的精神意志,守定击水中流的实干精神和廉洁奉公的为民情怀,面对灯红酒绿、莺歌燕舞的市场诱惑而不坠青云之志、不改勤俭本色,在船到中流浪更急、人到半山路更陡的新征程上积极迎接风险挑战,书写艰苦奋斗、改换人间的复兴伟业新篇章。

第三节 作风建设永远没有休止符

作风连着民心,作风彰显形象,作风关系兴亡。以习近平同志为核心的党中央将持之以恒加强作风建设作为新时代全面从严治党的战略任务,坚持从政治大局和工作全局高度谋划推进作风建设。据统计,第十九届中央政治局常委会会议有99次、中央政治局会议有19次、中央政治局集体学习有9次涉及作风建设。新征程上推进作风建设,必须从伟大事业和伟大工程的全局视角整体规划,既借鉴运用历史经验,又突破既有认知局限,以长远眼光把握作风建设的发展趋势和前进方向,因势而谋、应势而动、顺势而为。

---

[1] 习近平:《在纪念五四运动100周年大会上的讲话》,《人民日报》2019年5月1日第2版。

一、坚持科学施治，服务中心大局

"生于忧患，死于安乐。"中国发展已经进入机遇和风险并存、不确定难预料因素增多的历史时期，意识形态领域"没有硝烟的战争"从未间断，全面深化改革的任务更加艰巨，发展经济、维护安全的双重挑战极其复杂，这一切都对党的治国理政能力和长期执政地位提出严峻挑战。长期执政从来都不是"天命有定端"的坐享其成，而是"得民心者得天下"的历史选择。作为历经百余年风雨、拥有雄厚群众基础的马克思主义执政党，我们党越是长期执政就越要防范"四大危险"、提高抵御执政风险的"四大能力"，以良好的作风凝聚党心民心。

树立系统施治、整体推进、重点突破的作风建设理念。正风肃纪是艰巨复杂的系统工程，必须综合运用战略思维、创新思维、辩证思维、历史思维、底线思维，坚持"两点论"和"重点论"相统一，着眼全局、把握长远、乘势借力、互联互通，形成纵向到底、横向到边、上下联动、左右衔接的合力态势，使不正之风陷入人民战争的汪洋大海之中而无所遁形，使优良作风成为把人民紧紧凝聚在一起的制胜法宝。一是要坚持系统施治，打出一套精准施治、上下同治、群策群治、标本兼治的"组合拳"，创造严的氛围，加强惩的力度，既刹住歪风邪气，又树立新风正气，既消除表面的不正之风现象，又根除不正之风的深层病因，强力正风肃纪，全面端正作风。不正之风往往具有多种表现方式和复杂历史成因，需要透过表象寻找本质、梳理经纬发现因由，以即知即改的治标措施创造治本条件，以铸新淘旧的治本举措巩固治标成果。二是要坚持整体推进，把思想作风、学风文风、领导作风、工作作风、生活作风等作风建设的各领域联通起来、统筹考量，防止某一具体领域成为明显短板而影响作风建设的整体效能，保证作风建设不偏方向、不失目标。推进作风建设如同"弹钢琴"，仅仅依靠一根手指或一个方面无法解决根深蒂固的"四风"问题，必须深刻把握各领域之间的内在关联和各要素之间的作用机制，做到"十个指头都动作，不能有的动，有的不动"[①]，在整体推进中形成强大合力。三是要坚持重点突破，科学把握作风建设的战略重点、优先顺序、主攻方向、工作机制、推进方式，抓稳抓准关键领域、关键环节、关键人群。"全面从严治党，

---

① 毛泽东：《毛泽东选集》第四卷，人民出版社，1991，第1442页。

既需要全方位用劲,也需要重点发力。"①推进作风建设,必须分清主次、突出重点,深入把握演进态势和内在规律,把群众满意作为第一整改标准,把领导干部作为重点整治对象,把讲党性、守规矩作为核心纪律要求,形成纲举目张的效果和上行下效的效应,真正提升作风建设质量。

围绕党和国家中心工作全面推进作风建设。党的建设"历来是同党的历史任务,同党为实现这些任务而确立的理论和路线联系在一起的"②,围绕中心、服务大局是作风建设的基本规律和政治原则。党的作风和形象关系党的全部创造力、凝聚力、战斗力,作风建设必须从党和国家中心任务的高度来思考,从党的建设总体布局中来谋划,从讲政治、顾大局的全局视野把准中心、融入中心、跟进中心,确保各项规划和部署对标党的创新理论和路线方针政策,同伟大工程、伟大事业目标一致、方向趋同、力度同频,形成职责清晰、功能完备、结构合理、科学管用的制度体系。以中国式现代化全面推进中华民族伟大复兴,不断满足人民群众对美好生活的追求,这是当前党和国家的工作大局、中心任务,是作风建设一切决策和行动的出发点、着力点。新时代新征程推进作风建设,必须站在解决百年大党独有难题、巩固长期执政地位的战略高度,适应世纪变局的演进趋势和社会发展的任务要求,契合党中央重大决策部署设计作风建设内容,围绕改革发展稳定大局、人民群众关注焦点设置作风建设主题,将把握新发展阶段、贯彻新发展理念、构建新发展格局、推动高质量发展贯穿于作风建设全过程,确保作风建设始终锚定中心、深度融入中心、牢牢扣住中心,集中全党智慧不断革新作风建设的理念、内容、形式、方法、手段、体制、机制,推动作风建设实践与时代前进步伐相结合,着力解决群众反映最强烈的现实作风问题,不断提升作风建设的针对性和实效性。

二、坚持问题导向,整治突出问题

问题是时代的声音,"每个时代总有属于它自己的问题"③。将目标导向和问题导向相统一,坚持精准施策、对症下药,是我们党作风建设的重要经验。党的十八大以来,习近平反复强调党员干部要树立问题意识、坚持问题导向,以重大问题、关键问题、突出问题为重心,对准焦距、找准穴位、抓住要害,

---

① 习近平:《在党的十八届六中全会第二次全体会议上的讲话(节选)》,《求是》2017年第1期,第3-10页。
② 江泽民:《江泽民文选》第二卷,人民出版社,2006,第42页。
③ 习近平:《之江新语》,浙江人民出版社,2007,第235页。

发现、筛选、研究和解决问题。"中国共产党人干革命、搞建设、抓改革,从来都是为了解决中国的现实问题。"①新征程上推进作风建设,必须立足党所处的崭新历史方位和承载的崇高历史使命,聚焦形式主义、官僚主义等危害重大的突出问题,脚踏实地精准发力。

形式主义、官僚主义等不良作风并非一朝一夕形成的,而是复杂主客观因素长期作用的结果。从历史传统来看,两千多年封建社会根深蒂固的官本位制度思想是官僚主义形成的历史文化因素。官本位制度文化宣扬以官为本、以官为贵、以官为尊的价值观,将人们划分为拥有不同社会政治地位的士农工商四大阶层,将士绅阶层作为万众敬仰的四民之首,将读书为官视为光宗耀祖的百业之尊,将官位的大小、官品的高低作为衡量人生价值的根本标准。尽管封建制度早已成为历史尘埃,但观念上层建筑具有一定的稳定性和独立性,封建官本位制度文化及其扭曲的权力观至今仍有一定影响,读书做官、升官发财仍是一些党员干部的人生信条。从个人因素来看,品行修养、认知能力、人格素养是良善之风转向劣恶之风的内在动因。一些党员的"世界观、人生观、价值观问题没有解决好"②,不注意理论学习,不注重党性锤炼,理想信念发生动摇,初心使命弱化淡忘,政绩观错位,责任心缺失,价值观扭曲,以轰轰烈烈的形式代替一丝不苟的落实,以光鲜亮丽的外表掩盖矛盾和问题,必然滋生和助长脱离群众、低级趣味的形式主义歪风邪气。从社会环境来看,市场经济体制下的利益导向是不良作风存在的客观条件。一些地方和单位奉行"唯GDP政绩观",所有决策和行动都以经济利益为导向,这种一切向利看的风气容易造成管党治党失于宽松、作风建设浮于表面,成为滋生形式主义、官僚主义的温床。

形式主义、官僚主义问题具有复杂性、多样性、变异性,不断衍生出新变种、新形态。"形式主义、官僚主义同我们党的性质宗旨和优良作风格格不入,是我们党的大敌、人民的大敌。"③经过新时代十多年持续不断的整治"四风"问题,绝大多数党员干部都能自觉反对和克服形式主义、官僚主义,但形式主义、官僚主义在一定程度上仍然存在,在一些部门还比较突出,具体表现在以下几个方面。一是在贯彻落实上,表态大于行动,调门儿多于践行,轮流圈

---

① 习近平:《论坚持全面深化改革》,中央文献出版社,2018,第27页。
② 习近平:《党面临的"赶考"远未结束》,《人民日报》2013年7月14日第1版。
③《中共中央政治局召开民主生活会 习近平主持并发表重要讲话》,《人民日报》2017年12月27日第1版。

阅、层层转发而不在打通"最后100米"上下硬功夫；二是在调查研究上，追求排场气势，满足过场形式，大费周章打造"经典调研线路"，"大伙演、领导看"的现象屡见不鲜；三是在服务群众上，盛气凌人，目中无人，把"管卡压"变成"推绕拖"，把政务窗口变成形式"盆景"，把便民服务变成僵尸栏目；四是在项目建设上，不关心群众诉求，只在乎领导意见，追求"奖状一屋子"的可视范围，陷入"工作老样子"的空转怪圈；五是在会风文风上，同主题会议重复召开，文山会海络绎不绝，检查评比接踵而至，基层负担过于沉重；六是在责任担当上，只求得过且过、息事宁人，层层向上呈报，相互推诿扯皮；七是在工作实效上，追求材料美观而不关心行动科学，关注包装形式而不在乎质量效益，事事要求打卡留痕，工作开展浮于形式；八是在履职尽责上，热衷于签发责任状、下达任务书，主体责任不断转嫁，任务分解层层稀释，工作专班职能虚化；九是在对待问题上，知情不报，态度漠然，放任问题发展，但求与己无涉。

形式主义、官僚主义是阻碍党的路线方针政策落实落细的拦路虎，是割裂党群干群血肉联系的离心墙。在高压态势下，形式主义、官僚主义问题往往躲进"青纱帐"、换上"隐形衣"，稍有松懈就会反弹回潮、纠而复生。习近平强调："要坚持真抓实干、狠抓落实，一切工作都要往实里做、做出实效，不好高骛远，不脱离实际，力戒形式主义、官僚主义。"①克服形式主义、官僚主义必须深挖思想根源、破除利益藩篱，以敢于斗争的精神、善于斗争的策略、勤于斗争的功夫，督促党员干部树立正确的政绩观、权力观，着力解决工作浮躁、谋事不实、为官不为、履职不力的问题，维护好人民群众的根本利益和长远利益，解决好群众最关心最直接最现实的利益问题。

三、坚持防微杜渐，严惩蝇贪微腐

微腐败是群众身边的腐败，是基层公职人员或职级不高的干部借助职务之便而滥用公权力、夺取公共资源的贪腐行为，是一种腐败趋向于蚁穴化过程中出现的非典型社会形态。微腐败的群体职级不高、涉案金额数量不大，甚至虽有腐败性质而不构成法律惩处行为，但决不能作为微问题而泛泛对待。巨贪和微腐只是在贪污腐败程度上有所不同，"老虎"和"苍蝇"在违法乱纪性质上

---

① 《立志做党光荣传统和优良作风的忠实传人　在新时代新征程中奋勇争先建功立业》，《人民日报》2021年3月2日第1版。

完全一致，都逾越了党纪国法的红线，都损害了人民群众的利益。城乡基层是治国理政的基础单元，发生在群众身边的蝇贪微腐"损害的是老百姓切身利益，啃食的是群众获得感，挥霍的是基层群众对党的信任"①，直接消解着群众对全面深化改革的支持和共识、对党和国家的情感与认同，完全可能成为政亡党息的大祸害。

"蠹众而木折，隙大而墙坏。"微腐败侵害着群众切身利益，蚕食着群众的获得感、幸福感、安全感，具有快速扩散性、深度隐匿性、深远危害性等特征。当前，以贪腐行为小、贪腐案例近、贪腐频次多为特征的微腐败主要有四种表现形式。一是滥用职权，谋取私利。一些基层干部在工程项目资金管理拨付、惠民政策执行等政策实施过程中雁过拔毛、收受回扣，在公共服务和项目建设领域吃拿卡要、损公肥私，将服务群众的"小公权"变成营私自肥的"大利器"。二是执法不公，随性用权。一些基层干部以关系、人情、金钱为执法办事标准，在土地征收和流转过程中利用职务之便为亲友谋取不正当利益，违规操作低保资金的分配和使用，虚报冒领惠农补贴、专项扶贫款项，把政府拨付资金当成奇货可居、任意支配的"唐僧肉"，将国家强农惠农政策异化为威压群众的"指挥棒"，非法截留和侵吞集体资金，违规瓜分公共财产，甚至沦为黑恶势力的保护伞、家族势力的代言人。三是公款开销，违规消费。一些基层干部无视中央八项规定精神和党员领导干部廉洁自律准则，公款消费不收敛，吃喝送礼不收手，以招商宣传名义违规使用公款送礼买单，以公务考察名义进行变相旅游，甚至挪用公款、虚报经费，巧取豪夺集体所有的资金、资产、资源。四是懒政怠政，失职渎职。一些基层干部履职不力、尽责不严，在其位不谋其事，对待问题讳疾忌医，对待工作庸懒散拖，对待群众生冷硬横，习惯于拖拉推诿，满足于不贪不占，最终尸位素餐、廉而不勤。

管住微权力、整治微腐败，是打通全面从严治党"最后一公里"的必然要求。微腐败成因复杂，是主客观因素综合作用的结果。从主观方面来看，部分基层干部存在能力危机和素质短板，政治觉悟、文化水平、工作技能不足，服务意识、为民情怀、纪律观念薄弱，对党的创新理论、政策方针、法律法规缺乏深入学习，视野狭窄、目光短浅，在社会不良风气和市场逐利环境下容易迷失本心、迷失自我。从客观方面来看，基层社会治理体系仍然存在短板，基层

---

① 习近平：《在第十八届中央纪律检查委员会第六次全体会议上的讲话》，《人民日报》2016年5月3日第2版。

干部的产生、管理、监督和基层权力运行存在漏洞，造成蝇贪微腐疏于防范、耽于惩治。微腐败本质上是公权力的私用和滥用，必须以"零容忍"的高压态势治理基层微腐败，敢于善于"向群众身边不正之风和腐败问题亮剑"①，在干部选任、制度建设、监督检查等方面重拳出击、对症下药，让群众感受到社会治理和作风建设的实际成果。党要不断加强基层组织建设和干部培养选拔，提高基层干部队伍的党性修养和整体素质；与时俱进完善党内法规和国家立法体系，降低腐败行为认定门槛，健全治理蝇贪微腐的制度体系和执法依据；积极加强党内监督检查力度，充分发挥新闻媒介的社会监督功能，定期开展涉及民生领域资金项目的专项检查，提升案件查处实效，坚决压缩微腐败的生存空间。

四、坚持博观约取，涵养作风文化

党的作风建设理论拥有多元化构成要素和文化资源，以马克思主义党建理论为根本遵循，以中华优秀传统官德文化、修身文化为重要滋养，以世界政党治理文化为宝贵借鉴。推进党的作风建设，需要立足历史纵深与时代前沿，秉持创新理念和全球视野，深入把握马克思主义党建理论的核心内涵，继承发扬中华优秀传统作风文化，广泛借鉴世界政党治理经验，持续促进新时代作风文化的蓬勃发展，彰显独树一帜的中国风范和中国智慧，体现别具一格的文化品位和精神气质。

马克思主义经典作家提出了马克思主义政党作风建设的一系列规范要求。马克思、恩格斯虽然没有直接使用作风建设的概念，但肯定了实践的基础地位和理论联系实际的重要意义，强调"人应该在实践中证明自己思维的真理性"②，脱离历史和现实的理论没有任何价值。他们反对独断专行、俯首听命的庸俗作风，将党内批评视为工人运动的生命要素和克服党内分歧的重要手段。列宁强调劳动群众的信任和拥护是布尔什维克党与苏维埃政权的力量之源，拖拉作风、怠惰习气、官僚主义是危害布尔什维克党根基的"毒疮"，官僚主义是最容易毁掉党的事业的凶恶敌人，党所面临的"最严重最可怕的危险之一，就是脱离群众"③。他指出，在十月革命后的执政条件下，苏俄政治组

---

① 《取得全面从严治党更大战略性成果　巩固发展反腐败斗争压倒性胜利》，《人民日报》2019年1月12日第1版。
② 马克思、恩格斯：《马克思恩格斯选集》第一卷，人民出版社，2012，第134页。
③ 列宁：《列宁选集》第四卷，人民出版社，2012，第626页。

织和工会组织内部已经出现了一些公职人员"变为脱离群众、站在群众之上、享有特权的人物的趋势"①,党和政府机关的副主席要对官僚主义和拖拉作风的责任人员予以行政处分,工农检查机构要"把反对投机倒把、拖拉作风和官僚主义的斗争摆在首位"②。布尔什维克党必须在群众的支持帮助下,坚决铲除党内萎靡不振的庸俗习气、鼠目寸光的政客作风,将"不仅不会同拖拉作风和贪污受贿行为作斗争,而且妨碍同这些现象作斗争"③的10万到20万党员清除出党。马克思主义经典作家关于共产党作风建设的相关论述,特别是反对形式主义和官僚主义的思想,成为我们党作风建设理论的直接基础。

中华优秀传统文化对党的作风建设理论的形成和发展具有重要影响。传统文化中的许多思想理念同党的作风建设要求具有内在一致性,蕴含着新时代中国共产党人修身治国的价值向度。例如,"行之力则知愈进,知之深则行愈达"表述了传统"知行合一"思想的深刻内涵,主张学以致用、经世济民,反对引经据典、夸夸其谈,同党的理论联系实际的学风建设要求旨趣相通;"君子之德风,小人之德草,草上之风必偃"体现了传统领导文化的价值规范,要求在上者以身作则、正己化民,同全面从严治党抓住领导干部这一"关键少数"、发挥以上率下的"头雁效应"一脉相承;"听言不如观事,观事不如观行"诠释了传统选人用人的标准依据,强调察事观行的重要意义,体现了求真务实的价值导向,同党的实事求是思想作风建设要求异曲同工;"国以民为本,社稷亦为民而立"表达了传统民本思想的价值立场,要求官僚集团亲民为民、重民惠民,深含领导干部冲在前、干在先的行动准则,可谓党的群众路线工作作风的生动注解;"天下之本在国,国之本在家"说明了传统家风文化的价值理念,要求人们修身养性、陶冶情操、在家尽孝、为国尽忠,体现了严于律己、俭以修身的日常行为规范,同党的生活作风建设要求高度契合。"不忘历史才能开辟未来,善于继承才能善于创新。"④中华优秀传统文化是党加强和推进作风建设的宝贵文化资源,是塑造和彰显党的作风文化特色的重要养料。党要以古为今用、扬弃传承的原则,推动传统作风文化因子创造性转化和创新性发展,以之丰富党的作风文化内涵,增加作风文化的民族意蕴与亲和力、感染力。

---

① 列宁:《列宁选集》第三卷,人民出版社,1995,第216页。
② 列宁:《列宁全集》第三十八卷,人民出版社,1986,第201页。
③ 列宁:《列宁选集》第四卷,人民出版社,1995,第588页。
④ 习近平:《在纪念孔子诞辰2565周年国际学术研讨会暨国际儒学联合会第五届会员大会开幕会上的讲话》,《人民日报》2014年9月25日第2版。

各国政党的作风建设经验和教训是党开展作风建设的重要参照。当今时代，各国基本实行政党政治，各个政党之间总是存在这样或那样的关系和关联。"它山之石，可以攻玉。"一个政党只有胸怀天下，注意借鉴其他政党的成功经验和失败教训，才能行稳致远、长期执政。越南共产党坚持"党意"与"民心"相统一，将外围群众团体作为密切党群联系的桥梁纽带，坚持"民知、民议、民为、民查"的工作方针，赋予党外政治组织、基层民主政权、民间组织、媒体比较宽松的政治空间，要求党员干部重民、近民、听民、学民、为民，各级领导干部出行全都轻车简从。古巴共产党提出"一切立足于群众，一切依靠群众，一切重大决定要广泛听取群众意见，一切活动要有群众配合"的全国和谐原则，规定领导干部必须经常深入基层，禁止高级领导干部在企业兼职、乘坐高档进口汽车，不允许高干子女经商，要求领导干部自觉接受居住地保卫革命委员会的管理和监督[1]。老挝人民革命党规定，各级党组织主要负责人每年要有1/3到1/2的时间深入基层。新加坡人民行动党将心系群众、以民为本、关怀底层作为自己的执政理念，积极构建议员接见选民、议员访问选民的联系群众制度。德国各主要政党领导人推动政府出台"老年人护理期"政策，建设普及化的社区服务中心。美国共和党与民主党、德国社会民主党、英国工党、法国社会党、日本自民党都拥有自己的官方网站和领袖的个人网站，确保普通党员和民众能够超越时空限制而在第一时间了解党的情况[2]。我们党必须保持博观约取的世界眼光，定期举办中国共产党与世界政党高层对话会，善于借鉴苏联和东欧共产党的浮沉得失，积极汲取各国政党联系群众、争取群众的成熟经验，涵养和发展具有时代气息的作风文化。

五、坚持法治思维，推进"四化"建设

法治是治国理政的基本方式，法治思维蕴含的人本、民主、公开、公正等精神向度是党的建设必须恪守的价值原则。只有坚持法治思维、确立制度意识，将党内法规同国家立法有机衔接起来，以健全的法律法规体系推进党的作风建设制度化、规范化、长效化、常态化，才能传承优良作风、树立良好形象，巩固党的群众基础，保证党的长期执政地位。

推进党的作风建设制度化，确保作风建设制度体系的建立健全和整体功能

---

[1] 赵绪生：《古巴共产党的价值观建设》，《学习时报》2014年9月22日第2版。
[2] 周敬青：《国外政党发挥党员主体作用的路径及启示》，《探索》2008年第1期，第32-34页。

的充分发挥，实现各项制度依规而制、循规而行。制度化是作风建设理论和实践达到成熟的重要标志，是作风建设有序推进、良性演化的根本保证。党要深刻认识不良作风具有的长期性、复杂性、顽固性、传染性、变异性等特点，全面梳理存在不适应、不符合、不配套、不满意问题的作风建设制度，严格遵循马克思主义政党建设规律完善作风建设制度体系，蹄疾步稳推进作风制度改革，与时俱进提高作风制度创造能力，形成总分结合、科学高效的作风建设根本制度、基本制度、具体制度、配套制度，以制度赢得党心民心。作风建设制度化必须消除缺乏量化标准和科学依据的"任性制度"，必须杜绝粗制滥造、漫无边际的"拼凑制度"，必须避免相互攻讦、彼此脱节的"打架制度"，必须防止执行乏力、问责不严的"挂墙制度"，在制度设计科学化、制度构成系统化、制度程序合法化、制度运行规范化、制度问责常态化、制度目标长效化上用力用功。

推进党的作风建设规范化，确保作风建设的各项部署都按照法定程序、标准、流程、方法、要求严格实施、贯彻落实。从顶层设计到底层逻辑，从阵地平台、队伍构成到职责分工、奖惩问责，都要做到按部就班、规范有序。规范化是作风建设在遵循制度体系标准和自身发展规律的基础上有序推进，是各方面各环节各阶段按规范动作展开、操作、运行。作风建设规范化必须摒除因领导好恶而转移、借职务职级搞特殊、以个人意志定取舍的随意性，把重规范、立规范、讲规范、守规范、行规范作为贯穿于作风建设全过程的原则要求，及时补充缺少的制度规范，适时更新已有的制度规范。实现作风建设规范化，关键在于执行过程规范化，严格对照作风建设制度规范体系的要求，同各种不合规范的行为进行坚决斗争，强化监督、严肃问责、敢于亮剑、抓实整改，保证作风建设实践契合相应的制度规范。

推进党的作风建设常态化，确保作风建设经常开展、持续进行，既不是一阵风式的"运动"，也不是毕其功于一役的"活动"，而是"把握作风建设地区性、行业性、阶段性特点，抓住普遍发生、反复出现的问题深化整治"[①]。常态化是作风建设在时间上的无止境和空间上的全覆盖，是在纵向、横向、宏观、微观各个层面的全面推进。实现作风建设常态化，重在及早发现、及时处理，要在层层推进、逐步深化，必须将作风问题防控于日常、整治于萌芽，及

---

① 习近平：《高举中国特色社会主义伟大旗帜　为全面建设社会主义现代化国家而团结奋斗——在中国共产党第二十次全国代表大会上的报告》，《人民日报》2022年10月26日第1版。

时铲除不良作风滋生蔓延的土壤，有效防止各种已经纠正的不良之风死灰复燃、反弹回潮。作风建设只有进行时，必须保持"马不离鞍、缰不松手"的定力和"反复抓、抓反复"的韧劲，把防治"四风"隐形变异摆在更加突出的位置，以钉钉子精神推进作风建设持久战、常规战，坚持稳中求进、久久为功，使作风建设成为一种经常化、可持续的习惯。

推进党的作风建设长效化，确保作风建设各项制度协调运转、同向发力，保证决策部署落地落实、经验教训理性扬弃、建设效能持续提升，使作风建设的体制机制、队伍结构、平台载体、方式方法、监督评价持续发挥作用，使优良作风在全党内化于心、外显于行、赓续相承、弘扬光大。长效化是作风建设的同向发力、持续发力、精准发力，是围绕先进性和纯洁性目标而始终如一地坚持问题导向、树立战略思维、推进改革创新、保持定力恒力。作风建设既要抓常抓细，还要抓长抓久，彻底克服小胜即满、一劳永逸、见好就收等"三种想法"，构建效能型、集约化的体制机制，坚持不懈清除"老问题"，严阵以待防范"新变种"，坚持一部规划管到位、一张蓝图绘到底，实现时间上的长期性和实效性、空间上的拓展性和创新性、价值上的长久性和历史性、人文上的关怀性和服众性、制度上的良法性和善治性。

第七章

木受绳则直：
全方位加强纪律建设

"照临有度，纪律无亏。"高度重视和持续加强纪律建设是中国共产党的优良传统和政治优势，把纪律和规矩挺在前面是党战胜困难考验、不断发展壮大的重要原因。党的纪律是党按照党的纲领、民主集中制原则、各个时期的工作需要而确立的各级组织和全体党员必须严格遵守的政治生活准则与言论行动规范，是管党治党的"戒尺"和党员干部约束自身言行的准则，旨在推动党在不同时期的路线方针政策的有效实施。习近平指出："我们党是用革命理想和铁的纪律组织起来的马克思主义政党，组织严密、纪律严明是党的优良传统和政治优势，也是我们的力量所在。全面从严治党，重在加强纪律建设。"[①]面对复杂的形势和艰巨的任务，党必须坚定不移地将纪律建设作为全面从严治党的治本之策，将铁的纪律作为永葆旺盛生命力和强大战斗力的根本保障，将严的要求贯穿于党规制定、党纪教育、执纪监督全过程，让纪律"长牙"发威，让干部警醒知止，充分释放纪律规矩的硬约束效力，推动全党形成严格执行党规党纪、模范遵守法律法规的思想自觉和行为自律。

第一节 党的纪律是带电的高压线

"治国者，圆不失规，方不失矩，本不失末，为政不失其道，万事可成，其功可保。"纪律建设牵引全面从严治党、全面依法治国，全面加强党的纪律建设是治党治国、兴党强国的必然要求。党的纪律是党的制度中具有义务性、

---

① 中共中央文献研究室编《习近平关于全面从严治党论述摘编》，中央文献出版社，2016，第111页。

禁止性维度的内容类别，是使全党始终知止善止、有畏有为、保持清醒、行稳致远的带电高压线、警戒线，既有作为政党纪律的一般共性，又有不同于其他政党的鲜明特性。党在百余年奋斗中探索形成了系统完备、配套衔接、动态发展的纪律体系，主要包括政治纪律、组织纪律、廉洁纪律、群众纪律、工作纪律、生活纪律。

一、政治纪律是最根本最关键的纪律

党的政治纪律是各级党组织和全体党员在政治方向、政治立场、政治言论、政治行为方面必须遵守的规范和要求，是维护党的团结统一的根本保证。在党的各项纪律与规矩中，"第一位的是政治纪律和政治规矩"①。早在建党之初，党就提出了政治纪律方面的要求，强调"个个党员的言论，必须是党的言论，个个党员的活动，必须是党的活动"②。党的五大明确了政治纪律在党的纪律体系中的首要地位，强调"党内纪律非常重要，但宜重视政治纪律"③。《中国共产党第三次修正章程决案》纪律专章共有6条内容，其中5条涉及政治纪律的范畴，充分显示出政治纪律的极端重要意义。面对任何政治考验和各种复杂环境，党始终把严明政治纪律放在管党治党第一位，为推进党的事业奠定坚实政治基础。

党的政治纪律是牵头管总的第一位纪律，是最重要、最根本、最关键的纪律。遵守政治纪律是遵守党的全部纪律的重要基础，严明党的纪律首先要严明政治纪律。第一，严明政治纪律是马克思主义政党的根本要求。只有拥有严明的政治纪律，一个政党才能产生令行禁止、步履齐整的高度内聚力，才能形成披荆斩棘、砥砺前行的强大战斗力。旗帜鲜明讲政治是马克思主义政党最突出的特点和优势，苏联共产党亡党失政的一个重要原因就在于政治纪律严重松懈。第二，严明政治纪律是全面从严治党的必然要求。政治纪律是党的纪律体系的政治基础，党的各方面纪律都需要政治纪律确定方向、锚定立场。不论是组织纪律的民主集中制原则、群众纪律的密切联系群众作风，还是廉洁纪律的

---

① 中共中央纪律检查委员会、中共中央文献研究室编《习近平关于严明党的纪律和规矩论述摘编》，中央文献出版社、中国方正出版社，2016，第28页。
② 中共中央党史和文献研究院、中央档案馆编《中国共产党重要文献汇编（一九二二年）》第二卷，人民出版社，2022，第259页。
③ 中共中央党史和文献研究院、中央档案馆编《中国共产党重要文献汇编（一九二七年一月——一九二七年五月）》第十卷，人民出版社，2022，第385页。

正确权力观、生活纪律的艰苦朴素要求，都需要政治纪律的严格约束和坚实支撑。第三，严明政治纪律是解决党内突出问题的迫切需要。当前，党内仍然存在任人唯亲、拉帮结派、封官许愿、阳奉阴违等"七个有之"问题。"七个有之"背弃政治信仰，背离"四个意识"，阻碍政令畅通，破坏政治生态，削弱执政根基，本质上是政治问题①。只有严守党的政治纪律和政治规矩，增强防范和遏制"七个有之"的政治自觉和政治担当，才能不断提高党的自我净化、自我完善、自我革新、自我提高能力，有效清除党内毒瘤。

政治纪律是党的纪律体系的纲领，新时代加强党的纪律建设必须以强化政治纪律带动各项纪律严起来。一是坚决做到"两个维护"。坚决维护习近平总书记党中央的核心、全党的核心地位，坚决维护以习近平同志为核心的党中央权威和集中统一领导，是对马克思主义政党建党原则的继承和发展，是对党的十八大以来管党治党实践经验的总结和提炼，是最重要的政治纪律和政治规矩。确立并维护领导核心对于共产主义运动具有极端重要意义，"工人阶级为了在全世界进行艰巨而顽强的斗争以取得彻底解放，是需要权威的"②。回顾百余年党史，只有确立领导核心、坚持党中央集中统一领导，党的事业才会兴旺发达，否则就会遭受挫折。始终做到"两个维护"，不断增强政治意识、大局意识、核心意识、看齐意识，是加强政治纪律建设的根本目的。在任何时刻、任何环境下，各级党组织和全体党员都要同党中央保持高度一致，决不能走调变味、荒腔走板。二是始终维护党的团结统一。维护党的团结统一是党章的明确规定和全体党员的神圣责任，是党进行具有许多新的历史特点的伟大斗争、实现第二个百年奋斗目标的基本前提。毛泽东明确要求："有利于党的团结的话就说，不利于党的团结的话就不说，有利于党的团结的事就做，不利于党的团结的事就不做。"③全体党员必须做到"在党言党、在党忧党、在党为党"④，心存敬畏、心有戒尺，决不组织和参加分裂党的活动，决不自行其是、拉帮结派，决不发表危害党的统一、损害党的形象的言论，在平常时候看得出来、关键时候站得出来、危险关头豁得出来。三是对党忠诚老实。忠诚老实是

---

① 甘纪研：《从政治上认清和解决"七个有之"问题》，《中国纪检监察》2018年第8期，第31-32页。

② 列宁：《列宁全集》第十四卷，人民出版社，1988，第225页。

③ 中共中央文献研究室编《建国以来毛泽东文稿》第四册，中央文献出版社，1990，第435页。

④ 习近平：《在党的群众路线教育实践活动总结大会上的讲话》，《人民日报》2014年10月9日第2版。

党不断成长壮大的重要经验和继续走向成熟强大的重要品格,是每个党员必须达到的政治标准、现实标准、行为标准①。全体党员必须筑牢理想信念、锤炼坚强党性,始终不渝"坚持党的基本理论、基本路线、基本纲领、基本经验、基本要求"②,面对大是大非做到旗帜鲜明,面对风浪考验做到无所畏惧,面对各种诱惑做到立场坚定。

二、组织纪律是纪律建设的重要内容

党的组织纪律是规范和处理各级党组织之间、党组织与党员之间、党员与党员之间关系的行为规则,是维护党的集中统一、保持党的战斗力的基本条件。无论党的组织规模如何扩大、党的活动范围如何拓展,都要将从组织到个人、从上级到下级、从思想到行为的全部要素纳入党的组织原则和纪律规范之中。"加强纪律性,革命无不胜。"③严明的组织纪律锻造了忠诚干净担当的党员干部队伍,使党在逆境之中聚而不散、在顺境之中胜而不骄,始终成为"如身之使臂,臂之使指,莫不制从"的统一整体。

"正确的政治路线要靠正确的组织路线来保证"④,严明的组织纪律和严密的组织体系是党赓续初心使命、实现政治纲领的重要保证。第一,严明组织纪律是马克思主义政党建设的基本原则。科学的组织体系是马克思主义政党凝聚力量的可靠依托,是马克思主义政党运用力量的有力保证。我们党的组织体系贯通中央、地方、基层等三个层级,覆盖社会生活各个领域,基本实现了纵向到底、横向到边、上下贯通、应建尽建。各级党组织持续增强政治引领、思想引导、群众动员、社会影响能力,巩固党的执政根基,发挥战斗堡垒作用,从而形成了无与伦比的强大组织力、战斗力,这是其他政党所不具备且难以企及的组织优势。第二,严明组织纪律是党的优良传统与政治优势。党的二大确立了下级服从上级、个人服从组织的组织原则,充分说明党自建立伊始就是一个拥有高度组织纪律性的马克思主义政党。在革命、建设、改革、复兴各个时期,党一直重视组织纪律建设,与时俱进地建立健全组织架构、丰富完善组织

---

① 郑权:《忠诚是中国共产党走向强大的重要政治品格》,《中国党政干部论坛》2021年第2期,第50—53页。
② 中共中央文献研究室编《习近平关于协调推进"四个全面"战略布局论述摘编》,中央文献出版社,2015,第124页。
③ 中共中央文献研究室编《毛泽东文集》第五卷,人民出版社,1996,第194页。
④ 邓小平:《邓小平文选》第三卷,人民出版社,1993,第380页。

纪律。改革开放40多年来，严密完备的组织纪律体系保证了党既不重蹈封闭僵化的覆辙，也不涉入改弦更张的歧途，始终高举中国特色社会主义旗帜，沿着中国式现代化道路勇毅前行。第三，严明组织纪律是增强党的凝聚力和战斗力的内在要求。纪律建设是马克思主义政党建设的逻辑起点，强化组织纪律、凝聚全党力量是我们党百余年自身建设史的重要课题。历史表明，只有组织纪律执行有力，党员的组织观念和党性意识才会增强；一旦组织纪律形同虚设，党的组织体系和党员队伍便会松散。高度的组织纪律性是党有效保持团结统一、实现政治目标的纪律保证，是党战胜新长征路上一切艰难险阻和风雨考验、砥砺实现中华民族伟大复兴的重要保障。

党的十八大以来，党中央在强化党的全面领导、优化党的组织架构、改进党的工作流程、规范党内组织生活、严格选拔任用标准等方面采取了一系列重大举措，突显了组织纪律建设的重要意义。一是强化"四个服从"组织原则。"四个服从"是党的民主集中制的具体实施要求，"谁破坏了它们，谁就破坏了党的民主集中制，谁就给了党的统一团结与党的革命斗争以极大损害"[①]。新时代以来，党充分发挥巡视利剑作用，发现和纠正民主集中制原则落实不力问题，推动"三重一大"决策制度严格执行，增强党员干部组织意识。二是落实请示报告制度。党员干部必须"强化党的意识和组织观念，自觉做到思想上认同组织、政治上依靠组织、工作上服从组织、感情上信赖组织"[②]，增强依规做事、按章办事的意识，不折不扣做好重大事项请示报告工作。下级党组织要向上级党组织、党员干部要向党组织呈报重要事情和重要情况，就重大事项请求指示或者批准。请示报告制度在制度框架内协调处理上下级关系、党员和组织关系，是下级服从上级和上级尊重下级的有机统一。下级组织必须坚决服从上级组织的领导，接受上级组织的指导、监督、检查；上级组织必须尊重和关心下级组织，及时了解下级组织的工作开展情况，充分发挥下级组织工作的主动性和创造性。三是完善民主生活会制度。民主生活会是党员干部之间交流思想、开展批评和自我批评的重要载体，是端正党风、改进作风的重要方式，属于党的组织纪律规范的重要内容。在新时代一系列集中性主题教育活动中，中央政治局常委分别到各自联系点指导民主生活会工作，各级领导班子深入查摆

---

① 中共中央文献研究室、中央档案馆编《建党以来重要文献选编（一九二一——一九四九）》第十五册，中央文献出版社，2011，第646页。
② 习近平：《切实贯彻落实新时代党的组织路线　全党努力把党建设得更加坚强有力》，《人民日报》2018年7月5日第1版。

问题，认真开展批评和自我批评，进一步统一了思想认识、改进了工作作风，进一步完善了民主生活会制度，增强了组织纪律行为的规范性。四是严格组织工作原则。党中央抓住管权治吏要害，完善选人用人标准，出台《中国共产党纪律处分条例》，规定党组织和党员不得违规选拔任用干部、谋取人事方面利益，明确党员领导干部不得违规办理因私出国（境）证件、不得在国（境）外擅自脱离组织，严肃查处了一批跑官要官、买官卖官的党员干部，彰显了组织纪律权威，匡正了干部选用风气。

三、廉洁纪律是不可触碰的纪律红线

党的廉洁纪律是各级党组织和全体党员在从事公务活动或其他同行使职权有关的活动中应当遵守的廉洁用权行为规则，是保证各级组织和党员干部廉洁从政、严格履职、按规用权的重要支撑，是实现干部清正、政府清廉、政治清明的重要保障。党章明文规定："中国共产党党员永远是劳动人民的普通一员。除了法律和政策规定范围内的个人利益和工作职权以外，所有共产党员都不得谋求任何私利和特权。"[①]"清心为治本，直道是身谋。"党的各级领导干部必须坚守党性原则，坚持以身作则，正确行使权力，保持清正廉洁，坚决反对一切违反廉洁纪律的行为。

廉洁自律是防腐拒变的第一道防线，严明党的廉洁纪律是党员干部恪守初心使命的"紧箍圈"和党的事业持续发展的"安全带"。第一，严明党的廉洁纪律是马克思主义政党的本质要求。共产党人没有任何独立于无产阶级整体利益之外的私利，肩负着解放全人类的历史使命，必须旗帜鲜明地反对腐败，自始至终保证自身队伍的清正廉洁。不论是在烽火连天的革命年代，还是在春满神州的和平建设时期，党员队伍的清正廉洁一直都是党赢得群众拥护和支持、不断谱写胜利篇章的重要原因。不论党走得再远、走到再光辉的未来，都要将清正廉洁作为共产党人始终如一的精神追求，严明党的廉洁纪律，永葆党的廉洁本色。第二，严明党的廉洁纪律是永葆党的先进性和纯洁性的内在要求。"腐败是危害党的生命力和战斗力的最大毒瘤"[②]，纵容腐败必然葬送党的伟大事业。腐败分子肆意践踏党的纲领，严重损害党的声誉，持续侵蚀党的肌体健

---

① 《中国共产党章程》，人民出版社，2022，第14页。
② 习近平：《高举中国特色社会主义伟大旗帜　为全面建设社会主义现代化国家而团结奋斗——在中国共产党第二十次全国代表大会上的报告》，《人民日报》2022年10月26日第1版。

康,成为削弱党的群众根基、威胁社会政治安定的重大隐患。反腐败斗争关系到党的生死存亡,各级党组织和全体党员都要将清正廉洁作为检验党性的试金石,强化党规党纪意识,坚守廉洁纪律底线。第三,严明党的廉洁纪律是巩固反腐败斗争压倒性胜利态势的必然要求。新时代以来,以习近平同志为核心的党中央将党风廉政建设和反腐败斗争作为全面从严治党的重要抓手,坚持不敢腐、不能腐、不想腐一体推进,推动反腐败斗争形成压倒性态势。但是,腐败问题依然存在,"四风"问题并未绝迹,必须始终严明党的廉洁纪律,"以刮骨疗毒、壮士断腕的勇气,坚决把党风廉政建设和反腐败斗争进行到底"[1]。

"公则生明,廉则生威。"只有"做到干部清正、政府清廉、政治清明,永葆共产党人清正廉洁的政治本色"[2],才能树立群众威望、赢得群众信任。一方面,要树立正确的权力观。"江山就是人民、人民就是江山,打江山、守江山,守的是人民的心。"[3]党的根基在于人民、权力来自人民,必须坚持权为民用、利为民谋,让权力在阳光下运行。党员干部要慎独慎微、慎初慎终,加强对亲属和子女的教育、约束、管理,引导他们力戒特权思想和享乐观念,管好自己、管好亲人。对于收受礼品等违规乱纪现象,必须抓早抓小、抓严抓实,防止看似微末的收礼行为逐步演化成钱权交易的不良风气。另一方面,要坚决守牢廉政关。党员干部要严于律己、清正自持,严格遵循厉行节约、反对浪费的各项规定,不得违规从事营私谋利活动,不得接受可能影响公务公正性的礼物或金钱,不得违规接受宴请或旅游招待,不得利用职权违规办理婚丧喜庆事宜,不得违反生活待遇的相关规定,不得违规占有和使用公款公物。只有全党上下恪守严苛的自我规范,维持自觉的自律、自重、自省,树立正确的世界观、人生观与价值观,构筑起抵御腐败的思想防线,增强纪律定力、道德定力、拒腐定力,锤炼"大贤秉高鉴,公烛无私光"的精神品质,才能使党的队伍铿锵有力、党的事业行稳致远。

四、群众纪律是不容践踏的纪律底线

党的群众纪律是各级党组织和全体党员在贯彻执行党的群众路线、处理党

---

[1] 习近平:《强化反腐败体制机制创新和制度保障 深入推进党风廉政建设和反腐败斗争》,《人民日报》2014年1月15日第1版。

[2] 习近平:《习近平谈治国理政》第一卷,外文出版社,2018,第16页。

[3] 习近平:《在庆祝中国共产党成立100周年大会上的讲话》,《人民日报》2021年7月2日第2版。

群关系方面必须遵循的行为规范,是党的性质和宗旨、先进性和纯洁性的重要体现。习近平指出:"群众工作是我们的看家本领,我们党靠群众工作起家,同样要靠群众工作实现长期执政。"①走好群众路线、做好群众工作,关键在于遵守党的群众纪律,恪守人民至上的价值立场,将人民根本利益放在至高无上的地位,将群众是否满意作为检验工作成效的重要标尺,不断增强群众观念和群众感情,积极提高群众工作本领,始终密切党群血肉联系。

我们党是以服务群众为根本宗旨、以造福人民为价值追求的马克思主义政党,始终将群众纪律建设摆在突出位置,将群众纪律体现在各个时期党的决议和党章之中。在新民主主义革命时期的武装斗争实践中,党将"三大纪律、八项注意"作为全军必须遵守的行为准则,规定部队一切行动听指挥、不拿群众一针一线、一切缴获要归公,注意说话和气、买卖公平、借东西要还、损坏东西要赔、不打人骂人、不损坏庄稼、不调戏妇女、不虐待俘虏②。"三大纪律、八项注意"的大部分内容都是强调党的群众纪律,充分展示了党同人民群众休戚与共的政治立场,生动体现了人民军队同人民群众的血肉联系,深刻诠释了党和军队赢得人民群众爱戴与拥护的根本动因。新中国成立以后,党依旧将群众纪律作为"三大纪律、八项注意"的重要内容,要求党员干部做到"(一)参加劳动。(二)以平等的态度对人。(三)办事公道。(四)不特殊化。(五)工作要同群众商量。(六)没有调查没有发言权。(七)按照实际情况办事。(八)提高政治水平"③。党的十二届二中全会通过的《中共中央关于整党的决定》,将严格执行群众纪律作为一项重要任务。新时代两次修订《中国共产党纪律处分条例》,都着眼于解决人民最关心最直接最现实的利益问题,将违反群众纪律的行为单设一类,明确和完善了对串通黑恶势力欺压群众、不作为乱作为而损害群众利益、开展劳民伤财的形象工程和政绩工程等行为的处分规定。李培福、焦裕禄、孔繁森、杨善洲、郑培民等党的好干部之所以能得到群众信任和爱戴,就是因为他们模范遵守群众纪律,做到万事民为先、行事民为本。

"水能载舟,亦能覆舟。"人心向背是一个政党能否长期执政的永恒定律,

---

① 习近平:《在中央和国家机关党的建设工作会议上的讲话》,《求是》2019年第21期,第4—13页。
② 毛泽东:《毛泽东选集》第四卷,人民出版社,1991,第1241页。
③ 中央档案馆、中共中央文献研究室编《中共中央文件选集(1949年10月—1966年5月)》第四十册,人民出版社,2013,第439页。

严明党的群众纪律是巩固党的长期执政地位的必然要求。一方面，要始终将人民群众的根本利益放在首要位置。"坚持人民利益高于一切，是共产党人处理利益问题的根本原则。"①任何损害群众利益的行为，都会直接削弱党与人民群众之间的紧密联系，破坏党在群众心中的良好形象。党的一切工作必须以人民根本利益为最高标准，以满足群众日益增长的美好生活需要为根本出发点和落脚点。各级组织和全体党员必须把人民是否拥护、是否赞成、是否高兴、是否答应作为衡量一切工作得失的根本标准，坚决纠正领导干部回避问题、慵懒无为的懒政行为，着力解决基层干部冷硬横推、胡乱作为的严重问题，将造福人民、赢得民心作为最大政绩。另一方面，要始终将求真务实作为开展群众工作的基本原则。党的执政水平和执政成效不由自己判定，"人民是我们党的工作的最高裁决者和最终评判者"②。如果漠不关心群众利益、毫不了解群众诉求，在服务群众问题上消极应付、推诿扯皮，把"管卡压"转为"推绕拖"，必然造成群众的不满和失望，最终恶化党群关系、动摇党的执政根基。党员干部必须树立真抓实干、求真务实的正确政绩观，抵制不切实际、劳民伤财的政绩工程和领导"可视范围内"的形象工程，深入一线了解群众急难愁盼问题，保障群众的知情权、参与权、表达权、监督权，使权力在阳光之下和法治轨道上健康运行，使群众纪律成为保持共产党人先进本质的最好防腐剂。

五、工作纪律是行稳致远的纪律保障

党的工作纪律是各级党组织和全体党员在党的各项具体工作中必须遵守的行为规则，是党的各项工作正常开展的必要保证。党的工作涵盖治党治国各领域，主要包括党委工作、纪检工作、宣传工作、组织工作、教育工作、干部人事工作、群众工作、统一战线工作、巡视工作、机关工作、基层党支部工作。党的工作纪律直接关乎党组织和党员的工作作风、工作效率、工作质量，是党的事业有序推进、健康发展的重要保障。习近平强调"当领导干部就要有强烈的责任感，节假日尤其要自觉坚守岗位"③，正是对严明工作纪律的生动诠释。

我们党肩负着实现民族复兴、推进世界大同的历史使命，是为坚持和发展中国特色社会主义而接续奋斗的马克思主义政党。党的奋斗目标和伟大事业必然要分解为一个个具体任务，需要各级党组织和全体党员完成每一项具体工

---

① 中共中央文献研究室编《十七大以来重要文献选编》上，中央文献出版社，2009，第854页。
② 习近平：《在纪念毛泽东同志诞辰120周年座谈会上的讲话》，人民出版社，2013，第20页。
③ 石国亮：《碰不得的"红线"：党员干部必须牢记的党规党纪》，研究出版社，2018，第53页。

作。工作纪律所具有的刚性约束促使每位党员认真履职尽责、高效完成任务，为党的路线方针政策的贯彻执行、党的各项工作的有序开展提供坚实保障。当前，党内还存在一些党组织和党员干部漠视与违反工作纪律的问题。在党组织层面，主要表现为工作不实、执纪不严的问题。一些党委（党组）对全面从严治党主体责任理解不深、执行不力，未能将管党治党视为必须履行的神圣职责；一些党委（党组）和纪委（纪检组）缺乏斗争意识、存在好人倾向，对于发现的问题视若无睹，对于群众强烈反映的问题避重就轻；部分领导干部担心纪律审查会损害单位形象、影响工作开展，压案不查、查处不严，导致监督执纪"四种形态"流于形式。在党员干部层面，主要表现为形式主义、懒政不为的问题。一些党员干部热衷于做表面文章，工作调门大而执行力度弱，贯彻执行上级决策部署不实不力；一些党员干部对待工作推诿扯皮、得过且过，对待检查弄虚作假、粉饰太平，为群众办事虚情假意、敷衍潦草；一些党员干部缺乏责任意识，擅离工作岗位，贻误工作时机，出工而不出力，在位而不谋事，损害党的形象和群众利益。只有严明和遵守党的工作纪律，才能保证治党治国各项工作秩序顺畅、流程规范，使党组织和党员干部在谋事创业、为民谋利上做出实际贡献。

"当官避事平生耻，视死如归社稷心。"加强党的工作纪律建设，必然要向党的各级组织和全体党员提出明确的工作规范和要求，保证党和国家各项工作的平稳顺利、有序推进。习近平强调："当干部就要有担当，有多大担当才能干多大事业，尽多大责任才会有多大成就。"[①]我们党全心全意为人民服务的宗旨和为人民谋幸福、为民族谋复兴的初心使命，注定了恪尽职守、敢于担当是每一位党员干部、公职人员必须具备的基本素质和职业道德。《中国共产党纪律处分条例》针对工作不负责任、违规插手市场经济活动、泄露保密事项等违反工作纪律的突出问题，规定了13条违纪处分条文[②]。严格履职尽责是党对全体党员的基本工作要求，党员干部无论身居何职都不得滥用职权、玩忽职守，都不能心存懈怠、信马由缰。每个工作岗位所对应的权力都是双刃剑，按规用权就能造福群众、成就自我，滥用权力则会害人害己、祸国殃民。党员干部要严格遵守党的宣传纪律、经济纪律、保密纪律、人事纪律、外事纪律，既恪守八小时以内的工作纪律，也严防八小时以外的腐败发生，任何时刻都不超越用

---

① 中共中央党史和文献研究院编《习近平关于防范风险挑战、应对突发事件论述摘编》，中央文献出版社，2020，第244页。

② 人民出版社编《十八大以来廉政新规定》（2022年版），人民出版社，2022，第157–162页。

权界限,坚决推动各项工作落实落地。

六、生活纪律是不能突破的纪律边线

党的生活纪律是全体党员在日常生活和社会交往中应当遵守的行为规则,涉及个人品德、家庭美德、社会公德等各个方面,直接关系党的形象和党群关系。党员来自群众,生活在群众身边,是带动广大群众推动党和人民事业持续发展的先锋战士。群众将党员及其家人的日常行为看在眼里、记在心上,对他们的一言一行都会用"放大镜"观察评判。如果党员在日常生活中作风简朴、情趣高雅,在社会交往中言行得当、举止得体,就能展示自身的良好修养和党的光辉形象,赢得群众支持和信任,巩固党的执政根基。如果党员在日常生活中沉溺酒绿灯红、留恋声色犬马,在社会交往中恣意妄为、骄奢淫逸,就会引起群众的反感和憎恶,损害党的形象,破坏党群干群关系,动摇党的执政基础。党员要在工作、学习、生活各方面发挥以身作则、以上率下的示范引领作用,既在八小时之内恪尽职守,又在八小时之外严格自律,以坚强党性和高尚品格彰显共产党人的人格魅力。

重视生活纪律是党的优良传统,艰苦奋斗、勤俭节约是一脉相承的纪律规范。从艰苦卓绝的革命年代到全面小康的新时代,党和国家领导人始终提倡勤俭节约、艰苦朴素的生活作风,坚决反对生活待遇特殊化和奢侈浪费的生活习气。毛泽东与战士同甘共苦,在井冈山走出了著名的"挑粮小道",在延安杨家岭窑洞附近开辟了长方形菜地。针对党员干部可能出现的奢侈浪费苗头,他严正表示必须竭尽一切可能保存各种可用的生产生活资料,"采取办法坚决地反对任何人对于生产资料和生活资料的破坏和浪费,反对大吃大喝,注意节约"[1]。新中国成立后,他提倡勤俭建国,反对铺张浪费,始终自奉甚简,保持四菜一汤的饮食习惯。邓小平一生简朴、不讲排场,告诫党员干部低调为人、谦虚谨慎、艰苦奋斗,强调"艰苦奋斗还是要讲,一点不能疏忽,要勤俭办一切事情,才能实现我们的目标"[2]。江泽民坚决反对挥霍公款、奢侈浪费的歪风邪气,提出"在全国形成艰苦奋斗的良好风气,首先党内要大兴艰苦朴素、勤俭节约之风"[3]。胡锦涛倡导建设节约型社会,强调"弘扬艰苦朴素、勤俭建国的精神,坚决反对浮躁浮夸、急功近利,坚决反对铺张浪费、大手大

---

[1] 毛泽东:《毛泽东选集》第四卷,人民出版社,1991,第1316页。
[2] 中共中央文献研究室编《十三大以来重要文献选编》上,人民出版社,1991,第3页。
[3] 江泽民:《江泽民文选》第一卷,人民出版社,2006,第622页。

脚"①。习近平强调艰苦奋斗、勤俭节约的思想永远不能丢,要求"大力弘扬中华民族勤俭节约的优秀传统,大力宣传节约光荣、浪费可耻的思想观念,努力使厉行节约、反对浪费在全社会蔚然成风"②。

艰苦奋斗、勤俭节约的生活纪律是我们党发展壮大的重要因素和赓续辉煌的重要保证。党的十八大以来,党中央深刻检视党员干部生活奢靡腐化、男女关系失范、忽视家风建设、违背社会公德、违反家庭美德等违反生活纪律的问题,高度重视加强党的生活纪律建设。2013年5月,全党展开的群众路线教育实践活动重点针对"四风"问题,整治"奢靡之风""享乐主义"就是要精准解决党员干部在生活纪律方面存在的突出问题。同年11月,中共中央、国务院印发《党政机关厉行节约反对浪费条例》,明确要求各级党政机关大力倡导艰苦奋斗精神,带头厉行节约,反对铺张浪费。2015年修订的《中国共产党廉洁自律准则》规定,党员干部要继承和发扬党的优良传统和作风,培养高尚的道德情操,弘扬中华民族的传统美德。党员要坚持尚俭戒奢、保持艰苦朴素、做到勤俭节约,党员领导干部要廉洁持家、以身作则、端正家风。2015年修订的《中国共产党纪律处分条例》在六大纪律中单设"对违反生活纪律行为的处分"一章,2018年修订的《中国共产党纪律处分条例》又增加了家风建设的内容,进一步完善了生活纪律体系。

第二节 坚持将纪律和规矩挺在前面

"纪律必严,赏罚必信。"纪律建设是党的建设伟大工程的重要组成部分,严明党的纪律是加强党的建设的有力武器。在领导革命、建设、改革、复兴的伟大历史征程中,党的纪律建设体系不断丰富和发展。党的十八大以来,以习近平同志为核心的党中央把纪律建设作为全面从严治党的治本之策,坚持纪严于法、纪在法前,将纪律和规矩挺在前面,开创了用纪律管党治党新局面。

一、党的纪律建设不断丰富发展

纪律严明是我们党的显著标志和区别于其他政党的重要标识,加强党的纪律建设是党和人民事业不断前进的关键因素。革命、建设和改革时期,党的纪

---

① 胡锦涛:《胡锦涛文选》第二卷,人民出版社,2016,第11页。
② 中共中央党史和文献研究院编《习近平关于注重家庭家教家风建设论述摘编》,中央文献出版社,2021,第15页。

律建设思想和实践取得了长足进步,根据不同时期的时代背景和使命任务而呈现出鲜明的阶段特征。

新民主主义革命时期,党从严抓组织纪律、强化军队纪律、建立监察机构等方面开展纪律建设,着力打造"一个有纪律的,有马克思列宁主义的理论武装的,采取自我批评方法的,联系人民群众的党"①。一是以铁的组织纪律维持全党团结。党的一大初步规范了党的组织原则和纪律要求,宏观说明了党的性质和入党条件。从党的二大到党的七大,不断完善组织纪律内容,逐步细化民主集中制的运行规则,要求所有党员必须加入一个党组织,强调"严格的遵守党纪为所有党员及各级党部之最高责任"②。对于张国焘妄图另立中央、王明抗拒中央命令的严重事件,党中央都进行了严肃的纪律处理,在党的六届六中全会上发布了他们抗党反党、分裂组织的相关报告。二是探索开展人民军队纪律建设。党将纪律建设作为军队建设的重要内容,强调"人民军队必须提高纪律性,在人民军队中,绝不允许有任何破坏纪律的现象存在"③。南昌起义前敌委员会制定了严守秘密、听党指挥的严格纪律,起义部队宣布了保护民众团体、实行公平买卖、严禁士兵滋事等具体军令,并在赣南进行"信丰整纪",进一步明确军纪要求。毛泽东对湘赣边界秋收起义军进行了"三湾改编",逐步总结形成了以"三大纪律、八项注意"为主要内容的军队纪律规范。三是积极构建党内监察制度。党的一大提出实行党内监督,党的二大、三大、四大党章规定了一些党内监察具体条款。党的五大决定建立监察委员会,但在党的六大上为中央审查委员会所取代,后又增设中央党务委员会加强监察工作,然因制度设计问题而无法充分发挥党内监察职能。党的六届六中全会以后,重建监察委员会,并在七大党章中得到确认。

社会主义革命和建设时期,党深刻把握社会主义建设的艰巨性和党的纪律建设的长期性,对全面执政条件下的纪律建设问题进行深入思考,以一系列新举措推动纪律建设在曲折中前进。一是建立健全党的纪律检查机关和监察制度。1949年11月,党中央决定成立中央和各级纪律检查委员会,负责检查党组织和党员的违纪行为,进行纪律处分,开展纪律教育。随后,陆续制定《关于加强纪律检查工作的指示》《关于中央纪律检查委员会的组织机构和业务范

---

① 毛泽东:《毛泽东选集》第四卷,人民出版社,1991,第1480页。
② 中共中央文献研究室、中央档案馆编《建党以来重要文献选编(一九二一——一九四九)》第一册,中央文献出版社,2011,第480页。
③ 毛泽东:《毛泽东选集》第四卷,人民出版社,1991,第1239页。

围的规定》等一系列法规文件，明确了各级纪委的职权范围和工作程序。1955年3月，党的中央和地方监察委员会取代原来的纪律检查委员会，负责检查和处理党内违反党纪国法的问题。党的八大党章设置监察机关专章，对监察委员会的职权范围和运行程序作出明确规定。1962年9月，党的八届十中全会通过《关于加强党的监察机关的决定》，赋予监察委员会派驻监察组的职权，进一步完善了监察工作体系。二是以大规模整党整风运动纠治违法乱纪问题。1950年5月到年底，党中央在全党全军开展整风运动，提高全党全军思想政治水平，克服骄傲自满情绪和官僚主义、命令主义倾向，改善党群关系。由于这次整风未能解决党的基层组织建设中存在的许多根源问题，党中央从1951年2月起实施为期三年的整党运动，将异己分子和贪腐分子清除出党。1951年12月至1952年10月，党中央又发起"三反"运动，全国共查出贪污分子和犯贪污错误者1203000多人（含196000多名共产党员），判处刑事处分者38402人，有效改善了党风政风①。1952年1月，党中央还发起"五反"斗争，配合支持了"三反"运动的深入开展。令人遗憾的是，"文革"期间"左"倾错误横行，导致党的纪律遭到严重践踏，各级监委也被撤销。

改革开放和社会主义现代化建设新时期，党汲取"文革"期间无法无天的深刻教训，围绕新的形势和任务，以反腐倡廉为切入口，大力整顿党内违法乱纪问题，恢复和加强党的纪律建设。一是重启纪律检查工作。党的十一届三中全会重新选举成立中央纪律检查委员会，规定"纪律检查委员会的根本任务，就是维护党规党法，切实搞好党风"②。重建后的中纪委成立各级纪检组织，全面清理"文革"积压案件，开展党风党纪教育。党的十二大党章设置党的纪律与纪律检查机关两个专章，规定纪检机关拥有检举监督权、检查权、审批权、处分权、申诉权。2009年11月，党中央成立中央巡视工作领导小组，提升了巡视机构的地位，推动了巡视工作的开展。二是坚持从严治党、正风肃纪。针对改革开放以后一些党员干部以权谋私、违法乱纪的行为，各级纪检机关严肃查处，从1979年至1981年受理违纪案件35.8万多起，处分党员29.5万多人③。1983年10月至1987年5月，党中央开展以"统一思想，整顿作风，加强纪律，纯洁组织"为主要任务的整党运动，着力解决党内思想、作风、组织

---

① 中共中央文献研究室编《建国以来重要文献选编》第三册,中央文献出版社,1992,第385-386页。

② 中共中央文献研究室编《陈云传》下,中央文献出版社,2005,第1507页。

③ 张英伟:《党章中的纪律》,中国方正出版社,2015,第185页。

不纯和纪律松弛的突出问题。党的十四大以后，党将反腐败斗争同改革、发展、稳定有机结合，将查处党员干部违法乱纪案件作为从严治党的重要环节，着重整治贪污受贿、挪用公款、失职渎职等方面的问题。党的十七大明确提出完善惩治和预防腐败体系，全面加强反腐倡廉建设。三是积极开展党内法规和制度建设。党中央出台了《中国共产党纪律处分条例（试行）》《中国共产党党内监督条例（试行）》《中国共产党巡视工作条例（试行）》《中国共产党党员领导干部廉洁从政若干准则》等一系列条例、规定、细则，规范党组织和党员行为，为纪检工作提供制度支撑。

二、新时代党的纪律建设新发展

党的十八大以来，以习近平同志为核心的党中央将纪律建设纳入党的建设总体布局之中，坚持纪法分开、纪严于法，进一步突出纪律建设的地位、明确纪律建设的责任、丰富纪律建设的手段，引领纪律建设进入全面推进的"快车道"，为党和国家事业持续发展提供坚实的纪律保障。

与时俱进制定和修订党内法规。党坚持依规治党、制度治党，根据形势需要而完善已有法规、废止过时法规、制定新的法规，形成了以党章为根本、各类准则条例为主干、配套法规和规范文件为支撑的比较完善的党内法规体系。一是规范党内法规的制定规则。党制定了《中国共产党党内法规制定条例》《中国共产党党内法规解释工作规定》等一系列文件，明确了党内法规的制定规范和依据。对从1949年10月到2012年6月的23000多件中央文件进行全面筛查，梳理出党内法规和规范性文件1178件，对其中的487件继续使用，保证了党内法规制度的协调统一[①]。二是保证党的各项纪律有规可依。围绕党的政治纪律，制定或修订了《关于新形势下党内政治生活的若干准则》《中共中央关于加强党的政治建设的意见》等法规文件；围绕党的组织纪律，制定或修订了《党政领导干部考核工作条例》《中国共产党党务公开条例（试行）》等法规文件；围绕党的廉洁纪律，制定或修订了《关于落实中央八项规定精神坚决刹住中秋国庆期间公款送礼等不正之风的通知》《中国共产党廉洁自律准则》等法规文件；围绕党的群众纪律，制定或修订了《中国共产党支部工作条例》《关于加强新形势下党的督促检查工作的意见》等法规文件；围绕党的生活纪律，

[①]《中央党内法规和规范性文件集中清理工作全部完成》，《光明日报》2014年11月18日第3版。

制定或修订了《领导干部报告个人有关事项规定》《关于进一步整治"会所中的歪风"的通知》等法规文件。三是加强党纪执行相关的法规建设。党十分重视党内法规的贯彻执行，制定或修订了《中国共产党纪律处分条例》《中国共产党党内监督条例》等一系列法规文件，保证党内法规执行的科学性、规范性、严肃性。

严格执行党的各项纪律。党坚持纪严于法、纪在法前，以严明的纪律管党治党，使党的各项纪律真正成为"带电的高压线"。一是把严明政治纪律放在首位。党中央坚决反对"七个有之"现象，要求全党做到"五个必须"，强调全体党员必须增强政治意识、大局意识、核心意识、看齐意识，明确提出政治纪律的"十二个不准"。党内巡视和派驻监督将遵守政治纪律情况作为重点内容，在执纪审查中首先查处组织和党员违反政治纪律的问题。二是明确监督执纪"四种形态"。党在深刻总结从严治党实践经验的基础上，提出"党内监督必须把纪律挺在前面，运用监督执纪'四种形态'"[①]，即经常开展批评和自我批评，及时进行谈话提醒、批评教育、责令检查、诫勉，让"红红脸、出出汗"成为常态，党纪轻处分、组织调整成为违纪处理的大多数，党纪重处分、重大职务调整的成为少数，严重违纪涉嫌犯罪追究刑事责任的成为极少数。三是力戒"四风"、重拳反腐。党中央将落实中央八项规定精神作为改进工作作风、整治"四风"问题的突破口，各级纪检机关将违反中央八项规定精神的行为作为重点审查内容。面对治理腐败的世界难题，党将铁的纪律作为反腐倡廉的锐利武器，坚决清理政治问题和经济问题相互交织而成的利益集团，严肃查处了周永康、薄熙来、令计划等严重违法乱纪案件。

健全党的纪检监察体制。党中央要求"改革党的纪律检查体制，健全反腐败的领导体制和工作机制"[②]，在《党的纪律检查体制改革实施方案》中对纪检体制改革作出具体部署。一是提出全面从严治党的"两个责任"。党的十八届三中全会提出，落实党风廉政建设责任制，党委担负主体责任，纪委承担监督责任。党的十九大将"两个责任"的范围扩大到管党治党，向各级党委和纪委压实全面从严治党责任，提出了更高的标准和更严的要求。二是明确纪检工作的"两个为主"。党的十八届三中全会提出，查办腐败案件以上级纪委领导为主，各级纪委书记、副书记的提名和考察以上级纪委会同组织部门为主。紧

---

① 人民出版社编《十八大以来廉政新规定》（2022年版），人民出版社，2022，第81页。
②《中共中央关于全面深化改革若干重大问题的决定》，《人民日报》2013年11月16日第3版。

接着，中央纪委制定了下级纪委向上级纪委报告工作的具体规定，在全国范围内推行以上级纪委为主导的腐败案件查办机制改革。党的十九大党章明确规定上级纪委要加强对下级纪委的领导，巩固了党的双重领导体制下纪律检查工作的改革成效。三是落实纪检机关"三转"要求。党的十八届中央纪委二次全会提出，纪检监察机关要聚焦监督执纪问责的中心任务，转职能、转方式、转作风。各级纪委按照"三转"要求，精简议事协调机构和内设机构，增加纪检监察室，提高执纪监督人员在总编制中的比重，为强化纪律建设提供了有力的组织保障。

实现巡视巡察和派驻监督全覆盖。党坚持以党内监督为主导，健全党和国家监督制度，打出中央和省级层面巡视（巡逻稽查）、市县两级巡察（巡行察访）、派驻纪检机构等一套"组合拳"，充分"发挥巡视监督利剑作用和派驻监督探头作用"①。一是把巡视巡察作为党内监督的战略性制度安排。修订的《中国共产党巡视工作条例》要求中央和省级党委建立专职巡视机构，对所管理的地方、部门、企事业单位进行全覆盖巡视。从党的十八大至十九大的五年间，中央开展12轮巡视，首次实现一届任期内对省区市、中央和国家机关、中管企事业单位和金融机构、中管高校的巡视全覆盖。党的十九大进一步提出在市县党委建立巡察制度，将巡察制度正式写入党章，逐步形成了巡视巡察上下联动、协同发力的良好格局。二是推动派驻监督全覆盖。党的十八届三中全会提出，中央纪委要向中央一级党和国家机关派驻纪检机构。2015年11月，党中央决定中央纪委成立47个派驻纪检机构，向139个中央一级党和国家机关进行全覆盖派驻。各省区市纪委向省级机关全面派驻纪检机构，市地纪委稳步推进市地一级机关派驻全覆盖。党的十九大党章明确规定，中央和地方各级纪委向同级党和国家机关全面派驻纪律检查组，纪律检查组组长参加驻在部门党的领导组织的有关会议②。

推进国家监察体制改革。党中央深化国家监察体制改革，推动党内监督和国家机关监督、党的纪律检查和国家监察相统一，"形成全面覆盖国家机关及其公务员的国家监察体系"③。2018年3月，十三届全国人大一次会议通过

---

① 习近平：《全面从严治党探索出依靠党的自我革命跳出历史周期率的成功路径》，《求是》2023年第3期，第4-10页。
②《中国共产党章程》，《光明日报》2017年10月29日第3版。
③ 习近平：《在第十八届中央纪律检查委员会第六次全体会议上的讲话》，《人民日报》2016年5月3日第2版。

《中华人民共和国宪法修正案》，增设监察委员会专节，确立了监察机关作为国家机构的法律地位；通过《中华人民共和国监察法》，为监察机关履行职责提供法律依据。从2017年10月至2018年3月，国家、省、市、县四级监察委员会全部组建完成。各级监察委员会与同级纪委合署办公，行使纪检和监察职权，实现了从监督"小机关"到监督"大政府"的历史跨越，完成了对公权力监察的全覆盖，在党和国家纪检监察史上具有里程碑意义。

三、党的纪律建设面临四重挑战

新时代以来，党的纪律建设获得了前所未有的创新发展。但是，在百年变局和复兴全局相互交织的新形势下，世情、国情、党情、民情都在发生深刻变化，党面临的"四大考验""四大危险"长期存在并进一步突显，这就使新征程上党的纪律建设面临着一系列严峻挑战。

全球化导致的外部环境挑战。全球化是各个国家、地区、民族在政治、经济、文化、技术等方面的互动、整合、依存，是人类社会你中有我、我中有你的融合形态和发展格局。在这一确定不移的历史进程中，西方国家凭借工业革命时代积累的先发优势和经济实力，拥有更多的国际话语权和更强的文化软实力。国际舆论"西强东弱"的整体态势对社会主义意识形态产生了巨大冲击，成为影响党的纪律建设的重要因素。文化传播的全球化和国际交往的普遍化，对党员干部的理想信念和政治意识产生了较大影响。讲政治、有理想是共产党人的立身之本，一旦出现问题就会造成地动山摇的严重后果。苏联解体、东欧剧变以后，西方国家利用国际共产主义运动遭受重大挫折的形势，以民主自由等文化观念包装资本主义生产方式，以温情脉脉的外衣掩盖资本主义的剥削本质，以文化交流等冠冕堂皇的理由将其输入社会主义国家。这种不易察觉的文化入侵在无形中改变了一些人的价值认知，腐蚀了一些党员干部的精神世界，导致一些党员干部推崇西方价值观、追求西式生活，将党的纪律规矩抛诸脑后。进入21世纪，西方国家经济增长乏力、政治动荡加剧，而中国特色社会主义则取得了经济长足发展、社会长期稳定的巨大成效。西方国家基于实力对比的考量，只能在和平友好旗帜下同中国平等交往、合作共赢，这又使一些党员干部放松了对资本主义和平演变图谋的警惕，不知不觉被资产阶级思想和生活方式所侵蚀。

市场化利益造成的立场矛盾。从党的十四大提出建立社会主义市场经济体制的重大命题以后，市场经济在中国得到快速发展，被实践证明是一种优化资源配置、促进经济发展的有效方式，但市场经济的自由竞争和利益角逐也会给党的纪律建设带来不小挑战。资本运行的基本逻辑是谋求利益最大化，对物质利益的追求是市场竞争的重要动力和必然结果。在市场经济环境下，人们的思维认知更加开放、自我个性更加强烈、独立意识更加鲜明，利用市场机制合理合法地追求个人正当利益成为社会认可的价值导向。但是，一些党员干部不能正确认识和平衡集体利益与个人利益的关系，不能"坚持小道理服从大道理、地方利益服从国家整体利益"①，过度关注小我利益和金钱收益，最终在物欲沉迷中丧失自己，利用职务职权谋取私利，在党内拉帮结派、组建利益团体，同商人违法勾结、进行权钱交易，逐渐从追求合理合法的小我利益滑向金钱至上、不择手段的个人主义深渊。如果党员干部不能站在社会主义集体主义立场上正确界定和调适个人利益与集体利益的关系，就会出现市场化利益导向下个人利益和集体利益的立场冲突，不但会破坏社会经济秩序的良性运行，还会影响党内政治生态和党的纪律建设。

信息网络化带来的思想迷失。信息技术的突飞猛进深刻改变了人们的思维、工作和生活方式，人们对网络的依赖程度不断加深。信息网络化拥有传播速度快、存储容量大、受众范围广、影响程度深等显著优势，能够为推进党员纪律教育和相关党务工作提供良好的技术支持。但是，网络特有的开放性、隐蔽性特征也会给网络信息监管带来一定难度，使一些党员干部在鱼龙混杂的网络文化中出现思想困惑、精神迷茫的严峻问题。而且，多元文化背景下"意识形态领域的斗争更加复杂，文化市场、文化资源、文化阵地的争夺更加激烈"②，意识形态领域不见硝烟的战争十分激烈。西方国家利用自身网络技术优势和网络空间的开放特点，积极向中国网民宣传属于资本主义意识形态的"普世价值"，在全球范围内大肆宣扬"中国威胁论"，竭尽一切丑化党的形象。在资本主义价值观念的蛊惑和诱导下，一些党员干部对党的性质宗旨和中国式现代化的前景产生怀疑，成为政治上的"两面人"。党员干部对充斥于网络空间的大量错误观点和低俗文化，若不加甄别地全盘接受，必然会严重影响自己的身心健康，造成冷酷无情、沉默偏执、自私多疑等人格缺陷，这种"亚健康"状况显然不利于推进党的纪律建设。

---

① 《坚持团结奋斗　贯彻落实好党的二十大重大决策部署》，《人民日报》2022年12月28日第1版。
② 习近平：《干在实处　走在前列——推进浙江新发展的思考与实践》，中共中央党校出版社，2006，第290页。

党情复杂化带来的内在困境。随着经济社会事业的发展，党的队伍不断壮大。根据中央组织部发布的《党内统计公报》，截至2023年12月31日，全国党员总数为9918.5万名，比2022年底净增114.4万名；全国共有基层组织517.6万个，比2022年底净增11.1万个①。党员总数的不断增长和基层组织覆盖面的不断扩大，无疑是党的建设科学有力的重要体现，但又会增加党的纪律教育的难度。从党员队伍结构来看，大专及以上学历党员占56.2%，大专以下学历党员仍有43.8%，党员的学历和职业背景相差极大，这不利于纪律教育开展和政治信仰整合。从党的纪律教育现状来看，"填鸭式"灌输教育仍是主要模式，教育内容指向不够明确、教学话语相对空洞的问题仍然普遍存在，教育质量缺乏有效检测，后续跟踪服务更是严重缺失，这些问题严重制约着纪律教育的实际成效，不可避免地影响到党的纪律建设效果。

四、党的纪律建设必须长抓不懈

纪律是管党治党的"戒尺"，是党的事业赓续发展的首要条件。习近平强调："党要管党、从严治党，靠什么管，凭什么治？就要靠严明纪律。"②严明的纪律是党夺取革命、建设、改革、复兴伟大胜利的重要经验，持之以恒加强纪律建设是党坚持自我革命的自觉追求和走好新时代长征路的内在要求。

纪律建设是全面从严治党的治本之策。党的纪律是否严明关系着党的决策能否落实、任务能否完成，管党治党必须让纪律"长牙"发威。第一，实现全面从严治党需要以铁的纪律规范党员行为。一些党员对于组织交付的任务虚与委蛇、推三阻四，在本职工作中消极懈怠、敷衍拖沓，在日常生活中追求排场、穷奢极欲，这些问题的根源都在于纪律规矩意识薄弱。习近平指出："干部出问题，都是因为纪律的突破。"③党的纪律是全体党员身体力行、自我检视的规范，只有严明纪律规矩、严格执行党规党纪，才能约束党员的工作行为和生活作风，全面从严治党责任才能落实落细。第二，推动全面从严治党需要以铁的纪律推进反腐败斗争。腐败侵蚀党的健康肌体，反腐败斗争关乎党的生死存亡。改革开放以前，党主要通过自上而下的领导和发动群众运动开展反腐败斗争，但这种方式容易扰乱正常的生产生活秩序。改革开放以后，反腐败方式逐渐从运动反腐转向制度反腐。新时代十多年的反腐败斗争实践说明，纪律建

---

① 中共中央组织部：《中国共产党党内统计公报》，《人民日报》2024年7月1日第4版。
② 中共中央文献研究室编《十八大以来重要文献选编》上，中央文献出版社，2014，第764页。
③ 中共中央文献研究室编《十八大以来重要文献选编》上，中央文献出版社，2014，第764页。

设是开展反腐败斗争的重要基础和根本保障,加强纪律建设才能巩固反腐败斗争成效。第三,实现全面从严治党需要以铁的纪律净化党内政治生态。部分党员独断专行、弄虚作假、任人唯亲、买官卖官、拉帮结派、阳奉阴违,这些突出问题"严重破坏党的团结和集中统一,严重损害党内政治生态和党的形象,严重影响党和人民事业发展"①。只有完善党内法规体系,以严明的纪律严肃处理违纪违规党员,才能营造风清气正的党内政治生态,巩固全面从严治党实效。

纪律建设是维护全党团结统一的利器。一个一盘散沙的政党必然被扫入历史故纸堆,一个没有严明纪律的政党必然无法长期保持团结统一。现代政党内部存在着各种类型的党内关系,如上下级之间的关系、党员之间的关系、党员与党组织之间的关系,这些党内关系本质上是一种组织关系、工作关系,党员之间地位平等,不存在亲疏远近和等级之别。过去一段时间,一些党员干部热衷于构建以上下级关系为纽带、以利益输送为目的的党内小"圈子",造成党内关系庸俗化现象,严重破坏了党中央权威和党的团结统一。我们党从来都不是带有个人烙印的私人俱乐部,从来都没有区别于人民群众之外的特殊利益,从来都代表中华民族的整体利益和最广大人民群众的根本利益。党员干部的忠诚对象绝不是某个具体的上级领导,而只能是党组织和人民群众,党内关系必须也只能是清清楚楚的上下级关系和明明白白的同志关系。前进道路上,党面临的形势越是复杂、担负的任务越是艰巨,"就越要加强纪律建设,越要维护党的团结统一"②。只有以严明的纪律规矩规范党内关系,严禁人身依附和团团伙伙,促使全体党员将"两个维护"落实到具体工作和行动当中,才能保证全党上下齐心、团结统一。

纪律建设是完成党的任务的根本支撑。完成党的各项要求和任务,不但要有正确的理论指导、科学的政策支持,还要有严格的纪律保证。只有以纪律的刚性约束力和强制力为后盾,发挥好巡视巡察的利剑作用,才能使党员干部群策群力、克竟全功。党的十八大以来,党逐步建立了全覆盖的巡视巡察工作格局,明确了巡视巡察的总体思路、目标任务、实践进路,要求紧盯重点人、事、物,监督管党治党主体责任制的落实情况,以信息化、智能化、数字化技术提升巡视巡察的质量效果。其中,政治巡视巡察在党的巡视巡察体系中具有统领性地位,主要监督党内政治文化、政治生活、政治生态情况和党的路线方

---

① 中共中央党史和文献研究院编《十八大以来重要文献选编》下,中央文献出版社,2018,第419页。
② 中共中央文献研究室编《十八大以来重要文献选编》上,中央文献出版社,2014,第131页。

针政策的执行情况。在具体巡视巡察过程中，纪检监察机关、巡视巡察机构、派驻纪检机构相互协调，以严明的纪律规矩解决落地难、精准差、不严格等十分突出的矛盾和问题，以强有力的纪律推动解决拒不整改、应付整改、对付整改等问题，实现整改工作、中心任务、日常工作的有机结合。不断完善巡视巡察全覆盖工作机制，认真查摆纠正政治偏差，强化党员干部责任担当，这是新征程上确保党组织和党员干部高质量完成党的各项任务的重要纪律保障。

第三节 把纪律建设摆在更加突出位置

"法令既行，纪律自正，则无不治之国，无不化之民。"新时代以来，党以纪律为准绳、以规矩定方圆，以严明纪律作为全面从严治党的根本抓手，坚持将纪律立起来、严起来、行起来，形成了比较完善的党内法规体系，增强了全党的纪律意识，开启了党的纪律建设新篇章。新征程上，必须把纪律建设摆在更加突出的位置，坚持有纪必执、有违必查、抓早抓小、防微杜渐，以严的基调正风肃纪、管党治党，以问题为导向全面加强纪律建设。

一、提高党的纪律教育针对性

"教之则明，不教则昧。"纪律教育是党的纪律建设的基础工作，是强化全党纪律意识、提高遵规守纪自觉性的有效途径。新征程上加强党的纪律建设，就要根据党的事业的发展状况和党的建设的实践需要，不断提高纪律教育工作的针对性，"积极探索纪律教育经常化、制度化的途径，努力在全党营造守纪律、讲规矩的氛围"[①]。

掌握纪律教育的科学原则。党的纪律教育只有遵循纪律建设的基本规范和思想教育的一般规律，才能实现既定教育目标、达到理想教育效果。一是坚持理论和实际相结合。党的纪律教育不是纯学院式的理论说教，而是科学理论同具体实际有机结合基础上的阐释引导，必须紧密结合国内外形势与党的建设实际，聚焦广大党员的主观世界，体现鲜明的时代性、突出的实践性、强烈的针对性。教育者要做到精准施策、因材施教，准确掌握党员的思想动态，采用灵活多样的方式进行细致耐心的纪律教育。受教者要做到闻过则喜、自我革新，

---

① 习近平：《在党的群众路线教育实践活动总结大会上的讲话》，《人民日报》2014年10月9日第2版。

对照党的纪律规范自我反思，在否定之否定中提高和修正自己，深刻理解并自觉遵守党的纪律规矩。二是坚持纪律教育和党性教育相结合。所谓共产党员的党性，"就是共产主义道德的最高表现，就是无产阶级政党原则性的最高表现，就是无产阶级意识纯洁的最高表现"①。党员的纪律性是党性的组成部分，纪律教育是党性教育的重要内容。在党员干部日常教育和专题培训中，纪律教育不可缺席，必须将提升组织纪律性作为培养坚强党性的重要支撑。只有提高党员的纪律观念和规矩意识，才能使他们自觉遵规守矩、坚定党性。三是坚持纪律教育和严格执纪相结合。纪律教育和纪律执行是双向互动的关系，二者相辅相成、相得益彰。只有强化党的纪律教育，不断提升全党的纪律意识，党的纪律执行才有良好的软环境支持；只有严格党的纪律执行，坚持执纪必严、违纪必究，党的纪律教育才有现实的硬约束支撑。陈云强调："各级党组织和党的纪律检查部门只是查处违法乱纪的案子不行，更重要的是要加强共产党员的党性教育和自觉遵守党的纪律的教育。"②各级党组织必须将纪律教育和纪律执行统筹推进、双管齐下，将教育和惩治的良性互动贯穿于党的纪律建设全过程。

创新纪律教育的方式手段。邓小平指出："正确的主张必须与良好的工作方法结合起来，才能实现。"③开展党的纪律教育，必须结合时代特点和党情特征，不断优化内容、创新方式，增强教育说服力和有效性。一是坚持抓好经常性纪律教育。纪律教育必须在常态化、长效化上下功夫，将开展经常性教育作为首要任务。各级党组织要把纪律教育融入党内政治生活的各个方面，在"三会一课"、组织管理、民主生活会、组织生活会、谈心谈话等各项活动中提出明确的纪律要求，及时发现和遏制党员思想与行为上表现出来的苗头性、倾向性违纪问题，营造事事讲纪律、处处有规矩的良好氛围，使广大党员在潜移默化中接受纪律教育。二是充分发挥榜样教育的引领激励作用。榜样教育要以现实工作和生活中的真人真事为素材，将抽象的党纪党规要求转化为具体的先进人物事迹，以生动真实的人物形象引起受教育者的情感共鸣和思想认同。各级党组织要选取一批遵章守纪、身正行端的先进党员，宣传他们的模范事迹，引导全体党员在见贤思齐的氛围中对标榜样、提高自己。榜样教育必须注意真实性、时代性、层次性，确保先进事迹为党员和群众所公认公信、契合具体时期的时代精神、符合不同职业和环境下党员的个性特征。三是持续增强警示教育

---

① 刘少奇：《论共产党员的修养》，人民出版社，2018，第59页。
② 中共中央文献研究室编《陈云文集》第三卷，中央文献出版社，2005，第541页。
③ 邓小平：《邓小平文选》第一卷，人民出版社，1994，第157页。

的精准性。习近平强调:"要加强警示教育,把一些反面典型跌入违纪违法泥坑的教训给大家说说透,让大家引为镜鉴、自觉自律。"①各级党组织要将以案说纪作为最直观生动、最撼人心魂的纪律教育,认真梳理本地区、本领域、本部门发生的重大典型违纪案件,根据党员学历、经历、岗位的差异对案例分级分类,综合运用警示教育大会、警示教育片、参观监狱、线上课堂等多元化教育方式,定期开展具有内容针对性的集中性警示教育。

完善纪律教育的长效机制。"经国序民,正其制度。"纪律教育是一项长期工程,需要严格的制度规范来保驾护航。一是落实纪律教育责任制。各级党组织负有开展党员教育的政治任务,要积极构建党委统一领导、纪检机关专门负责、相关部门分工配合的纪律教育责任体系,形成齐抓共管、各尽其责的工作格局;要根据党中央的决策部署、上级组织的决定安排、本部门的纪律建设实际,认真做好纪律教育工作的顶层设计和具体安排,明确具体任务分工,定期向上级组织报告工作开展情况。二是完善纪律教育评价机制。纪律教育考核评价是通过对党员受教效果的科学评价而发现不足、总结经验,推动纪律教育精准推进、不断完善。上级党组织和纪检机关要充分发挥考核评价的指挥棒功能,将纪律教育纳入日常监督范畴,建立科学合理的量化评价体系,定期对下级组织和纪检机关的纪律教育开展过程、各个环节、最终效果进行全面考评,对检查发现的问题进行反馈、限时整改,把考评结果作为检验基层党组织落实党风廉政建设责任的重要依据。三是改善纪律教育保障条件。开展纪律教育,需要构建统筹推进、共同发力的大工作格局和大育人环境,充分发挥网络新媒体平台和党员干部社交圈的效能,积极打造集党政力量、群团力量、社会力量于一体的社会大课堂,在社会化"大纪律课"中教育和影响党员。同时,加强纪律教育队伍建设和理论研究,形成一支由党校教师、党务人员、纪检干部组成的教师队伍,主动研究纪律教育现存问题的破局之策,积极推动研究成果的实践转化,不断提升纪律教育效果。

二、增强党的纪律规矩执行力

"空言信何补,要道在躬行。"党的纪律只有得到严格执行才能拥有生命力,否则就是虚张声势的"稻草人"。毛泽东强调:"身为党员,铁的纪律就非

---

① 习近平:《在全国党校工作会议上的讲话》,《求是》2016年第5期,第3—13页。

执行不可。"①只有坚决遏制纪律执行的"宽松软"现象，保证纪律规矩的刚性执行，"狠抓执纪监督，以纪律为尺子衡量党员、干部的行为，对违纪问题发现一起就查处一起"②，切实提高纪律执行力、维护纪律严肃性，才能真正树立纪律规矩威信、发挥制度治党效力。

统筹运用监督执纪"四种形态"。"四种形态"是政治性、政策性、策略性的有机统一，是将党的纪律和规矩挺在前面的有力抓手。各级党组织和党员干部要深刻理解"四种形态"的科学内涵，精准掌握各种形态的适用范围，决不能主观臆测、随意定夺。第一种形态是针对党员干部出现的苗头性、倾向性问题，以批评教育、约谈函询的方式使党员自知自省、悬崖勒马，决不能代替第二、第三种形态的组织处理和纪律处分。一旦党员出现严重违纪但尚不违法的问题，就要运用第三种形态予以重大纪律处分并调整相应职务，而不能按照第一、第二种形态从轻处理，也不能为了突出严的基调而适用第四种形态。正确运用"四种形态"，关键在于坚持标本兼治、采用合理策略、彰显整体效能，营造不敢违纪的氛围，强化不能违纪的约束，增加不想违纪的自觉。一是坚持惩治并举、以惩促治。各级党组织要切实担负起治党责任，以严惩手段打击违规乱纪行为，对全体党员起到警示作用，使轻微违纪者改过自新、收敛收手，令心存侥幸者望而生畏、不越雷池，将处在纪律红线边缘的党员拉回正轨，达到全党自我净化的治理效果。二是坚持常长结合、以常促长。各级党组织既要拥有经常抓、抓日常的担当和决心，又要具备长期抓、抓长远的韧性和定力，在党内生活监管中抓早抓小，以常态化的红脸出汗推动构建具有持久效力的反腐败预防机制。三是坚持点面结合、综合施策。各级党组织既要严厉惩处"关键少数"的违规乱纪行为，又要加强对"绝大多数"的监督管理，"下大气力拔'烂树'、治'病树'、正'歪树'"③。具体而言，要以第一种形态打上预防针、解决育苗问题，以第二种形态找准病因、及时匡正歪树，以第三种形态猛药去疴、尽力治愈病树，以第四种形态清腐除朽、果断拔掉烂树。

加强对纪律执行的监督检查。执行纪律不能仅仅依靠党员干部的自律自觉，还需要刚性的制度保障，以监督检查的强制力量保证纪律执行不松不软、

---

① 中共中央文献研究室编《毛泽东文集》第二卷，人民出版社，1993，第416页。
② 习近平：《在第十八届中央纪律检查委员会第六次全体会议上的讲话》，《人民日报》2016年5月3日第2版。
③《习近平张德江俞正声王岐山分别参加全国两会一些团组审议讨论》，《人民日报》2015年3月7日第1版。

从严从实。一是综合运用监督、执纪、问责三件"武器"。监督是纪检工作的开展基础和基本职责,重在发现问题;执纪是纪检工作的核心内容,重在查处问题;问责是纪检工作的关键要素,重在推动落实。三者互为前提、环环相扣,构成党的纪律建设的行为主线。纪检机关要通过日常监督、巡视巡察、派驻监督、信访受理等多种方式,充分监督党组织和党员干部遵章守纪情况,根据问题的严重程度分别采用批评教育、诫勉谈话、立案审查等不同方式精准处理。对于执行纪律不力的党组织和党员领导干部要依规依纪严肃问责、作出处分,对于党组织视其情形给予检查、通报、改组等处分,对于党员领导干部则根据证据事实给予通报、诫勉、组织调整或组织处理、纪律处分,确保各项处分合乎程序,防止问责不力或问责泛化[1]。二是全面监督检查纪律实施过程。党内监督的本质是监督党的纪律实施情况,纪检机关要对纪律的遵守、执行、处分等各环节进行全面监督检查。尽管纪检机关的纪律执行权和监督权没有区分开来,但这不仅不影响监督执纪效果,反而体现了党坚持自我监督的优秀品质。任何党内纪律处分都要按照民主集中制原则集体讨论决定,决不允许任何个人或少数人擅自决定和批准。

严格落实纪律建设责任。增强责任意识、明确职责分工,是加强纪律建设的必然要求。各级党组织和党员干部都承担着相应的纪律建设责任,必须分工协作、汇聚合力。一是各级党委(党组)要严格履行纪律建设主体责任。党委(党组)是纪律建设的领导者、执行者、推动者,要制定和完善纪律体系,不断加强纪律教育,全力推动纪律执行,领导、支持、监督纪检机关、职能部门、下级组织的纪律建设工作。党委(党组)领导班子承担纪律建设集体责任,班子主要负责人要对"重要工作亲自部署、重大问题亲自过问、重点环节亲自协调、重要案件亲自督办"[2]。二是各级纪检机关要严格履行纪律建设专门责任。纪委是行使党内监督权力的专责机关,要协助同级党委履行纪律建设政治责任,严格监督党组织和党员对党的纪律规定、路线决定的执行情况,对违纪问题依规进行组织处理、纪律处分或纪律处理,坚决维护纪律权威、保障纪律执行。三是党的工作机关要严守纪律建设"责任田"。党的工作机关是党委决策部署的落地执行者,各自承担着职责范围内的纪律建设责任,如组织部门要抓实本单位组织纪律和人事工作纪律,宣传部门要抓牢政治纪律和相关工

---

[1]《中共中央印发〈中国共产党问责条例〉》,《光明日报》2019年9月5日第1版。
[2] 中共中央文献研究室编《十八大以来重要文献选编》上,中央文献出版社,2014,第652页。

作纪律。四是全体党员要严格履行纪律建设个体责任。党员要认真学习党的知识，不断提高纪律意识，既能自觉遵章守纪，还能积极监督批评，向组织负责任地检举揭发其他党员违法乱纪的事实，"要求处分违法乱纪的党员，要求罢免或撤换不称职的干部"①。

三、推动纪检体制改革规范化

"天下难事，必作于易；天下大事，必作于细。"在长期的纪律建设实践中，党逐渐形成了具有自身特色的纪律检查体制。党的纪律检查体制包括领导体制、职能职责、监督权限、运行程序等多个方面，其中领导体制具有决定性作用。新征程上推进党的纪律检查体制改革，就要以具体化、制度化为目标，健全纪律检查的领导体制和工作机制，进一步落实"两个责任"，强化"两个为主"，实现"两个覆盖"。

聚焦"两个责任"，优化同级党委对纪委的领导。党的十八大以来，"两个责任"的具体内涵经历了不同变化，但责任主体始终确定不移，党委担负主体责任，纪委担负监督责任。只有将严格落实党委主体责任同充分保证纪委独立性结合起来，才能形成权责明晰、统筹推进的纪律建设领导责任机制。一是强化党委的主体观念和责任意识。党委是一个单位或一个地区总揽全局、协调各方的领导核心，必须科学区分班子集体责任与个人领导责任之间的界限，认真担负包括纪律建设在内的全面从严治党主体责任。党委班子负责人要牢固树立抓好党建是天职的责任意识，把纪律建设作为分内之事、必尽之责，以真实管用的举措筑牢纪律建设主阵地。班子其他成员要按照"一岗双责"要求，认真承担工作范围内的纪律建设职责。二是细化党委主体职责的具体内容。党委承担着组织领导、监督执纪、管理表率、支持保障等四个方面的纪律建设主体责任，要贯彻落实党中央和上级组织关于纪律建设的部署决定，统筹推进本地区、本单位的纪律建设工作安排；充分运用批评教育、组织处理、纪律处分等方式，加强对党员干部的日常教育和监督管理；发挥党委班子和领导干部遵规守纪的表率作用，坚决管好亲属和身边工作人员；支持纪委有效开展工作，保障纪委履职的权威性。三是完善党委履职尽责的相关机制。围绕纪律建设工作的着力点，建立健全纪律建设责任清单落实机制、述职报告机制、监督考核机制、问责追查机制，以完备的支撑机制保障党委纪律建设主体责任的贯彻

---

① 《中国共产党章程》，人民出版社，2022，第15页。

落实。

立足"两个为主",加强上级纪委对下级纪委的领导。"两个为主"是党的十八大以来纪律建设的重要经验,能够"保证各级纪委监督权的相对独立性和权威性"①。只有充分保证上级纪委的领导权威性和下级纪委的工作能动性,才能有效发挥纪委的监督执纪职能。一是加强上级纪委对下级纪委执纪审查工作的领导权。掌握案件线索、开展纪律审查,是纪委监督执纪的主要职能。纪委要将有关案情同时向上级纪委和同级党委报告,对涉及同级党委常委违纪问题的案件则直接报告上级纪委。上级纪委要充分发挥领导、指挥、协调、统筹职能,保证对下级纪委的信息知悉权、工作部署权、执纪指挥权、业务考评权、过程监督权,及时审查下级纪委报告的案情并作出相应指示。二是保证上级纪委对下级纪委书记、副书记的组织人事权。由上级纪委提名和考察下级纪委的书记、副书记,有利于纪委系统的内部沟通和管理,保障下级纪委监督职能的充分发挥。在纪委书记、副书记的提名条件、干部来源、考察程序等方面,必须作出明确的制度性规定,由上级纪委会同同级党委按照新时期好干部标准,将政治素质好、业务能力强的优秀干部选出来、用起来。三是构建纪委上下级领导关系有效运行的制度规范。严格界定上下级纪委的工作程序和规则制度,对不同层级纪委的履责过程进行适当分解,对权力运行各环节进行科学设定,保证上级领导与下级履职相互衔接、相互协同。例如,将下级纪委向上级纪委报告述职制度流程化、规范化,明确报告述职的范围、内容、程序。

围绕"两个全覆盖",深化派驻机构和巡视机构改革。派驻监督和巡视监督是党的十八大以来党坚持自我革命的重要抓手,必须在巩固"两个全覆盖"成效的基础上,聚焦存在的短板和不足,深挖体制层面的根源问题,将派驻机构和巡视机构改革推向深入。就派驻机构的运行情况来看,领导体制和工作机制不够健全的问题比较突出,"派"的权威不能充分体现,"驻"的优势不能有效发挥,需要进一步明确职能、协同权责、强化监督、优化运行。具体而言,要健全纪委统一管理、纪委常委会统一领导、纪委副书记和常委具体分管、相关职能部门分工负责的派驻工作领导体制,完善考核评估、责任追究、事项报告等工作机制;要优化派驻机构同驻在部门的沟通配合机制,建立定期会商、情况通报、日常约谈、联合调查、共同执纪等协调机制,督促驻在部门党组织

---

① 中共中央文献研究室编《习近平关于全面深化改革论述摘编》,中央文献出版社,2014,第80页。

严格履行全面从严治党主体责任;要加强派驻机构同纪检工委的日常工作联系,增强派驻机构同驻在部门纪委和下属单位纪检机构的工作协同,健全信息沟通和工作指导机制;要加强派驻机构干部队伍建设,以轮岗交流、挂职锻炼、在职培训等方式提升干部业务能力,形成规范化的干部交流和晋升机制。就巡视巡察制度改革而言,要扩大覆盖面,推动巡视巡察在更大范围和更深层次上实现全覆盖;要突出系统性,保证上下级之间、各种监督形式之间的贯通联动,形成系统集成、协同配合的监督网络;要注重创新性,革新发现问题的方式方法,灵活使用常规巡视巡察、专项巡视巡察、机动巡视巡察、延伸巡视巡察、提级巡视巡察、巡视巡察"回头看"等方式,用好巡视巡察成果,将巡视巡察整改责任压实落细。

四、确保权力运行机制科学性

"严于律己,出而见之事功。"习近平指出:"权力是一把双刃剑,在法治轨道上行使可以造福人民,在法律之外行使则必然祸害国家和人民。"[1]如果党内权力不能得到有效制约,就会因"任性放肆"而对组织造成严重破坏。加强党的纪律建设必须推进党的权力体制机制改革,合理分配和制约党内权力,确保权力在制度框架内公开透明运行,形成科学规范的权力运行体制机制,营造不能违纪的良好政治生态。

优化党内权力分工格局。由于文化传统、经济环境、政治架构等多重因素的影响,党内权力运行存在不容忽视的"一言堂"问题,一些党员领导干部独断专行的违纪现象比较突出。科学分解权力,明确权力边界,形成合理高效的党内权力分工格局,为党员干部履职用权提供制度基础,这是推进党的纪律建设的当务之急。一是优化党代会和同级党委之间的授权管理机制。各级党代会作为同级党委的领导机关和产生来源,要调整完善自身架构,探索建立党代表常任制、视察制、质询制等机制,创新党代表对党委工作的检查和监督方式,确保党内权力规范行使、党的权力机关正常运转。二是理顺党委与政府、人大、政协之间的权力关系。合理分权是规范权力运行的基本要求,必须在坚持党的全面领导前提下,在党委、政府、人大、政协之间科学分配权力,将决策权、执行权、监督权分别赋予不同的权力主体,坚决避免以党代政、越位指

---

[1] 中共中央文献研究室编《习近平关于协调推进"四个全面"战略布局论述摘编》,中央文献出版社,2015,第117页。

挥、不当干预等问题,提升各权力机构之间的配合效率和制约力度,形成更加合理有效的权力分解与监督制约机制。三是明确"一把手"的权力界限。合理配置党政"一把手"的权力,在重要岗位上坚持分权行事,减少不必要的管理层级和审批环节,分解过度集中于少数领导干部的重大决策权,确保重大事项民主讨论、集体决策。

健全权力制约与责任追究体系。对党员干部的权力进行有效制约,对相关责任人依纪追责,是保证权力规范行使的关键要素。一是充分发扬党内民主,以党员权利约束权力运行。从组织体系和制度法规等多方面健全党员行使权利的保障机制,充分利用互联网技术和新媒体平台架设权利与权力的联通桥梁,将领导干部的权力关进制度笼子,置于党员和群众的监督之下,克服某些领域存在的强权力而弱权利问题,防止党内"一言堂"现象,清除权力腐败的滋生土壤。二是持续加强法治建设,以法律权威规范权力运行。各级党组织要将依法治权、公正用权体现在党性教育、党内生活、业务工作等各个方面,加大普法宣传力度,健全党内工作制度,提升全体党员的学法热情和遵法意识,促使党员干部"明白权力来自哪里、界线划在哪里,做到法定职责必须为、法无授权不可为"[1],自觉在党纪国法框架内行使权力、为民用权。三是完善党内追责制度,以制度笼子制约权力运行。聚焦党内责任追究过程中存在的"宽松软"问题和以党内追责代替法律责任的现象,健全党员干部责任追究体系,坚持责任终身追究、违纪违法必惩,督促党员干部规范行使法定职权、承担具体责任,克服为官不为、乱为等不良风气,推动党的纪律建设健康发展。

完善党内权力运行公开机制。不论是权力运行失范,还是违纪违规用权,都同权力"黑箱"操作直接相关。构建科学有效的党内权力运行机制,必须"坚持以公开为常态、不公开为例外原则"[2],进一步深化公权力运行机制改革,确保各级党组织和全体党员阳光示权、公开用权。一是保证办事公开透明。毛泽东强调:"只有让人民来监督政府,政府才不敢松懈;只有人人起来负责,才不会人亡政息。"[3]充分保障人民群众的知情权、参与权、表达权、监督权,以刚性措施构建和落实公开办事制度,将涉及群众切身利益的非涉密事项在第一时间向群众公开,让群众监督公权力的行使过程和最终结果,保证一

---

[1] 中共中央文献研究室编《习近平关于协调推进"四个全面"战略布局论述摘编》,中央文献出版社,2015,第112页。
[2] 《中共十八届四中全会在京举行 习近平作重要讲话》,《人民日报》2014年10月24日第1版。
[3] 黄炎培:《八十年来》,文史资料出版社,1982,第156页。

切权力都在阳光下行使。二是规范党员干部的行为。依法依规公开党员干部的岗位责任和职权范围，保障人民群众对党员干部工作职责的问询权，强化党的有关机关对群众质询的答复责任，增进群众对党的机关和党员干部的了解，将群众监督发挥到最大效能。三是创新权力运行的公开形式。在沿用传统公示栏的同时，运用网络平台实现权力公开载体数字化，建立统一的权力清单查询平台，增加权力运行电子清单的发布数量。四是加大权力公开监督问责力度。对于不主动、不及时公开权力运行清单的组织和个人，要严格依规问责、限期整改，跟踪调查整改过程和权力公开效果。

第八章

志在千秋业：
反腐败斗争永不停顿

"新松恨不高千尺，恶竹应须斩万竿。"腐败是一种依附权力而存在的政治行为，本质上是公权力的异化和私化。马克思主义政党取得执政地位以后，"冒险家和其他危害分子乘机混进执政党里来，这是完全不可避免的"①。大公无私、清正廉洁是中国共产党的本质特征，但由于内外环境的影响，党内必然出现一些不正之风和腐败问题。腐败侵蚀党的健康肌体、削弱党的生机活力、动摇党的执政根基，坚决消除腐败现象、清除腐朽思想作风是保持党的先进性和纯洁性的必然要求。反腐败斗争关乎党和国家的前途命运，如果我们党"不得罪成百上千的腐败分子，就要得罪十三亿人民"②。习近平指出："只要存在腐败问题产生的土壤和条件，反腐败斗争就一刻不能停，必须永远吹冲锋号。"③在长期不懈的反腐败斗争实践中，党开创了一条中国特色反腐败新路，推动反腐败斗争取得压倒性胜利并全面巩固，保证党不断发展而永不变质、砥砺前行而决不变色、历经考验而从不变味。

第一节 有腐必反是党的一贯态度

"诚欲正朝廷以正百官，当以激浊扬清为第一要义，而其本在于养廉。"纵

---

① 列宁：《列宁选集》第四卷，人民出版社，1995，第21页。
② 中共中央文献研究室编《习近平关于协调推进"四个全面"战略布局论述摘编》，中央文献出版社，2015，第145页。
③ 习近平：《高举中国特色社会主义伟大旗帜 为全面建设社会主义现代化国家而团结奋斗——在中国共产党第二十次全国代表大会上的报告》，《人民日报》2022年10月26日第1版。

观古今中外政权兴替史,只有廉洁政权才能得到民众支持、保持国家长治久安,只有廉洁政党才能形成强大的凝聚力、拥有持久的引领力。清正廉洁是中国共产党人的政治本色和显著优势,反腐倡廉是我们党一以贯之的政治任务和价值追求。从运动式反腐到制度化反腐,从大力惩治腐败到一体推进不敢腐、不能腐、不想腐,党同一切腐败现象进行坚决斗争,积累了十分宝贵的反腐败斗争经验,彰显了有腐必反、有贪必肃的鲜明立场和一贯态度。

一、注重思想革命和执纪从严

新民主主义革命时期,党十分重视改造党员的主观世界,以思想教育和纪律建设双管齐下的方式提升党员的拒腐防变意识,努力防止并及时清除一切贪污腐化现象,使"个个党员不应只是在言论上表示是共产主义者,重在行动上表现出来是共产主义者"[1]。尽管这一时期的反腐败斗争属于开创探索阶段,许多反腐败举措没有形成长效机制,反腐败法规制度十分有限,但为新中国的廉政建设积累了宝贵经验。

将反腐倡廉融入党性教育。在农村包围城市的革命环境下,党内存在大量农民成分党员和一些非无产阶级思想,思想建党成为党的建设的核心内容。《古田会议决议案》提出"红军党内最迫切的问题,要算是教育的问题"[2],必须教育党员掌握马克思主义理论知识和研究方法。毛泽东、陈云、刘少奇等发表了《〈共产党人〉发刊词》《怎样做一个共产党员》《论共产党员的修养》等一批马克思主义中国化经典论著,从党的使命任务、性质宗旨、党员作用等方面开展党员教育,帮助党员提升理论认知、增强防腐意识。毛泽东强调:"共产党员在政府工作中,应该是十分廉洁、不用私人、多做工作、少取报酬的模范。"[3]延安整风运动聚焦主观主义、宗派主义、党八股等突出问题,着力解决思想、组织、作风不纯的问题,对全党进行了一次深刻的马克思主义思想教育,提高了局部执政条件下全体党员的思想境界和自律意识。

发挥党员干部的廉洁示范作用。党的领导干部要以身作则,以矜持不苟、舍己为公的"头雁效应"激励全体党员清廉自持。方志敏长期领导赣东北苏区革命斗争,"经手的款项,总在数百万元;但为革命而筹集的金钱,是一点一

---

[1] 中共中央党史和文献研究院、中央档案馆编《中国共产党重要文献汇编(一九二二年)》第二卷,人民出版社,2022,第259页。
[2] 中共中央文献研究室编《毛泽东文集》第一卷,人民出版社,1993,第94页。
[3] 毛泽东:《毛泽东选集》第二卷,人民出版社,1991,第522页。

滴地用之于革命事业"①。党团刊物广泛宣传党员干部廉洁奉公的典范事迹和对于各种腐败行为的处理结果,为全体党员树立言行标杆。延安《解放日报》多次报道劳动模范赵占魁艰苦奋斗、勤俭节约的先进事迹,在处死贪腐分子肖玉璧的消息上发表评论:"在'廉洁政治'的地面上,不容许有一个'肖玉璧'式的莠草生长。"②在领导干部身正为范的引领激励下,"艰苦奋斗,以身作则,工作之外,还要生产,奖励廉洁,禁绝贪污"③成为党领导下革命根据地的主流风气。共产党干部的质朴清廉和国民党官员的铺张腐化形成鲜明对比,美国驻华大使司徒雷登告诫国民党官员:"共产党战胜你们的不是飞机大炮,而是廉洁,是靠廉洁换得的民心。"④

制定并严格执行反腐败法规禁令。1926年8月,党中央发布《坚决清洗贪污腐化分子》的通告,要求各级党组织立即审查党员,将贪腐分子"务须不容情的洗刷出党,不可令留存党中,使党腐化,且败坏党在群众中的威望"⑤。井冈山斗争时期,毛泽东制定了《井冈山反腐败训令》和"三大纪律八项注意",以铁的纪律制裁党政机关和部队之中的腐化分子。中央苏区时期,出台《怎样检举贪污浪费》《关于惩治贪污浪费行为》等反腐败法规,依托中央工农检察部、中央党务委员会、中央审计委员会掀起反腐肃贪、倡导节俭的红色风暴。对党政机关、国营企业、公共团体中的工作人员,贪污公款一百元以下者处以半年以下强迫劳动,贪污公款五百元以上者即处死刑⑥。全民族抗战时期,陕甘宁边区政府出台《惩治贪污暂行条例》,严厉惩处机关、部队、企业中的贪腐行为。解放战争时期,毛泽东明确提出"肃清贪官污吏,建立廉洁政治"⑦的目标,规定党员干部"禁止给党的领导者祝寿,禁止用党的领导者的名字作地名、街名和企业的名字,保持艰苦奋斗作风,制止歌功颂德现象"⑧。新民主主义革命时期,依法依规严惩谢步升、钟铁青、唐仁达、左祥云、肖玉璧等一批腐化分子,充分显示了党反腐肃贪、执纪如山的坚定决心。

---

① 方志敏:《方志敏全集》,人民出版社,2012,第162页。
② 王纪刚:《从延安走来——中国共产党如何从危难中奋起?》,人民出版社,2021,第126页。
③ 《毛泽东军事文集》第二卷,军事科学出版社、中央文献出版社,1993,第779页。
④ 董振华主编《坚持群众路线方法十讲》,人民出版社,2013,第210页。
⑤ 中央档案馆编《中共中央文件选集》第二册,中共中央党校出版社,1989,第283页。
⑥ 沙健孙主编《中国共产党史稿(1921—1949)》第三卷,中央文献出版社,2006,第658页。
⑦ 毛泽东:《毛泽东选集》第四卷,人民出版社,1991,第1238页。
⑧ 毛泽东:《毛泽东选集》第四卷,人民出版社,1991,第1443页。

探索建立行之有效的监督机制。1921年，党的一大提出加强党内监督的重大命题，要求党中央加强对地方党组织财务、活动、政策等方面的监督，地方党委加强对派出党员的监督。1923年，党的三大进一步规范了对党员行为的监督审查，规定"凡党员之行动带有政治意义者，中央执行委员会有严重监督指导之权"[1]。1925年，党中央出台《组织问题决议案》，提出"增加中央特派巡行的指导员，使事实上能对于区及地方实行指导全部工作"[2]，推动党内巡视制度正规化。1927年，党中央决定设立中央和省级监察委员会，由此形成了独立的纪检体制。在探索建立自上而下组织监督体系的过程中，党将党内监督和群众监督相结合，充分发挥人民群众自下而上的民主监督效能。1931年，《中华苏维埃共和国宪法大纲》赋予工农群众监督、检举、揭发、罢免干部的民主权利；1941年，陕甘宁边区规定政权人员分配实行"三三制"原则。这些法案规制有效激发了群众参加反腐败斗争的热情，促使党政机关提高工作效率、党员干部保持清廉本色。

二、重视思想教育和运动反腐

社会主义革命和建设时期，随着党的工作重心从农村转向城市、党的地位从局部执政变为全国执政，党员干部面临着更多的权力诱惑和"糖衣炮弹"攻击。以毛泽东同志为核心的党中央领导集体针对如何预防公权力异化的重大问题，从思想教育、制度建设、权力监督等方面进行了卓有成效的积极探索，开展了全国执政条件下的反腐倡廉建设实践。但是，这一时期"左"的错误不断抬头，对反腐败制度建设造成极大负面影响，党和国家尚未找到整治腐败问题的科学答案。

开展大规模整党整风和教育运动。党中央沿袭革命年代群众运动的工作方式，将党风廉政教育融入整党整风运动之中，着力改造党员干部的主观世界，清理滋生腐败的思想土壤。1950年5月，党中央发出《关于在全党全军开展整风运动的指示》，将整治党和军队中的贪污腐化问题作为一项重要内容。1951年2月，党中央决定实施三年整党运动，对照党章党纲审查党员，将贪污腐败分子清理出党。在整党运动中融合开展的"三反""五反"斗争，揭露了一大批腐败贪污案件，判处近万人有期徒刑、数十人死刑或死缓[3]。1957年4月，党中央决定在全党发起反对官僚主义、宗派主义、主观主义的整风运动，但运

---

[1] 中央档案馆编《中共中央文件选集》第一册，中共中央党校出版社，1989，第152页。
[2] 中央档案馆编《中共中央文件选集》第一册，中共中央党校出版社，1989，第473页。
[3] 唐贤秋：《廉政理论与实践纵横》，中共中央党校出版社，2009，第267页。

动后期出现了反右派斗争扩大化的情况。1960年5月,党中央决定在农村基层干部和公社企业中开展反贪污、反浪费、反官僚主义的"三反"运动,以教育为主、惩治为辅的方式纠正农村干部的作风。1963年和1966年分别掀起学习雷锋、焦裕禄的全国性热潮,有力改善了党风政风。

加强反腐败斗争法规制度建设。新中国成立后,党中央和中央政府发出《惩治贪污条例》《关于处理贪污、浪费及克服官僚主义错误的若干规定》《关于处理小贪污分子的五项规定》《关于实行国家现金管理规定》《财政部设置财政检查机构办法》《关于党政军群负责人视察、参观、休养、旅行时地方负责人不许接送、宴会和送礼的规定》《关于节省中央级国家机关、党派、团体行政经费几项规定的通知》等一系列法令法规,明确了财经工作的基本规范、党员干部的行为标准、贪污腐败的行为边界,对行政建房、车辆和家具购置、其他开支事项予以严格规范,为反腐败斗争提供了必要的制度武器。1963年5月,周恩来提出领导干部过好思想关、政治关、社会关、亲属关、生活关的廉政防腐要求。其中,过思想关要求不断改造思想,"经常反省,与同志们交换意见,经常'洗澡'";过政治关要求"认真对待立场问题",保持坚定党性,密切党群联系,具有批评和自我批评精神;过社会关要求警惕旧社会习惯势力的腐蚀,"要有长期奋斗的决心";过亲属关要求严格约束身边的亲人,"不要造出一批少爷";过生活关要求保持知足常乐、艰苦朴素的生活作风,"把整个身心放在共产主义事业上,以人民的疾苦为忧,以世界的前途为念"[①]。1970年2月,党中央发出《关于反对贪污盗窃、投机倒把的指示》《关于反对铺张的通知》,坚决反对"走后门",严格取缔一切地下工厂、商店、包工队、运输队,严令禁止新建、扩建和改建楼堂馆所,有效遏制了腐败和浪费现象。

充分发挥党内外监督效能。1949年11月,党中央成立纪律检查委员会(后由监察委员会取代),对包括贪污在内的各种党内违纪行为进行监督;中央政府成立人民检查委员会(后改为监察部),对国家行政机关、国营企业、事业单位进行监督检查;成立最高人民检察署(后改为最高人民检察院),对国家机关的工作人员和案件处理情况进行监督。与此同时,党和国家充分保障并积极拓展群众监督途径。1950年4月,党中央发布《关于在报纸刊物上展开批评与自我批评的决定》,要求党组织和政府机关主动接受社会舆论监督,在报

[①] 中共中央文献研究室编《建国以来重要文献选编》第十六册,中央文献出版社,1997,第366—371页。

纸刊物上公开开展批评和自我批评。1952年8月，中央人民政府发出《关于加强人民监察通讯员和人民检举接待室的指示》，要求各级政府建立人民来信来访制度，鼓励群众检举揭发干部违纪违法行为。1956年4月，毛泽东在《论十大关系》中强调我们党同民主党派"长期共存、互相监督"，要保障党外民主人士对党的监督，"一切善意地向我们提意见的民主人士，我们都要团结"①。"三反""五反"运动之所以成效斐然，是因为群众积极举报身边的贪污腐败案件。

三、突出制度防腐和源头治腐

改革开放和社会主义现代化建设新时期，以邓小平同志、江泽民同志为核心的党中央领导集体，以胡锦涛同志为总书记的党中央，深刻总结国内外反腐败斗争的经验和教训，围绕"为什么和怎么样反腐倡廉"的重大命题，开辟了一条制度反腐、体系反腐的反腐败斗争新路。但是，这一时期反腐败斗争的顶层设计尚不完整，属于被动应急的"救火"状态，存在制度不全、体制不严、执行乏力等问题，"奢侈浪费、消极腐败现象仍然比较严重"②，反腐倡廉面临的形势十分严峻。

完善反腐败法律法规体系。党和国家"认真建立社会主义的民主制度和社会主义法制"③，制定了一系列法律法规，规范党员干部行为，为反腐败斗争提供法律法规支持。一是建立健全国家层面的反腐败立法体系。1979年《刑法》规定了贪污罪、贿赂罪、挪用救灾救济款物等犯罪行为的量刑标准。1982年《关于严惩严重破坏经济的犯罪的决定》规定走私、受贿可处死刑，包庇、窝藏、参与、纵容经济犯罪活动的国家机关工作人员要承担相应法律责任。1988年《国家行政机关工作人员贪污贿赂行政处分暂行规定》明确了国家机关工作人员贪腐行为的惩处措施。二是构建完善反腐倡廉的党内法规体系。1980年《关于党内政治生活的若干准则》制定了防止党员特殊化和以权谋私的纪律要求。1983年《关于共产党员在经济方面的违法、违纪、党纪处分的若干规定》提出了党内经济犯罪问题的惩处措施。1997年《中国共产党纪律处分条例（试行）》《党员领导干部廉洁从政若干准则（试行）》规定了对国家机关工作人员腐败行为的处理办法和规范领导干部行为的准则条例。2003年《中国共产

---

① 中共中央文献研究室编《毛泽东文集》第七卷，人民出版社，1999，第35页。
② 胡锦涛：《高举中国特色社会主义伟大旗帜　为夺取全面建设小康社会新胜利而奋斗——在中国共产党第十七次全国代表大会上的报告》，人民出版社，2007，第5页。
③ 邓小平：《邓小平文选》第二卷，人民出版社，1994，第348页。

党纪律处分条例》强调党要管党、从严治党,坚决杜绝一切腐败行为。2007年《关于严格禁止利用职务上的便利谋取不正当利益的若干规定》明确了八种以权谋私犯罪行为的处理办法。2009年《关于实行党政领导干部问责的暂行规定》提出对落实党风廉政建设责任制不力的党政领导干部进行追责。

不断深化廉政教育制度。党高度重视思想教育对于反腐倡廉的重要作用,提出"坚持标本兼治,教育是基础,法制是保证,监督是关键"①,确立了"惩防并举、注重预防"的廉政建设方针,着手构建"教育、制度、监督、改革、纠风、惩处"有机结合的廉政建设格局。1997年12月,江泽民提出"三严四自"的廉洁要求,即"对领导干部要严格要求、严格管理、严格监督,而领导干部自己要自重、自省、自警、自励"②。1998年11月,在县处级以上干部中开展"讲学习、讲政治、讲正气"党风教育活动,引导党员干部同一切腐化行为划清界限。2001年9月,党的十五届六中全会通过《中共中央关于加强和改进党的作风建设的决定》,将"八个坚持、八个反对"作为党员清正廉洁的基本要求。2004年11月,党中央决定在全党开展以学习"三个代表"重要思想为主要内容的共产党员先进性教育活动,将廉政教育纳入先进性教育之中。2005年1月,党中央出台《建立健全教育、制度、监督并重的惩治和预防腐败体系实施纲要》,提出"把反腐倡廉教育贯穿于领导干部的培养、选拔、管理、使用等各个方面"③。2007年1月,胡锦涛强调从"勤奋好学、学以致用,心系群众、服务人民,真抓实干、务求实效,艰苦奋斗、勤俭节约,顾全大局、令行禁止,发扬民主、团结共事,秉公用权、廉洁从政,生活正派、情趣健康"④等八个方面加强领导干部作风建设。随后,全国掀起"八个方面良好风气"学习教育活动热潮,有效增强了党员干部廉洁从政的自觉性。

持续健全反腐败监督制度。党从体系反腐角度统筹推进党内外监督机制建设,构建有效运行的权力行使约束机制。一是健全纪检监察机构。1978年党的十一届三中全会选举成立以陈云为书记的中央纪律检查委员会,1979年《中华人民共和国人民检察院组织法》规定检察院是国家法律监督机关。1987年国家监察部正式成立,各级地方政府开始设立相应监察机构。1982年《中华人民共和国宪法》规定国务院设立审计机关,对各部委、地方政府、金融机构、企事

---

① 江泽民:《江泽民文选》第二卷,人民出版社,2006,第46页。
② 江泽民:《江泽民文选》第一卷,人民出版社,2006,第456页。
③《中国共产党章程及相关党内规章》,人民出版社,2006,第95页。
④ 胡锦涛:《胡锦涛文选》第二卷,人民出版社,2016,第550-558页。

业单位进行财务监督。1993年中央纪委和监察部联合办公,行使党的纪律检查和政府行政监察职能。2003年成立中央纪委、中央组织部巡视组,后改名为中央巡视组。2007年成立国家预防腐败局,负责规划、协调、指导预防腐败工作。二是充分发挥群众监督功能。从1986年到2010年,国家开展五个五年普法教育活动,增加群众的法律知识,提高民众的法治素养,营造反腐败社会大环境。最高人民监察院制定《人民监察制度试点工作方案》,中组部开通"12380"举报电话,加强报刊、电视、广播、网络等新闻媒体的舆论监督作用。三是提高政府工作的透明度。国家推行警务公开、检务公开、审判公开、基层政务公开、厂务公开、村务公开,副厅局级以下领导干部选拔实行公开招考、民主推荐、竞争上岗、公开选拔、任前公示,增加干部选任工作的透明性。党员干部的个人财产实行收入申报制、礼品登记制,党政机关、国有企事业单位、人民团体中副处级以上干部就个人建房、婚丧嫁娶、因私出国等重要事项向组织报告,推行政府采购制度、公共工程竞争性招投标制度、会计委派制度,防止公共投资和公共支出的流失。

四、坚持"三不腐"一体推进

腐败同党的性质宗旨水火不容,"我们党作为执政党,面临的最大威胁就是腐败"[①]。党的十八大以来,以习近平同志为核心的党中央大力推进党风廉政建设和反腐败斗争,提出了一系列推进反腐倡廉工作的新思想和新要求,以反腐败斗争永远在路上的政治定力,"不断实现不敢腐、不能腐、不想腐一体推进的战略目标"[②],推动新时代反腐败斗争取得压倒性胜利并全面巩固。

持续强化"不敢腐"的震慑。党坚持反腐败无禁区、全覆盖、零容忍,有案必查、有腐必惩,形成重遏制、强高压的"不敢腐"震慑威力。一是保持"打虎"零容忍。对于高级领导干部的违法乱纪行为严惩不贷,依法查处周永康、薄熙来、令计划、苏荣、郭伯雄、徐才厚等重大案件。坚决遏制官商勾结、权钱交易的腐败现象,推动建立亲清新型政商关系。加强对领导干部及其子女亲属的长效监督,大力整治"灯下黑"问题,阻断权力和利益的交换通道,营造风清气正的社会环境。二是坚持"拍蝇"不手软。开展扶贫领域腐败专项整治,精准治理截留挪用、贪污侵占、虚报冒领扶贫资金的行为。切实查

---

① 习近平:《在庆祝中国共产党成立95周年大会上的讲话》,《求是》2021年第8期,第4-20页。
② 习近平:《习近平谈治国理政》第四卷,外文出版社,2022,第551页。

处群众身边的腐败问题,推进民生领域腐败治理,着力解决教育医疗、食品安全、环境保护等领域的吃拿卡要、盘剥克扣、行贿受贿等腐败问题。彻查涉黑腐败与黑恶势力"保护伞",严肃查处"村霸"、"黄赌毒"、宗族势力背后的腐败行为,做到扫"黑"和打"伞"同频共振。三是强化"猎狐"不止步。中央反腐败协调小组专门成立国际追逃追赃工作办公室,督促落实追逃追赃主体责任和监督责任、主办责任和协办责任,发挥中央纪委、最高人民法院、最高人民检察院、外交部、公安部等多部门协同作战效能,以有逃必追、一追到底的决心和举措遏制腐败分子外逃态势。在"天网2021"专项行动中,成功追回1273名外逃人员,其中"红通人员"22人、监察对象318人,追回赃款总额达167.4亿元[1]。各级国有资产监督管理部门与纪检监察机关加强"走出去"国有企业的境外廉洁风险防控体系建设,强化境外"关键少数"监督、财务资金监管、重大项目管理等环节,提升"走出去"国企的廉洁风险防范能力。

不断扎牢"不能腐"的笼子。党不断健全反腐败斗争体制机制,推进反腐败国家立法和党内法规制度建设,以制度红线捆住权力之翼,有力推动预防、查处和减少腐败工作的进程。一是明确管党治党责任。党的十八届三中全会明确了党委和纪委在全面从严治党方面的具体权责,《中国共产党纪律处分条例》将全面从严治党主体责任不予履行或履行不力确定为违纪行为,推动各级党委成为党风廉政建设和反腐败斗争的高效领导者、坚决执行者、持续推动者。二是健全反腐败工作机构。党的十九届三中全会决定,整合行政监察部门、预防腐败机构和检察机关反腐职责,建立与同级纪委合署办公的监察委员会,形成了党领导下横向到边、纵向到底的无盲区反腐败斗争工作格局,实现了对所有行使公权力的公职人员监督全覆盖。三是创新权力监督方式。加强组织监督、同级监督,强化纪律监督、监察监督,完善派驻监督、巡视监督,"推动人大监督、民主监督、行政监督、司法监督、审计监督、财会监督、统计监督、群众监督、舆论监督有机贯通、相互协调"[2],形成了党内监督和党外监督贯通契合的合力效应。四是完善党内法规体系。党的十八大以来,"党内法规制定力度之大、出台数量之多、制度权威之高、治理效能之好都前所未有"[3]。中

---

[1] 田坤:《党的十八大以来我国反腐败政策和措施调整及动因》,《马克思主义研究》2022年第6期,第44-54页。

[2] 中共中央党史和文献研究院编《十九大以来重要文献选编》中,中央文献出版社,2021,第389页。

[3] 中共中央办公厅法规局:《中国共产党党内法规体系》,人民出版社,2021,第11页。

央八项规定及其实施细则的出台，以及各部门发布的一系列关于公务接待、办公用房、公务用车、节庆活动管理等方面的党内法规，建起了党风廉政建设的"四梁八柱"。五是加强反腐败斗争立法支持。2015年8月通过的《中华人民共和国刑法修正案（九）》加大了对行贿犯罪的处罚力度，完善了贪污受贿行为的定罪量刑标准。2018年10月修订的《中华人民共和国刑事诉讼法》同《中华人民共和国监察法》有机衔接，建立了犯罪嫌疑人、被告人潜逃境外的缺席审判程序，加强了境外追逃工作的力度。2018年10月通过的《中华人民共和国国际刑事司法协助法》，填补了刑事司法协助国际合作的法律空白，使反腐败追逃追赃工作如虎添翼。

扎实构筑"不想腐"的堤坝。保持党员队伍坚如磐石，保持百年大党生机盎然，"信仰、信念、信心是最好的防腐剂"[①]。各地各部门深入开展党性党风党纪教育，让"不想腐"的观念成为党员干部思想共识。一是深入开展优良作风教育。党中央先后开展群众路线教育实践活动、"三严三实"专题教育、"两学一做"学习教育、"不忘初心、牢记使命"主题教育、党史学习教育、学习贯彻习近平新时代中国特色社会主义思想主题教育、党纪学习教育、深入贯彻中央八项规定精神学习教育，将反腐倡廉的党性要求和优良传统贯穿始终。各级党组织严格落实中央八项规定精神，将家风建设作为领导干部作风建设的重要内容。经过坚持不懈的努力，"四风"问题和其他歪风邪气得到有效遏制。二是加强反腐败警示教育。各级党组织将反腐败教育内容融入民主生活会、组织生活会、主题党日等党内政治生活之中，要求被谈话函询的党员干部就相关问题作出公开说明，存在违纪情况的干部作出自我批评和检讨。各级纪检监察机关将案件查处和警示教育有机结合，以真实的"身边人、身边事"引导公职人员筑牢拒腐防变的思想防线。《红色通缉》《作风建设永远在路上》等反腐败题材电视专题片引起巨大社会反响，对党员干部起到有效的警示教育作用。

第二节　反腐败是最彻底的自我革命

"敬一贤则众贤悦，诛一恶则众恶惧。"人民群众对贪污腐败深恶痛绝，纠治各种形式的腐败问题是民心所向。习近平强调："腐败是最容易颠覆政权的

[①] 习近平：《习近平谈治国理政》第四卷，外文出版社，2022，第519页。

问题，反腐败是最彻底的自我革命。"①这一重大论断升华了党对反腐败斗争的认识，深刻揭示了新时代反腐败斗争的基本特点、重大考验、工作格局。新时代以来，党将党风廉政建设和反腐败斗争作为重大政治任务，以理想信念强化反腐败斗争的内生动力，以巡视巡察和纪检监察改革健全反腐败斗争的体制机制，以抓住关键和抓好基层推进反腐败斗争的纵深发展，以强力正风肃纪营造反腐败斗争的良好氛围，以严肃党内政治生活加固反腐败斗争的生态屏障，开拓了反腐倡廉新境界。

一、新时代反腐败斗争的基本特征

"不矜细行，终累大德。"反腐败不是辞藻华丽的说教和粗枝大叶的敷衍，必须在细上见真功、在实上下大力、在久上有恒心。新时代以来，党以管在日常、严在平常的崭新态势推进党风廉政建设，反腐败斗争呈现出全面协同推进、严格规范开展、注重生态修复等鲜明特点。

突出统筹开展和全面协同。新时代反腐败斗争拥有更加广阔的视域、更加健全的机制、更加立体的方式，在协同推进、同向发力的过程中实现了反腐败无禁区、全覆盖。一是反腐败斗争的思想视域更为开阔。党从经济、政治、文化、安全有机关联的整体视角审视腐败问题的产生之源，从巩固长期执政地位、维护国家安全的角度定位反腐败斗争的重要意义。"在发展社会主义市场经济条件下，商品交换原则必然会渗透到党内生活中来。"②市场主导和政府调控的有机结合不可避免地将党政干部和企业实体统合为利益共同体，使党风廉政建设面临市场文化趋利性造成的严峻挑战。一些市场微观主体会对掌握权力的党政干部进行"捕猎"式围攻，国外情报机构也会以经济利益渗透和策反核心部门的党员干部。党将市场配置资源的决定性作用严格限制在经济活动范畴，防止市场交换法则在社会资源、政治资源、文化资源、生态资源、军事资源等非经济领域的滥用，遏制市场法则向党内渗透，推动形成积极健康、清正廉洁的党内政治文化。二是反腐败斗争的对象覆盖更为全面。党将行使公权力的全部领域和全部公职人员都纳入纪检监察范畴，实现纪检、监察、审计合署办公，以铁腕手段推动军队反腐肃贪，强化对非党公职人员的监督，扩大对国

---

① 习近平：《全面从严治党探索出依靠党的自我革命跳出历史周期率的成功路径》，《求是》2023年第3期，第4—10页。
② 中共中央纪律检查委员会、中共中央文献研究室编《习近平关于党风廉政建设和反腐败斗争论述摘编》，中共方正出版社、中央文献出版社，2015，第22页。

有企业管理人员的监督面,从操作层面上实现了反腐败斗争对象全覆盖。三是反腐败斗争的方式方法更为科学。新时代反腐败斗争以科学方法和创新理念改进方式、优化机制,提高斗争本领,提升反腐成效,主要是:立足整体论视野,坚持在标本兼治中积小胜为大胜;运用矛盾论思维,在自下而上的群众监督和自上而下的党内监督的结合互动中开创工作新局面;把握条件论要求,在预防和治理、教育和严惩的统筹联动中实现各项举措的动态平衡;用好马克思主义辩证法,在党外群众监督评议和党内良好政治文化的协同作用中不断将反腐败斗争推向深入。

确保纵深推进和严格规范。新时代反腐败斗争突出严的规范和要求,推进的力度和斗争的深度史所罕见,清除的腐败存量和产生的反腐震慑前所未有。一是深刻把握反腐败斗争规律。在法治精神尚未牢固确立、权力制约不够科学有效的情形下,公权力面临物质利益的诱惑而可能与之同流同谋,导致潜规则取代明规则,制度规范成为一纸空文,严重破坏政治生态、污染文化环境、扰乱经济秩序、威胁国家安全。新时代反腐败斗争牢固坚持党的民主集中制原则,严格甄别党员对党的忠诚和对个人的依附,明确区分党性原则和派性观念,以依法治国和以德治国相结合、思想建设和制度建设相统一、纪律建设和理想信念相贯通的方式,将党的领导、人民当家作主、依法治国有机统一起来,坚持"把制度执行和监督贯穿区域治理、部门治理、行业治理、基层治理、单位治理的全过程"①,以制度优势防止公权力以权谋私、滋生腐败。二是对全党进行革命性锻造和重塑。党没有将腐败简单地界定为经济诱因下的权力出租、人情驱动下的文化问题、权力失控下的体制弊端,而是将其视为涉及党员干部"知情意行"的整体性问题,以高度的警醒意识保持自我革命的政治自觉,以"思想上的滑坡是最严重的病变"②的学习自觉常补精神之钙,在系统学习党的创新理论过程中夯筑反腐拒变的思想基础,在坚定理想信念和传承良好家风的过程中凝塑全党思想魂魄。三是严格贯彻新时代反腐败斗争方略。党以刀刃向内的魄力和斗争到底的决心,强化政治巡视巡察,在真巡视、强反馈、促整改的过程中形成从严治腐的整体合力;以真管真严作为反腐败斗争的立足点,以敢管敢严作为反腐败斗争的压舱石,以长管长严作为反腐败斗争的

---

① 习近平:《坚持和完善中国特色社会主义制度 推进国家治理体系和治理能力现代化》,《求是》2020年第1期,第4—13页。

② 习近平:《在党的群众路线教育实践活动总结大会上的讲话》,《人民日报》2014年10月9日第2版。

助推器,增强制度权威,铲除肌体毒瘤;全面落实党委主体责任和纪委监督责任,将终身问责作为管党治党、反腐倡廉的重大举措。

注重生态修复和环境营造。推进反腐败斗争不仅要求制度创新和责任落实,还需要严格党内政治生活,形成以上率下、强化执纪的监督刚性,以清正廉洁的党内政治生态巩固反腐败斗争成果、营造反腐败政治环境。一是充分发挥党内政治生活的支撑功能。"党内政治生活是党组织教育管理党员和党员进行党性锻炼的主要平台"①,是加强党的建设的重要支撑。《关于新形势下党内政治生活的若干准则》12个方面的主体内容,全都贯穿着新时代管党治党的基本要求,如坚持党的基本路线、坚持维护党中央权威是政治建设的核心要求,坚定理想信念是思想建设的重点范畴,严明党的政治纪律是纪律建设的重要要求。党内政治生活的这些规范性要求和原则性规定体现着强烈的问题导向与危机意识,是净化党内政治生态的重要保障。二是将正风肃纪作为降低腐败动机的重要保障。公权力的运行一旦偏离正式制度的轨道,出现约定俗成的潜规暗道,就会导致权力的变异变质问题。古代官场的"贺礼""谢礼""冰敬""炭敬"等陋规,正是滋生腐败的重要温床。中央八项规定有力整治了"四风"问题、刹住了歪风邪气,但在传统社交文化影响下,礼尚往来等官场陋习并未根除,严重影响党内同志关系、党的政治权威、地方政治生态。以严明纪律规矩、整治作风问题作为突破口,恢复党内正常关系和地方政治生态,正是新时代党的作风建设的成功经验之一。三是将管好干部作为营造良好政治生态的根本举措。治党必先治吏,治吏必当从严。中共中央印发了修订后的《党政领导干部选拔任用工作条例》,进一步完善选人用人制度机制。各级党委"从查处的大量腐败案件中反思选人用人的得失,下大决心治理吏治腐败"②,严格把好干部选任关口,贯彻落实干部选拔"双签字"制度和动议审查、责任追究等具体要求,进一步勒紧了廉洁选干的"紧箍咒",完善了从严治吏的常态化机制。

二、新时代反腐败斗争的崭新动向

腐败问题是社会痼疾,治理腐败是世界性政治难题。党的十八大以来,党

---

① 习近平:《在党的群众路线教育实践活动总结大会上的讲话》,《人民日报》2014年10月9日第2版。
② 中共中央文献研究室编《习近平关于全面从严治党论述摘编》,中央文献出版社,2016,第135页。

中央以深邃的历史视野和宽阔的国际视域审视反腐败斗争，立足世界百年未有之大变局和中华民族伟大复兴的战略全局推进反腐败斗争，以坚毅的自我革命精神向腐败毒瘤宣战，使新时代反腐败斗争在空间范围、治理深度、文化样态等方面呈现出一系列新向度。

从斗争范围来看，新时代反腐败斗争表现出广阔的空间延展性。随着互联网技术的不断发展和全球化时代的到来，人们的交往行为横跨实体空间和虚拟空间、国内场域和国际场域，网络越来越成为人们日常生活和社会交往的重要媒介。一些腐败分子将贪腐方式从线下转移到线上，将不当资产从国内转移到国外，利用网络途径逃避监督、贪污堕落。一些境外反华势力通过网络渠道诱惑和拉拢境内腐败分子，以物质利益交换敏感内容和涉密信息，严重威胁国家安全。网络空间"不应成为各国角力的战场，更不能成为违法犯罪的温床"[①]，国外也不能成为腐败分子恣意妄为的法外之地和任意逍遥的避罪天堂，必须依法加强网络社会管理，按照国际规则同有关国家和国际组织深化反腐合作。新时代反腐败斗争将实体空间和虚拟空间统合起来、将国内反腐和国际反腐联通起来，倡导世界各国在国际法框架下合作反腐，着力加强中国同共建"一带一路"国家的反腐合作，把监督执纪渗入公权力运行所涉及的一切空间和所有环节，积极回应网络举报，高度关注网络行为，不断加强网络舆论阵地建设，推动形成了引领反腐败文化风尚的社会大环境。

从治理角度来看，新时代反腐败斗争表现出鲜明的深层变革性。二战结束以来，许多发展中国家都存在权力运行机制未能完成现代化转型或升级的问题，造成贪污腐败、战争犯罪等许多社会问题。譬如，军政府统治时期，尼日利亚的腐败、破坏、谋杀等丑恶现象层出不穷，一个重要原因就是掌控石油利益的寄生阶层以政权力量或非法手段攫取财富、保持特权[②]。腐败问题是一个政治有机体的"多器官"系统并发症，只有建立健全治理腐败体系，才能从根本上遏制腐败的滋生和蔓延。新时代以来，以习近平同志为核心的党中央深刻汲取世界各国反腐败斗争的经验教训，从经济体制、文化特质、社会结构等多元视角审视腐败问题的成因和特点，从推进国家治理体系和治理能力现代化的大视野探寻消除腐败的破局之道，协同构建反腐败斗争的党内法规体系和国家立法体系，积极建设不敢腐、不能腐、不想腐一体推进的战略机制，以问题导

---

① 中共中央党史和文献研究院编《习近平关于网络强国论述摘编》，中央文献出版社，2021，第154页。

② 高荣伟：《尼日利亚：解决腐败要清除病根》，《检察风云》2017年第5期，第52-53页。

向的治理举措清除滋生腐败的土壤、惩治贪污腐败的干部，以高效运行的治理体系和卓然有效的治理能力推动反腐败斗争取得压倒性胜利并全面巩固。

从文化样态来看，新时代反腐败斗争表现出全新的文明萌发性。腐败是一种排他性政治行为，是依托掌控的公权力攫取社会资源和劳动价值，同资产阶级侵略扩张的阶级本性、零和博弈的文化思维、掠夺攫取的价值向度具有内在契合性，在一定意义上是封建贵族剥削性文化、资产阶级掠夺性文化的伴生物。因此，西方发达资本主义国家虽然经过长期的探索和治理，逐步建立起相对完善的权力监督和制约体系，但始终无法从根本上杜绝腐败问题，腐败仍以政治献金、游说交易等隐蔽形式大行其道。社会主义文化关注人类社会的共同福祉，谋求人民大众的幸福安康，同利己性、排他性的腐败行为格格不入。我们党的反腐败斗争理论和实践浸润着党的性质、宗旨、初心、任务，彰显着社会主义核心价值观的价值尺度和实践要求，超越了西方文化价值观的狭隘藩篱[1]。新时代反腐败斗争不仅着眼于反腐倡廉、治党从严，还体现着维护社会公平正义、提升社会大众素质、增进党政机关信用、守护精神文化信仰的价值诉求，能够为中国式现代化和中国特色社会主义的赓续推进提供充沛的精神涵养，在多样化的世界文明形态中绽放出独具一格的东方魅力，引领形成一种熠熠生辉的中华文明新形态。

三、新时代反腐败斗争的形势考验

"国家之败，由官邪也。"党的十八大以来，以习近平同志为核心的党中央坚持源头防腐和纵深治腐并驾齐驱，将反腐败制度优势转化为实际治理效能，将群众监督同自我革命有机链接，严抓真管修复政治生态，推动反腐败斗争深入发展。但是，由于腐败因素的历史沉淀性和时代继发性双重影响，清除腐败毒瘤既不可能一劳永逸，也不可能旦夕可成。习近平指出："反腐败斗争取得压倒性胜利并全面巩固，但形势依然严峻复杂。"[2]反腐败斗争越是向纵深推进，难啃的"硬骨头"和难治的顽瘴痼疾也就越多，铲除腐败坚冰需要久久为功。

遏制腐败增量任重道远。在新时代高压反腐态势下，一些干部仍然不知退止、以身试法。为了躲避党纪国法制裁和纪检监察部门监督，舌尖上的腐败采用"新花样"，车轮上的腐败穿上"新马甲"，公款旅游披上"新外衣"，公款

---

[1] 韩震：《从人类历史发展看社会主义核心价值观》，《光明日报》2015年7月9日第16版。
[2] 《提高一体推进"三不腐"能力和水平　全面打赢反腐败斗争攻坚战持久战》，《人民日报》2022年6月19日第1版。

送礼用上"新神器",会议腐败透出"新窍门",违规操办婚丧嫁娶上演"变形计",超标办公用房设置"暗门暗室",腐败手段日益呈现隐蔽化态势。若不对这种隐性腐败现象进行有效遏制,必然引发破窗效应和连锁反应,破坏党内政治生态,滋生新的体制漏洞,动摇业已巩固的反腐败斗争成果。习近平强调:"对党的十八大以来不收敛不收手,严重阻碍党的理论和路线方针政策贯彻执行、严重损害党的执政根基的腐败问题,必须严肃查处、严加惩治。"[1]鉴于腐败手段的隐蔽性,摸清全部腐败存量难以实现,遏制腐败增量、坚守纪律底线就显得格外重要,这正是各级党组织和纪检监察机关面临的重大考验。

权钱交易仍然暗流涌动。政治问题和经济问题相互交织是当前腐败的典型特征,一些党员干部以各种隐蔽形式进行权钱交易。一是化整为零,分散报销不合规接待费用,将中标工程拆包发放,将违规操作变成合规流程;二是利益嫁接,将本人违规违纪获取的赃款赃物放在亲朋好友名下,以"偷梁换柱"的形式掩人耳目、据为己有,以投资理财的方式逃避组织监管、实现资产增值;三是弄虚作假,利用掌握的公权力套取、骗取、挪用专项资金,尤其在涉农补贴资金领域比较多见;四是利益互换,掌握公权力的领导干部之间互相"打招呼",以权套利、交换利益;五是干预插手,违反规定干涉企业资产的转让审批事宜,为私营企业减免税收、违规贷款、招揽项目,插手下级单位或分管领域的干部选任工作,构建听命于己的"独立王国"。这些行为以耗损公共服务的权威性固化权钱交易关系,将人民赋予的公权力变成私人订制的"定向服务",严重侵蚀党的群众基础和执政根基。

不正之风和微腐败现象不容轻视。不正之风往往是滋生腐败的前兆,"四风"反弹回潮隐患仍然存在。一些党员干部的官僚主义、形式主义作风痼疾尚未根除,一些地区和单位违反中央八项规定精神的问题屡屡出现。党的十八大以来,山西、甘肃、国家发展和改革委员会出现的塌方式腐败,说明纠治不正之风绝不可能毕其功于一役,必须接续发力、持久为功。与此同时,群众身边的苍蝇式腐败仍有存在空间,微腐败问题不容小觑。一些职位不高的干部利用掌握的公权力和数据优势,以化整为零、多点开花等违规操作调配和处理公共资源,以公权力和公共资源谋取个人私利,截取国家扶贫资金,贪污群众救助专款,使得小官巨贪、腐败窝案等现象屡见不鲜。例如,辽宁抚顺市国土资源局顺城区分局原局长罗亚平仅系科级干部,任职20多年间敛财达1.45亿元;贵

---

[1] 习近平:《习近平谈治国理政》第三卷,外文出版社,2020,第548页。

州黔东南州水利系统发生腐败窝案，有28人被移送司法机关，涉案金额达813.97万元。

新时代反腐败斗争面临的一系列新考验是政治、经济、文化等因素综合作用的结果。一是党的思想建设存在实践转化短板。在各种物质利益诱惑和现实因素刺激下，一些党员干部的价值观念发生扭曲，贪欲逐渐膨胀，在腐败问题上抱有赌徒心态和侥幸心理。一些党员干部缺乏自我革命的精神自觉，容易自我钝化、自我陶醉，面对贪腐行为不敢斗争乃至同流合污。尽管新时代理想信念教育的强度和成效有目共睹，但教育优势转化为治理效能的机制还不完善，需要进一步完善思想教育的行动转化机制和评价指标体系，推动教育成果及时高效地转化成清除腐败存量、遏制腐败增量的实践动能。二是商品交换原则向党内渗透。市场和政府在资源配置方面相互补充、相互协调，这为商品交换原则向党内渗透提供了可能空间。国有经济和民营经济相辅相成的复杂经济关系，则为商品交易原则向公权力机关和领导干部延展提供了客观条件。异化扭曲的人情关系为商品交换原则向党内渗透提供了主观条件，追求不正当商业利益是商品交换法则向党内渗透的重要原生动力。三是全面从严治党的部分制度规范尚未有效融入从严治腐实践。反腐败斗争的制度架构已经建立，但制度执行体系存在抓落实不力、打折扣落实的问题。一些领导干部未能贯彻落实党风廉政建设"两个责任"，存在形式主义履责、监督执纪空转等突出问题。不同类别的监督方式尚未实现无缝对接，基层监管力量整体薄弱。四是消极文化因素影响着党内政治文化健康发展。俭以养德、守身持正等传统美德受到资本逻辑主导下市场化思维方式和行为习惯的挤压，中华优秀传统文化的创造性转化和创新性发展仍在实践中探索推进。西方发达国家的文化渗透从未停息，资产阶级腐朽文化的侵蚀不容小觑。所有腐败分子都在生产腐朽文化观念，崇尚"关系学"的党政干部和企业人士滋养着错误的文化价值观，一些宣传庸俗文化的新媒体则为"西方国家信息殖民扩张、国外意识形态渗透、国内破坏势力阵地抢夺提供了新的载体通道"①。

第三节　坚决打赢反腐败斗争持久战

"善除害者察其本，善理疾者绝其源。"新时代反腐败斗争取得压倒性胜

---

① 庄飞:《新媒体与马克思主义大众化》,《新闻研究导刊》2020年第3期,第237—239页。

利，但并不意味着腐败从此销声匿迹。腐败和反腐败的博弈仍在激烈进行，必须严防各类利益集团结伙成势、"围猎"腐蚀，必须有效应对腐败手段隐形变异、翻新升级，必须彻底铲除腐败滋生的土壤，深入清理系统性腐败，化解隐患风险，实现海晏河清。习近平指出："党风廉政建设和反腐败斗争永远在路上，一刻也不能放松，要以抓铁有痕、踏石留印的坚韧和执着，继续打好党风廉政建设和反腐败斗争这场攻坚战、持久战。"①在全面建设社会主义现代化国家新征程上，党必须始终从关系党和国家事业生死存亡的政治视角把握反腐败斗争的意义和要求，保持政治定力，发扬斗争精神，以永远在路上的清醒和坚定将全面从严治党向纵深推进，坚决打赢反腐败斗争攻坚战、持久战。

一、推动教育优势转化为治理效能

一个政党的腐化堕落往往从思想领域开始，思想改造放松、理想信念动摇是滋生腐败的根源之一。思想建党是我们党的优良传统和重要优势，将理想信念教育优势转化为治理腐败效能是巩固反腐败斗争成效、彻底打赢反腐败斗争的重要保障。党要以入心、见行、成制等一整套"组合拳"充分发挥思想教育优势，将理想信念和党纲党章的要求内化于党员的精神世界，将思想改造和理论学习的成果外化为党员真学真信真用的实际行动，将真理信仰和党性原则转化为促使党员学思践悟的机制性力量，使党的知识体系教化力和价值体系导引力成为反腐倡廉的内在推动力，不断增强全体党员不想腐的思想自觉。

将理想信念入之于心，提高党员拒腐防变的自持力。理想信念是一种基于政治思想建构起来的价值意义系统，是确保全党不忘本来、开辟未来的强大隐性力量。但是，理想信念不可能与生俱来、凭空产生，必然是一个在现实生活拷问和思想教育启迪下从自在自发到自觉自为的思想升华过程。新时代以来，党的历次主题教育都将理想信念作为前置性学习内容，坚持不懈筑牢党员思想防线。新征程上深化理想信念教育，必须从三个方面着力推进。一是增强理想信念的理性基础和感性魅力。持续推动中华优秀传统文化的价值因子融入马克思主义的理论场域，以中国化时代化马克思主义理论体系的严密逻辑和深邃价值夯筑党员干部的精神支柱，充分发挥马克思主义理想信念引领人们全面发展的导航作用，引导党员形成一种基于感性认知和理性认同的持久价值观，生成一种融目标性、真理性、价值性、意志性为一体的综

---

① 习近平：《更好把握和运用党的百年奋斗历史经验》，《求是》2022年第13期，第4—19页。

合信念，不断增加对马克思主义真理信仰的认知认同，自觉提高精神境界和品行修养。二是破解理想信念教育成果转化的制约问题。引导党员正确认识个人理想和共同理想、理想追求与现实条件之间的矛盾关系，以人民为原点画出最大同心圆，将个人梦融入中国梦、个人利益统合于集体利益。教育党员深刻认识到共产主义"不是现实应当与之相适应的理想"①，共产党人的理想是合规律性与合目的性的统一，是顺应社会发展规律、积极改造客观世界。三是畅通政治信仰内化渠道。按照思想引领作用在"领导干部—普通党员—人民群众"之间的接续传递过程，强化党员干部的理想信念教育，提高基层党组织的党性教育实效，提升广大党员干部的政治引领和思想引导效力，凝聚起全党推进反腐败斗争的精气神。

将理想信念见之于行，提高党员拒腐防变的行动力。理想信念教育的目的在于引导党员知理明道、推动实践，党员必须将对理想信念的笃定认同"转化为对奋斗目标的执着追求、对本职工作的不懈进取、对高尚情操的笃定坚持、对艰难险阻的勇于担当"②。一是坚持真学马克思主义，增进价值自信。系统学习马克思主义基本原理及其中国化时代化的理论成果，深刻把握马克思主义理论的真理力量和科学内涵，深入理解马克思主义关于"两个必然"的重大论断，以科学精神抵制历史虚无主义论调、涵养共产主义道德情操，坚定马克思主义政治信仰和价值自信，认同中国特色社会主义制度体系和价值规范。二是坚持真用马克思主义，保持坚强党性。理论一旦同实践脱节，"就会成为僵化的教条，失去活力和生命力"③。马克思主义集科学性和实践性于一体，历史唯物主义、辩证唯物主义是马克思主义的科学世界观和方法论。党员要善于运用历史唯物主义和辩证唯物主义分析解决问题，把握腐败问题的实质和根源，毫不动摇地走清正廉洁的正道，坚定不移地将"脱离群众的分子清除出党"④。三是坚持批评与自我批评，做到思想自省。在党员日常生活和巡视巡察等工作中，引导党员对照党的纪律要求和价值准则认真开展批评与自我批评，自觉检视理想信念方面存在的问题，对党内消极腐败现象进行充分揭露和坚决斗争，把"我是谁、从哪来、到哪去"的党性要求淬炼到灵魂深处，赓续传递共产党

---

① 马克思、恩格斯：《马克思恩格斯文集》第一卷，人民出版社，2009，第539页。
② 《习近平春节前夕赴江西看望慰问广大干部群众》，《人民日报》2016年2月4日第1版。
③ 习近平：《辩证唯物主义是中国共产党人的世界观和方法论》，《求是》2019年第1期，第4-8页。
④ 列宁：《列宁选集》第四卷，人民出版社，2012，第560页。

人的优良传统和理想信念。

　　将理想信念化之于制,增强党员拒腐防变的保障力。党要建立反腐机制与心智机制协同推进的制度体系,将理想信念的人格力量转化为反腐败斗争的机制动力,实现制度硬约束和文化软约束同向发力、相互支持,充分发挥党内政治生态的穿透力、感染力、保障力。一是构建有利于培养共产党人理想信念的考核体系。从入党积极分子考察、党员民主评议到干部选拔推荐的各项工作中,都将理想信念、党性修养作为优先测评事项,建立反映党员思想成长轨迹的记录式档案,全盘了解和动态掌握党员的理想信念发展状况,将把牢思想关口作为避免"带病"提拔、清除腐败土壤的治本之策,充分发挥考评机制对于纠治腐败风气、倡导清风正气的风向标作用。二是营造有利于培养共产党人理想信念的关系状态。在党内关系层面,要倡导清清爽爽的同志关系、规规矩矩的上下级关系,破除结党营私、政商勾结、公权私用的"圈子文化",决不允许任何组织和个人凌驾于党纪国法与组织原则之上,每个党员都要坚决抵制上级领导和同级干部的一切非法违纪要求。在干群关系层面,要使领导干部在化解"政策导因型、资源短缺型、公权腐化型、官僚作风型以及非法诉求型"[①]等干群矛盾中传递共产主义价值规范、展示共产党员人格魅力,以党员干部的坚定信仰引领塑造人民群众的精神信仰,以人民群众精神文化水平的持续提升创造有利于党员干部始终坚定理想信念的社会环境。三是培育有利于涵养共产党人理想信念的文化生态。正确把握并全面发挥精神文化对于规范行为举止、提升精神境界、凝聚社会力量的重要作用,以良好的党内文化生态和政治文化氛围为理想信念教育提供必要的思想尺度和舆论导向,增强党员对中国特色社会主义共同理想的认同和定力,让潜规则无所遁形,让清廉之风常驻心田。

二、构建亲清统一的新型政商关系

　　政商勾结、权钱交易是腐败问题的基本表征,压缩权钱交易空间、构建新型政商关系是新时代反腐败斗争的必然要求。习近平强调:"新型政商关系应该是什么样的?概括起来说,我看就是'亲'、'清'两个字。"[②]只有亲不逾矩、清不远疏、亲清统一,才能有效防止资本逻辑向正常政治生活的渗透,深入破解政商关系中的痛点问题,推动形成反腐倡廉的良好政治生态。

[①] 朱力、汪小红:《干群矛盾的理性分析:类型、特征、趋势和对策》,《中共中央党校学报》2017年第3期,第113—121页。

[②] 习近平:《习近平著作选读》第一卷,人民出版社,2023,第468页。

严守纪律规矩，筑牢三道反腐倡廉防线。遵规守纪是党员党性的基本要求，反腐败斗争必须把纪律规矩挺在前面，在廉洁自律、数据管理、人际交往等三个方面筑起坚不可摧的防火墙。一是强化廉洁自律生命线。心之所信乃行之所向，党员干部的思想意识和心理状态决定着他们能否秉公用权、守身持正。各级党组织要加强思想理论武装和纪律规矩教育，引导党员提高辨别能力、增强底线思维、树牢权责意识，将严守党纪国法内化为克己修身的思想自觉，将严以用权、为企办事作为行使权力的基本遵循，牢牢"守住做人、处事、用权、交友的底线"①，慎独于内而严行于外，抵制利益诱惑，增强自律意识。二是加固数据管理保障线。积极运用大数据资源建设反腐败信息平台，提高权力运行的智慧化程度和法治化水平，形成物、人、权有机关联的腐败治理体系，保证权力运行全过程可监控、各环节可追溯，及时发现和堵住公权力运行机制的漏洞。构建多层次、分体化的数据收集、存储、分析和处理系统，以恰当的人工智能算法将公权力运行中的裁量标准符码化，形成对公权力进行社会监督的"数据铁笼"。健全政务监管平台、政府信息平台、网络举报平台，规范问题线索处理机制和领导干部个人事项报告机制，畅通群众参与监督的网络渠道。三是筑牢人际交往防护线。贯彻落实中央八项规定精神，严格执行生活纪律，对以日常人情往来为利益输送渠道的隐性腐败保持高度警惕。规范政商沟通渠道，完善政商服务机制，支持党员干部在遵循政治原则和党纪国法的前提下有温度地开展政商互动、处理政商交往，为企业提供良好服务，合理合法回应企业诉求。

防止资本侵蚀，压缩权钱交易的可能空间。"资本来到世间，从头到脚，每个毛孔都滴着血和肮脏的东西。"②为了追逐巨额利润，资本敢于践踏一切人间法律。反腐败斗争必须防止资本渗入和侵蚀公权力的运行过程，消解权力寻租的社会驱动因素，斩断政商勾结的利益链条。一是严格管控，消除权力运行的弹性空间。党员干部要正确识别利益关系网，对一次买卖型、长期投资型、迂回包抄型、威胁利诱型等林林总总的"围猎"方式严加防范，按照法治原则和程序规则用权办事，对照党的纪律规矩处理社会交往，"坚持公正用权、谨慎用权、依法用权，坚持交往有原则、有界限、有规矩"③。各级党组织要严

---

① 中共中央文献研究室编《十八大以来重要文献选编》上，中央文献出版社，2014，第138页。
② 马克思、恩格斯：《马克思恩格斯文集》第五卷，人民出版社，2009，第871页。
③ 习近平：《以解决突出问题为突破口和主抓手　推动党的十八届六中全会精神落到实处》，《人民日报》2017年2月14日第1版。

格落实民主集中制和集体领导制,以科学有效的分权制衡和党内监督防止权力过度集中而造成权力滥用,加强对重大工程、重点领域、关键岗位的巡视巡察。二是规范管理,切断权力寻租的可能渠道。以监督制约为逻辑主线,利用信息技术建立涵盖业务办理全过程的权力运行流程图和数据链,在权力运行各环节都嵌入群众评议,保证民主监督。根据大数据智能算法和群众评议反馈结果,定期查找权力运行流程中的廉政风险点,保证权力行使合法公正、营商环境自由公平。三是推进共富,消解权钱交易的社会动因。共同富裕是社会主义的本质要求,必须将共同富裕作为中国式现代化的恒定追求,积极完善社会保障体系,合理调节人们收入差距,不断增进民生福祉、提高群众生活品质,消解市场经济环境下资本扩张的权力寻租冲动,减少违法牟利的经济因素,为反腐败斗争创造良好的社会环境。

化解痛点问题,创造健康政商关系的存续条件。政商关系是经济和政治两种属性的统一体,本质上是如何处理资本逻辑和政治逻辑的关系,表现为任何重大经济活动都不可能剥离政治元素而独立存在。当前,政商关系存在亲而不清、清而不亲、不亲不清、亲清兼备等四种基本类型,而前三者都存在不同程度的资本规则向党内生态渗透问题。其中,亲而不清型是官商沆瀣一气、寻求权力租用的政商交往,存在利益集团、团团伙伙的问题;清而不亲型是缺乏感情纽带维系、没有形成利益固化关系的政商交往,存在慵懒不为、因人而为的问题;不亲不清型是按照潜规则解决问题、非法寻求公权力庇护的政商交往,存在利益交换、自由裁量的问题;亲清兼备型是亲而不逾规矩、清而不避责任的政商交往,是符合马克思主义政党建设逻辑和社会主义市场经济体制运行法则的政商关系。构建健康积极的亲清新型政商关系,规范党内政治生活和市场运行秩序,必须把握两点原则:一是始终坚持清正在前,将关乎经济发展和商务往来的重大事项纳入党组织决策范畴,将政商交往纳入法治逻辑和制度框架,建立重要议题预告制度,改进集体议事决策流程,优化权力运行程序,破除人情关系和个人因素对公权力运行逻辑的干预;二是坚持做到清中有亲,加强对高风险点位的监督管理,防止领导干部以监督管理之名行谋取私利之实,杜绝决而不行、行而不力等慵懒现象,确保党组织的决策事项落地落实,以规范化管理和精细化决策推动解决企业面临的现实难题。

三、补齐全面从严管权治党的短板

"为政者,莫善于清其吏也。"反腐败是全面从严治党的重大政治任务,是一场输不起也决不能输的重大政治斗争。习近平指出:"腐败是党内各种不良因素长期积累、持续发酵的体现,反腐败就是同各种弱化党的先进性、损害党的纯洁性的病原体作斗争。"①新征程上推进反腐败斗争,必须坚持党要管党、从严治党,加固管权治党底板,补齐管权治党短板,不断推进国家治理体系和治理能力现代化,将反腐败制度优势转化为从严治腐效能。

增强制度执行力度,提升管权治党效力。"制度的生命力在于执行"②,确立制度只是起点,贯彻落实才是关键。只有建立以完善的制度体系为支撑的高质量治理格局,将反腐败各项制度落实落细,才能彻底啃下腐败"硬骨头",打赢反腐败斗争持久战。一是健全领导机制,推动自上而下强力管权治党。反腐败斗争离不开全面从严治党的综合保障,必须立足"四个伟大"宏观布局审视部署,坚持在党委统一领导下科学规划反腐倡廉的顶层设计,将贪腐关联性问题的处理纳入反腐败斗争总体考量之中,实现党纪审查与刑事司法的有机衔接,强化对重点领域和"关键少数"的监督管理,确保权力运行各环节规范有序。二是完善协同机制,形成同向治腐强大合力。推进思想建党和制度治党同频共振,将内生性思想动因和制度性约束力量有机融合,将思想建党的成功做法转化为刚性制度,引领党员形成遵法守纪的高度自觉。坚持纪法并行、纪严于法,将全面深化改革的实践经验和制度成果转化为国家法律法规,将全面从严治党的新鲜经验纳入党内法规体系,充分释放依规治党与依法治国协同衔接的治理效能。健全以党内监督为主导的一体多元监督体系,加强纪检监察机关、审判机关、检察机关、执法机关之间的相互配合与有效制约,规范纪委监委双重领导的权力范畴和运行方式。协同推进精神文明建设和党内政治文化建设,弘扬崇俭尚廉的价值导向,增强廉政文化的长久滋养。三是强化制度制衡,健全制约协作的制度执行系统。按照分权制衡、协调统一的原则,明确区分领导、决策、管理、执行、监督等权力,确保各权力运行主体之间的协作和制衡,既避免权力运行冲突打架,又防止权力合谋侵蚀公利。延长权力运行监督链条,完善整改落实环节的跟进视察和反馈问责机制,系统解决反腐败斗争中的各类衍生问题。

落实党风廉政建设责任,实现三项责任有机联动。落实责任制是减少腐败存量、遏制腐败增量的重要方式,反腐败斗争必须将党委的主体责任、党委书

---

① 《提高一体推进"三不腐"能力和水平 全面打赢反腐败斗争攻坚战持久战》,《人民日报》2022年6月19日第1版。

② 习近平:《习近平著作选读》第二卷,人民出版社,2023,第287页。

记的第一责任人责任、纪委的监督责任横向打通、一体落实。一是落实党委（党组）统揽全局的主体责任。落实党风廉政建设责任，"关键在主体责任这个'牛鼻子'抓没抓住"[1]。党委（党组）要增强廉政建设政治意识，从人民立场和国家大局出发制定方针政策，在"三重一大"议事决策上坚持集体把关、相互监督；要落实组织工作廉政责任，严把干部选任关口，健全干部日常行为、思想品德、能力素养的考察机制；要践履全面从严治党主体责任，召开专题会议研究部署全面从严治党行动，制定符合中央精神和部门实际的责任清单，明确全面从严治党的重点工作、责任分工、完成时限。二是落实纪委执纪监督的专职责任。纪委要增强担当意识，不断提升监督执纪水平，善于发现权力运行流程中的风险问题，及时堵塞廉政建设风险点，把严管和厚爱转化为科学运用监督执纪"四种形态"的实践行动，防止"一把手"和班子成员任性用权；要拓宽监督渠道，创新监督方式，综合运用群众举报、审计监督、谈话问询等路径发现问题线索，将审阅材料、直插现场、深入群众等方式结合起来开展案件审理；要树立领导威信，把好纪检干部选任的政治关、廉洁关、能力关，建设纪检干部学习成长的教育基地和信息平台，常态化开展监督执纪业务培训，引导纪检干部提高斗争艺术、强化自我监督。三是落实党委（党组）书记的党风廉政建设第一责任人职责。党委（党组）书记要贯彻落实党员干部教育、领导干部管理、班子成员督导、廉政建设示范的第一责任，发挥好领导班子的班长功能和廉政建设的标杆作用，成为落实主体责任的"火车头"。

加强权力运行的监督制约，确保"三不腐"一体推进。一体推进"三不腐"，是新时代反腐败斗争的基本方针和全面从严治党的重要方略。只有在不敢腐上持续加压、在不能腐上深化拓展、在不想腐上巩固提升，才能"让党员干部因敬畏而'不敢'、因制度而'不能'、因觉悟而'不想'"[2]。第一，保持"不敢腐"的高压震慑是前提。继续维持零容忍、全覆盖、无禁区的高压反腐态势和政治氛围，保持"打虎""拍蝇""猎狐"力度不减，严查领导干部，严惩小官巨贪。牢牢掌控党风廉政建设舆论场，综合运用各类媒体平台开展反腐败宣传，实现反腐败信息传播的全方位覆盖和全天候延伸。严格落实党员干部责任追究制度，科学区分价值导向的决策目标责任、程序导向的决策过程责

---

[1] 中共中央文献研究室编《习近平关于全面从严治党论述摘编》，中央文献出版社，2016，第228页。

[2]《提高一体推进"三不腐"能力和水平　全面打赢反腐败斗争攻坚战持久战》，《人民日报》2022年6月19日第1版。

任、绩效导向的决策结果责任,对重大项目失误、选人用人违纪等问题终身问责。第二,抓实"不能腐"的权力运行监督制约是关键。不断完善党内监督为主导、其他监督相贯通的一体多元监督体系,将审计监督前置,以财会监督把关,由统计监督评测,坚持专项监督与社会监督并用,发挥群众监督和舆论监督的效能,通过盯住"关键人"和管好"钱袋子"达到管权治党目标。科学配置"一府一委两院"框架下的权力体系,赋予审判部门独立财权,探索行政区划与司法管辖分离制度。强化权力运行的动态防控和预警处置,正确把握监督执纪"四种形态"的应用场域,及时发现和审查违纪违法问题。第三,形成"不想腐"的思想自觉是保障。关注党员的合理物质需要和精神文化需求,有针对性地开展党性教育,依法依规保障党员物质利益,实现灵魂塑造和物质保障的有机结合,增进党员对党的情感和对中国式现代化的认同。推动党风廉政教育向基层下沉、同法治建设融合,以丰富的社会文化资源活化党风廉政教育的内容和载体,以规范的党风廉政教育深化社会文化的内涵和旨趣,深化党员和群众对党的性质宗旨、价值体系的认知认同,形成崇廉尚俭的社会文化氛围。

四、发展积极健康的党内政治文化

文化润其内,养德固其本。党内政治文化日用而不觉,渗透于党员的思维模式与行为习惯之中,内嵌于组织生活和社会交往之中,具有涵养党性、营造生态的重要作用。习近平指出:"党内政治生活、政治生态、政治文化是相辅相成的,政治文化是政治生活的灵魂,对政治生态具有潜移默化的影响。"[1]新征程上推进反腐败斗争,必须加强党内政治文化建设,清除庸俗拙劣的文化因子,"让党所倡导的理想信念、价值理念、优良传统深入党员、干部思想和心灵"[2],以健康积极的党内政治文化涵养风清气正的政治生态,防止不正之风蔓延、腐败现象滋生。

坚持崇尚民主的价值导向。民主是一种分权分利的制度设计,是民主精神、民主策略、民主方法的统一体,能够提高决策科学化水平,统括不同阶层的利益诉求,保持政党组织的生机活力。尽管民主并不能根除腐败问题,但崇尚和发扬民主能够有效阻遏腐败滋生,无疑是防控腐败的重要武器。我们党是

---

[1] 习近平:《在党的十八届六中全会第二次全体会议上的讲话(节选)》,《求是》2017年第1期,第3—10页。

[2] 习近平:《增强推进党的政治建设的自觉性和坚定性》,《求是》2019年第14期,第4—9页。

按照民主集中制原则建立的马克思主义政党,党内政治文化以马克思主义为指导、以中华优秀传统文化为基础、以革命文化为源头、以社会主义先进文化为主体,在选举、协商、决策、管理、监督的全过程充分体现和保证民主。民主是党内政治文化的精髓,发扬党内民主必须深化民主政治意识建设。一是增强党员干部的民主意识。正确把握民主和集中的辩证统一关系、民主和法治相辅相成的内在联系,贯彻落实党的民主集中制原则和群众路线工作方法,将民主观念贯穿于党的决策、讨论、执行全过程,拓宽群众的政治参与路径,以人民决议平衡多元利益需求,以人民至上遏制资本逻辑,防止腐败因子渗入重大决策环节。二是保持党内政治生活的民主健康。保障党员的选举、揭发、检举、申诉等各项权利,规范党员的政治参与路径和意见表达途径,"使党员的思想和党内政治生活都政治化、科学化"[①],为党员履行党内监督义务、评议领导干部、开展揭发检举创造良好环境,有效破解同级监督疲软、下级监督走空的难题。三是强化党内民主的纪律支撑。坚持以政治纪律保障党内民主、规范党内生活,将党的纪律规矩作为制约全体党员的"紧箍咒",增进全党对党纪硬约束的普遍认同,保证党内民主制度落实落细,提高遏制腐败的能力和效率。

培育遵纪守法的政治自觉。恪守法纪是党内政治生活的核心要素,尊崇法治是党内政治文化的显著特色。党员干部必须厚植法治精神、提升法治素养,将法规纪律的约束效能转化为遵纪守法的思想自觉和行为自律。一是准确把握法治文化的科学内涵和行为要求。社会主义法治是由崇法之人管理社会政治经济文化事务,是以符合群众根本利益、反映人民普遍意志的强制性行为规则治国理政,不夹杂个体的情感意识特征和主观好恶判断。党员干部要以社会主义法治精神涵养党内政治文化的制度意识,增强依规治党和依法治国的思想自觉,形成纪律在前、模范守法的思想意识,培育遵法守纪的党内文化氛围。二是增强法纪执行的公信力和震慑力。法纪拥有公信力才能得到信仰,拥有震慑力才能产生效能。在全面从严治党实践中,必须将法纪约束和党性锤炼有机融合,将法纪规范转化为干部群众的纪律意识和法治信仰,以恒久的政治定力维护法纪权威、强化法纪执行,使法纪面前人人平等的公信力嵌入社会信仰体系,使执纪必严、违法必究的震慑力融入社会治理框架,培养全社会敬法畏纪、遵规守矩的行止意识。三是明确依法依规管党治国的价值旨归。人民性是社会主义法治的根本特性,依规治党和依法治国必须兼顾社会整体秩序与多元

[①] 毛泽东:《毛泽东选集》第一卷,人民出版社,1991,第92页。

群体诉求，协调不同阶层和群体的观念冲突与利益碰撞，力求在最大范围内凝聚社会群体的价值共识。党员干部要自觉抵御物质诱导和情感诱惑，以实现最广大人民群众的根本利益为终极价值诉求，绝不能因私废公、贪利失节。

弘扬敬廉崇洁的文化风尚。面对复杂严峻的反腐败斗争形势，各级党组织必须"更加注重正本清源、固本培元，加强新时代廉洁文化建设"[①]，充分挖掘红色廉洁文化元素，以正能量的价值观念抵制腐败，以顽强毅力扶正祛邪，使激浊扬清成为党内政治文化的永恒标向。一是推动传统廉政文化和革命廉洁文化"古为今用"。推进以"清、慎、勤"为主要内涵的古代廉政文化因子创造性转化，赋予其同社会主义先进文化相契合的时代意蕴，突显清廉正气、慎独慎微、勤勉敬业等价值内核，滋养党员干部的精神世界。梳理革命先贤艰苦奋斗、清贫质朴的红色故事，传承革命文化清正廉洁、克己奉公的价值向度，启迪党员不忘初心、见贤思齐，始终保持共产党人的清廉本色。因地制宜挖掘廉洁文化历史资源和现实素材，打造廉洁文化教育基地和教学案例，建立廉洁文化教育制度和考评机制，推动廉洁文化教育载之于器、入之于制、见之于行。二是以社会主义核心价值观涵养为政清廉、秉公用权的价值追求。社会主义核心价值观蕴含着廉洁文化务实、为民、清廉的价值内核，是党员干部修养党性、涵养政德的思想指标。各级党组织要推动社会主义核心价值观传承和党内政治文化培育同向发力，在民主推选、考核评测、选拔培训等环节嵌入认同践行社会主义核心价值观的指标，引导党员干部深刻掌握国家、社会、公民等三个层面的价值规范，提高政治素养，磨砺职业操守，增强防变能力。三是发扬斗争精神，增强斗争本领。"社会是在矛盾运动中前进的，有矛盾就会有斗争。"[②]党员干部要善于立足社会经济现实利益分析问题、把握本质，同错误思潮和不正之风进行坚决斗争，"把干净和担当、勤政和廉政统一起来"[③]，警惕"四风"问题回弹，抵制官本位和特权思想，让廉洁奉公、执政为民成为党内文化永恒的价值风帆，始终坚持崇廉拒腐、尚俭戒奢，自觉做到"廉洁从政、廉洁用权、廉洁修身、廉洁齐家"[④]。

[①]《一刻不停推进全面从严治党　保障党的二十大决策部署贯彻落实》，《人民日报》2023年1月10日第1版。

[②] 习近平：《习近平著作选读》第二卷，人民出版社，2023，第13页。

[③] 习近平：《在中央和国家机关党的建设工作会议上的讲话》，《求是》2019年第21期，第4-13页。

[④] 中共中央文献研究室编《十八大以来重要文献选编》中，中央文献出版社，2016，第765页。